刘诗白——著

刘诗白选集

第十二卷

未刊论文与会议发言稿

·上册·

四川人民出版社

图书在版编目（CIP）数据

未刊论文与会议发言稿：全2册 / 刘诗白著. — 成都：
四川人民出版社，2018.12
（刘诗白选集；第十二卷）
ISBN 978-7-220-10866-2

Ⅰ. ①未… Ⅱ. ①刘… Ⅲ. ①中国经济—经济发
展—文集 Ⅳ. ①F124-53

中国版本图书馆CIP数据核字（2018）第184880号

WEIKAN LUNWEN YU HUIYI FAYANGAO SHANGCE

未刊论文与会议发言稿（上册）

刘诗白　著

责任编辑	何朝霞　张东升　薛玉茹
封面设计	陆红强
版式设计	戴雨虹
责任校对	韩　华　申婷婷　林　泉
责任印制	王　俊
出版发行	四川人民出版社（成都槐树街2号）
网　址	http://www.scpph.com
E-mail	scrmcbs@sina.com
新浪微博	@四川人民出版社
微信公众号	四川人民出版社
发行部业务电话	（028）86259624　86259453
防盗版举报电话	（028）86259624
照　排	四川胜翔数码印务设计有限公司
印　刷	成都东江印务有限公司
成品尺寸	170mm×240mm
印　张	24.25
字　数	300千
版　次	2018年12月第1版
印　次	2018年12月第1次印刷
书　号	ISBN 978-7-220-10866-2
全套定价	3000.00元（全13卷）

目 录（上册）

论 文

刘诗白选集

对农业是国民经济基础的初步研究①

一、前资本主义诸社会经济形态中，农业在社会经济发展中的作用

（一）原始公社制度下农业的作用

农业活动是人类最基本的生产活动。农业是在人类最古老的生产部门。人类社会一旦产生，广义的农业活动就已经产生了。在人类社会的最初时期，人类还处在原始群的阶段，那时人类获取生活资料的活动是采集自然界的现成产物（如植物茎、果实等），以及猎取动物或捕鱼。在这一时期，尽管作为严格意义的农业，即种植业和养殖业尚未出现②，但是当时原始人所从事的采集与狩猎活动，已经是后来的种植业和畜牧业的前身③，而且，无论是采集或是狩猎都是直接获取生活资料的活动，按照马克思将获取生活资料的活动，称为"经济学

---

① 写于1961年。

② 严格意义的农业乃是指利用动植物的生活机能，通过人工培育以取得产品的社会生产部门。可分为种植业和养殖业两个部门。

③ 采集活动又称为采掘农业。

上最广义的农业劳动"①，以及"……劳动起初只不过当作农业劳动出现，然后当作劳动一般发生作用"②等提示。因而人类社会这种最古老的生产活动，已经可以归属于广义的农业活动的范畴。因而，我们不妨说，人类社会是与这种最古老的、最原始的前期的农业活动一起出现的。

原始社会进一步向前发展，人类由原始群的阶段，进入氏族公社的阶段。在母系氏族时期，发生了采集经济到原始农业的转变，以及由狩猎向原始畜牧业的转变。这是由于当时有一些部落，采集活动已经进一步发达，而成为主要由妇女与儿童专门从事的采集经济。因而在采集经济长期生产实践经验的不断积累中，原始人便进入到种植原来是野生的植物，人们开始通过自己的劳动去实现植物的再生产了，这时，也就有了严格意义的原始农业（种植业）的出现。而另一方面，由于狩猎业的发展，人们将捕获的动物加以驯养，把它当作活的肉食品储藏起来和促使其增殖，也即是人们开始通过自己的劳动去实现动物的再生产，这就有了原始畜牧业的发生。这种原始农业和原始畜牧业，在最初还是不发达的，带有不稳定性，在经济生活中，它还未能代替采集经济和狩猎的地位，而只是作为二者的补充。只是在原始社会发展到更高阶段，真正的农业和畜牧业才出现，并取代了采集经济和狩猎的地位，而成为社会经济活动的基本类型。

在我国远古的原始社会时期，便经历了由采集经济和渔猎而向原始农业和畜牧业的发展。这反映在我国历史上关于上古时代的丰富的神话中。《庄子·盗跖》："古者禽兽多，而人民少，于是民皆巢

---

① 马克思：《资本论》第3卷，人民出版社，1953年，第829页。
② 马克思：《经济学—哲学手稿》（1844年），人民出版社，1956年，第79页。

居以避之，昼食橡栗，暮栖土木，故命之曰有巢氏之民。"《白虎通·三纲六纪》："饥即求食，饱弃其余，茹毛饮血，而衣皮苇。"《韩非子》："古者，丈夫不耕，草木之实足食也；妇女不织，禽兽之皮足衣也。"以上都反映了中国原始人采集经济与狩猎时期的活动。而传说中，神农氏时期，神农氏制耒耜教民耕织，皇帝命元妃西陵氏教民养蚕，后稷发明黍粱的种植，这些反映了我国原始公社制度下农业的产生。

在原始公社制度下以数十万年计的很长一个时期内，还不存在农业是国民经济的基础的规律发生其完整作用的充分的条件。这是由于原始公社制度下农业劳动生产率水平的低下，原始人为了维持生存，便几乎要将全氏族成员的全部劳动时间用于获取生活资料的农业劳动。

马克思说："农业劳动——最初，几乎一切欲望，都是由此满足……"[①]在这种情况下，属于制造性质的手工业活动是不发达的，而且它还未从以直接获取生活资料为目的的农业活动（与畜牧业活动）中独立出来，因而农业（在最广泛的意义上畜牧业也可以包括在农业之内）乃是人类社会唯一的生产部门，而农业的以直接提供食品、衣服等生活资料来维持从事农业生产的原始人的生存和原始社会的存在，在很长一段历史时期内，便成为农业在社会经济生活中的决定性作用的唯一表现。农业仅起着维持农业劳动者本身的生存的作用，农业的作为工业和其他部门存在与发展基础的作用，即农业是国民经济基础规律的完整作用形式，还没有表现出来，这正是原始公社制度生产力水平低下的必然结果。

---

① 马克思：《剩余价值学说史》第3卷，生活·读书·新知三联书店，1949年，第131页（注10）。

在原始公社制社会的初始期，在农业是社会唯一生产部门的情况下，尽管农业是国民经济基础规律的完整作用形式还未表现出来，但是这一规律作用的萌芽形式却已经存在了。这是由于人类区别于动物的重大特征在于工具的制造与使用，正是学会制造工具使类人猿终于变成了原始人，因此原始人在从事向自然界获取生活资料的农业生产活动时，同时也就有了制造工具——最初是简单的石刀、石斧等——的加工制造性质的活动。这种原始的加工制造性质的活动，正是后来真正的手工农业活动的萌芽。可见，人类社会一旦产生，社会生产就是以直接获取生产资料为目的的农业活动——包括采集与狩猎、捕鱼等前期形态——与主要以制造工具为目的的工业活动的统一。农业活动与制造性质的工业活动是互为条件、互相促进的。原始人的采集、狩猎等农业生产活动离不开加工制造性质的活动，但是采集、狩猎等以直接攫取生活资料为目的的农业生产活动，却是主要以制造工具为目的的加工制造活动的基础。因为，加工制造性质的活动，是从属于农业活动的，它首先是为了满足采集、狩猎或是农业的需要（也是为了满足生活的需要，如衣服、盆具等），更主要的是在人们的采集、狩猎等农业生产活动的劳动生产率还不能经常提供一定的剩余产品的时候，这种手工业活动总是与农业活动紧密相结合的，并作为农业活动的副业，它在发展上也是受到限制的。正如马克思所指出："农业劳动与工业劳动，原来不是分开的。后者包括在前者中。农业氏族，家族共产体，或家族的剩余劳动和剩余生产物，包含有农业劳动，也包含有工业劳动。两者是并行的。狩猎，捕鱼，耕作，没有适当的工具是不可能的。织与纺之类的工作，起先是当作农业的副业来进行。"①只是随着获取食物的农业活动效率的逐步提高，原始人才有可能将更多的时间用于工业活动，如制造工具、纺织、打铁、制作陶器等活动之上。在原始社会手工业尚未从农业中独立出来以前，以获取生活资料为目的的农业生产活动是加工制造性的工业活动的基础，这正是农业是国民经济基础规律的萌芽的早期作用形式。

在原始公社农业劳动生产率提高到超越农业劳动者本人需要从而有剩余劳动与剩余产品的情况下，农业是国民经济基础规律的作用就有了完整的表现。它表现为，在农业劳动所提供的剩余产品已经足以维持一部分不直接从事于获取生活资料的人的生活的前提下，原始公社中就逐渐分化出专门从事于手工业的人们，从而手工业活动就脱离农业活动而独立，职业的手工业者，如铁匠、陶匠、织工等继续出现，并终于形成了从事加工制造的手工业部门。

原始公社制度下，交换活动的发生，也是以农业或畜牧业能提供剩余产品为基础。在很早时期，原始部落间就有着不经常的交换，而随着第一次社会大分工——畜牧部落从农业部落中分化出来后，畜牧业又进一步发展，就有了奶品和肉、皮和毛等产品的经常的交换。

在原始公社制度下，农业劳动生产率制约着非农业的工业生产活动的发展范围与程度，制约着手工业部门独立、分化和发展的程度，制约着交换活动发展的范围与程度。这一切表明，在人类社会的第一个社会经济形态——原始社会——的整个发展过程中，农业是国民经济基础的规律的作用，一直存在而且越来越明显和完整地表现出来。

农业在原始公社制度下的重要作用，除了表现在它是原始社会存在的前提，是手工业从农业中独立和交换活动发展的基础而外，还

---

① 马克思：《资本论》第3卷，人民出版社，1953年，第826页。

表现在原始社会生产关系与氏族制度的变化和发展，都以农业生产力的发展为前提。我们看见当原始人类还处在采集活动与狩猎活动的阶段，这时原始人类便处在以数十人为一组而活动的氏族的原始群阶段。在人类获取生活资料的能力还极其低下的情况下，更大的社会集体还没有产生的可能。在采集经济与狩猎进一步发展，劳动生产率提高后，原始人类才进入更大的社会组织——氏族公社之中。而氏族公社的发展是和农业生产力的发展状况密切适应的。在原始农业的阶段，由于妇女在生产中占主要地位，因而，人类社会乃是处在母系氏族的阶段，而当人类进入发达的农业与畜牧业的时期，生产上主要地位归于男子以后，人类社会便由母系氏族阶段进入父系氏族的阶段。此后，农业生产力进一步发展，特别是铁器出现后，锄耕农业被犁耕农业代替，犁耕农业使小家族在自己一小块土地上独立地进行劳动并收获，这就加深了生产过程的个体化，正是在此基础上导致了原始公社制度的解体与私有制的出现。

农业不仅是原始公社这一社会形态经济发展的前提，而且它对原始人类精神生活，还有最直接、最有力的影响。人类精神生活乃是物质生活的反映，而原始人类的精神生活是农业生产最全面、最直接的反映。原始人的科学思想的萌芽（如简单的历法，农业科学、生物科学的某些萌芽），是导源于农业生产，而原始人的艺术生活更是强烈与鲜明地反映了农业与畜牧的状况，原始宗教则是密切反映了农业生产的需要。如图腾崇拜是从当时狩猎生活当中产生的，而后土崇拜则是根源于农业生产[①]。可以说，原始人精神生活的各个领域与各个方面，无一没有打下农业的烙印。

---

① 我国远古时代曾遗留下祭社稷的风习，社即土神，稷是谷神。

（二）奴隶制度下农业的作用

在奴隶制度下，农业仍然是最重要的经济部门。马克思主义经典作家曾经明确地指出了农业在奴隶社会中的决定性作用。马克思在论述古代社会经济形态时，就指出它是"以土地所有制和农业构成经济制度的基础"[①]。恩格斯在论述古罗马奴隶制时指出："农业是整个古代世界的有决定意义的生产部门，现在它更加获取了这样的意义。"[②]

农业对于奴隶社会的决定性意义，首先在于奴隶制经济的产生和成熟发展是以氏族制度下农业生产力的进一步发展为前提的。由于农业与畜牧业中剩余生产物的增长，使用奴隶在经济上成为可能，再加之以氏族范围内财产分化的加剧，正是在此基础上产生了奴隶制的经济。农业生产力的发展是奴隶制经济产生的前提，可以从东方国家在公元前数千年进入了早期奴隶制度看出来。如在两河流域、埃及和印度恒河领域，以及我国古文化发祥地的黄河流域等地方，自然条件特别有利，土地肥沃，在原始公社制度时期就已经过渡到灌溉农业。由于灌溉农业能提供较多的剩余产品，这正是许多东方国家在公元前数千年就进入奴隶社会的物质前提。

我国在殷商时代就进入了奴隶制度，在商代不仅有发达的畜牧业，而且有发达的农业。卜辞记载的农作物有禾、麦、黍、稷、粟、稻等，在工具方面开始使用青铜器，并过渡到犁耕农业，农业在当时已经超过畜牧业，成为社会主要的生产部门。商代酿酒业很发达，反映了大量农业剩余产品的存在。商朝定居于黄河流域地区，商代文明与水的关系是很密切的。尽管甲骨文中尚无关于水利的记载，但是在

[①] 马克思：《资本主义生产以前各形态》，人民出版社，1956年，第18页。

[②] 恩格斯：《家庭、私有制和国家的起源》，《马克思恩格斯文选》第2卷，莫斯科外国文书籍出版局，1955年，第297页。

关于中国上古的许多传说中，都有兴修水利的内容。《史记·夏本纪》载，"当帝尧之时，鸿水滔天，浩浩怀山襄陵"。传说中又有禹疏九河的记载，孔子说禹"尽力乎沟洫"。这些表明有利的自然条件促成了灌溉农业的早期发展与大量农业剩余产品的出现，这是我国在公元前一千多年的商代就进入奴隶制度的决定因素。

在奴隶社会出现了国王、大臣、各级官吏、僧侣等一大批不事生产的人。整个奴隶主阶级以及社会一整套的统治机构，都是以压榨农业剩余产品为基础。古埃及王国仓库清单中表明国王搜刮的财富有：谷物、亚麻、蜜、牧畜、鸟类、鱼类、织物、衣服、装饰品、黄金、白银、铜。总之"凡有天地及尼罗河所生之物"应有尽有。农业剩余产品（及必要产品）作为维系统治阶级存在与发展的基石，在这里是表现得很明白的。

在奴隶制社会中，较之原始公社制，农业是国民经济基础的规律有着发挥作用的更大场所。首先，它表现为在农业劳动生产率进一步提高的基础上，手工业、商业和城市经济有进一步的发展。由于农业中所提供大量的粮食（这或者是由公社农民所提供，或是由大奴隶庄园、自由民经营的农业所提供），因而在国民经济中便有果园、菜园的专门性的生产，它显示了农业分工的出现。而手工业的分工也获得了前所未有的发展，在古代城市中出现了分工极其细致的、由奴隶生产的手工业部门。如在我国殷商时期，已有石工、玉工、骨工、铜工、陶工。此外，甲骨文中还记载有皮革、酿酒、舟车、土木营造、饲蚕、绵帛、制裘、缝纫等手工业生产。商朝遗文《盘庚》三篇更有"百工"的记载。从商代遗址发掘出来的铜器、陶器品种各有数十种，反映了分工的发达与奴隶手工业经济的发展。而贩运农产品和手工业品的商业也成长起来，成为奴隶社会城市经济的重要组成部分。

奴隶社会的一个重要特征是各种非生产性的活动的发展。如宫室的构筑、都城的建造、宗教性和艺术性的营造，都达到了很高的水平[1]。马克思说，古代人"他们把大部分的剩余产品用于非生产的消费上，艺术的作品上，宗教仪式的用品上，社会性的工程上"。显然地，这种剩余产品根本上乃是农业剩余产品，如果农业劳动生产率没有达到一定的水平，奴隶制度下手工业、商业以及城市经济的繁荣和奴隶制文化的兴盛是不可想象的。

农业作为奴隶社会经济发展基础的作用，还可以从欧洲希腊奴隶社会经济发展中表现出来。在古代希腊的一些城邦国家，如雅典、哥林斯、厄齐那、麦加那、米利都、优卑亚各城市，大体上说都是处在不利于种植谷物的地区，农业上主要是从事蔬菜园、葡萄园、橄榄园的经营。发展农业生产条件的不足，成为这些地方奴隶经济进一步发展的障碍。因而，希腊各个奴隶制城邦便致力于通过殖民政策，开辟海外的农业基地，借助于输入粮食和其他农产品来弥补国内农业生产的不足。我们看见，古代希腊正是由于海外农业基地的建立，才加速了国内手工业的进一步独立和聚集于城市，促成了城市奴隶手工工场以及商业的兴盛，以及整个的希腊古代文化的高度繁荣。希腊古代奴隶城市经济的发展，正是马克思所指出的"典型的古代的历史，这是城市的历史，不过是建立在土地所有制和农业之上的城市的历史"[2]。而一旦由于其他民族的军事侵略，使这些国家的海外农业基地遭到破灭时，这些国家经济的发展便会遭受严重的桎梏。

奴隶社会中农业既然是手工业、商业以及城市经济发展和繁荣

---

[1] 埃及法老修的金字塔，至今还使人惊奇。胡夫金字塔的修建，全埃及居民10万人一班，轮班工作3个月，前后历时40年。

[2] 马克思：《资本主义生产以前各形态》，人民出版社，1956年，第15页。

的前提，因而，它也是奴隶制下各个王朝的盛衰所系。奴隶制度下的自由民是从事农业生产的。马克思曾经引述道："在古代，城市的手工业和商业被认为不名誉的职业，而农业则享有极大的荣誉。""古代人一致认为农业是适合于自由民的唯一的事业，是训练士兵的学校。"①而在古代东方国家，国家还对农业生产进行某些直接干预，如殷代有"农政"，东方国家常从事水利灌溉的工程，以保证农业的好收成和攫取更多的剩余生产品。但是在奴隶制度下，农业这一基础是不可能得到巩固和壮大的。由于奴隶成为奴隶主的财产，在生产中处于牛马不如的地位，因而奴隶对改良工具、提高劳动生产率是漠不关心的。马克思说："在这种生产方式内，有这样一个经济原则：只使用最粗糙最笨重的，并且就因为太笨重所以不易损坏的工具。"②因此，农业生产水平很低，剩余生产物很少。特别是奴隶主阶级对广大奴隶与公社农民的敲骨吸髓的搜刮，更进一步破坏了农业生产力，加速了农业的衰败与可能供城市工商业发展的资源的衰竭。奴隶主的国家在国内农业危机越加严重的情况下，凭借对国外进行军事掠夺，以夺取劳动力和各种财富，但是这种军事征服的成就，只能带来城市经济一时的兴盛，却不能挽救农业基础的根本衰败。我们看见，无论在东方或是西方的一些强大的奴隶国家，都因农业基础的衰败，而很快没落瓦解。罗马帝国农业的解体，是帝国覆灭的最重要因素。恩格斯在《家庭、私有制和国家的起源》一书中，描绘了作为古代世界决策性生产部门的农业衰亡的基础上，罗马帝国加速解体的状况："古代的奴隶制已失去了它的活力了。无论在大规模的农村经济上，

---

① 马克思：《资本主义生产以前各形态》，人民出版社，1956年，第12页。
② 马克思：《资本论》第1卷，人民出版社，1953年，第216页（注17）。

或在城市的工场手工业上，它都不能提供足以补偿所耗劳动的收益了——因为销售它的生产品的市场已经消失了。帝国繁荣时代的庞大奴隶经济生产已收缩为小农业和小手工业，没有收容大量奴隶的余地了。"[①] "普遍的贫穷，商业的缩小，手工业和艺术的衰落，人口的减少，都市的衰落、农业退到较低的水平——罗马世界霸权的最终结果就是这样。"[②]

（三）封建制度下农业的作用

在封建社会，社会生产力较之过去时代有进一步的发展。在整个封建制度的时代，不仅农业生产逐步提高到了一个新的阶段，而且在手工业劳动的分工和专门化上，在交换和商业的规模上，在城市经济的发展上，也都提高到了一个新的阶段。但是，这一切发展，并未改变农业在社会经济中的最重要与决定性的地位。

在封建社会，特别是在西欧封建社会初期数以百年计的历史时期中，整个社会经济几乎是保持着纯然的农业面貌，如在欧洲日耳曼封建王国，几乎不存在着交换和城市。即使是后来经过很长时期，在手工业从农业分化出来、城市从乡村分化出来以后，社会绝大部分人口还是居住在农村，而且，在较长一个历史时期内，城市在政治上还是受居住在乡村的封建主的统治，并且要向封建主交纳税金。马克思说："在中世纪（日耳曼时代），**乡村本身是历史的出发点**，历史的进一步发展后来便在城市和乡村对立的形态中进行；现代史，这是城

---

① 恩格斯：《家庭、私有制和国家的起源》，《马克思恩格斯文选》第2卷，莫斯科外国文书籍出版局，1955年，第298页。

② 恩格斯：《家庭、私有制和国家的起源》，《马克思恩格斯文选》第2卷，莫斯科外国文书籍出版局，1955年，第297页。

市关系渗进乡村，而不是像在古代那样，乡村关系渗进城市。"①乡村本身是历史的出发点，这不仅是欧洲封建社会的鲜明特征，而且也是东方封建社会的特点。在中国封建社会，城市以及商品经济很早就有发展，城市不仅仅是商品交换的中心，而且是封建政治统治的中心，但城市在中国封建社会中的分外重要的地位并不改变中国封建经济基本上是自然经济的性质，以及整个中国封建社会作为农业社会的面貌。毛泽东同志指出："自给自足的自然经济占主要地位，农民不但生产自己需要的农产品，而且生产自己需要的大部分手工业品。地主和贵族对于从农民剥削出来的地租，也主要地是自己享用，而不是用于交换。那时虽有交换的发展，但是在整个经济中不起决定的作用。"②这种情况表明，在封建社会经济中，农业乃是独占统治地位的生产部门，并成为一切社会成员衣食之源和整个社会经济进一步发展的起点。

封建社会生产关系的基础是封建主占有土地和不完全占有农奴。农奴不同于奴隶，它有自己的经济，农奴或依附的农民除了为封建主做工而外，还可以以本身劳动为基础占有生产工具和保持自己私有的经济，这就多少能刺激农奴或农民去提高劳动生产率和发展农业生产。除了封建主所有制以外，还存在着以个人劳动为基础的个体农民所有制。这就表明了，封建生产方式相比奴隶制是较为进步的生产方式。因而封建主义的生产关系的出现和确立，就为农业基础的加强和在比过去更高的水平上发挥基础作用，开辟了更大的发展余地。在整个封建社会的历史发展过程中，农业的生产工具、耕作技术与方法以

---

① 马克思：《资本主义生产以前各形态》，人民出版社，1956年，第15页。

② 《毛泽东选集》第2卷，人民出版社，1952年，第594页。

及灌溉事业都有进一步的改善和提高，农业生产大大向前迈进了一步，农业劳动生产率提高到一个新的发展阶段。

我国封建社会自战国以来，带铁铧的犁逐渐代替了木犁。此后还有更轻便的"蔚犁"，更能深耕的"一足犁"。西汉赵过发明耦耕，东晋后普遍推广了牛耕。在耕作方法上也不断进步，汉代范胜之发明区种法，使生产率增高。在灌溉建设上也不断进步。马克思称之为封建社会生产力标志的水磨，即我国水碓，很早就已出现，而在三国时代普遍使用了。在南北朝时期水碓更由先进地区传到边远地区。

由于农业发展到更高一级的水平，农业具有了提供更多剩余产品的能力，从而能维持更多的人口，和促使手工业及其他部门进一步发展的物质力量，这也就意味着农业的基础作用程度较之过去有进一步的加强和获得更加显著的表现。

在农业劳动生产率提高、农业剩余产品增长的基础上，手工业进一步脱离农业而独立发展，这在封建社会经济发展过程中有鲜明的表现。农业与家庭手工业相结合，乃是封建自然经济的根本特征，在封建社会农民不仅生产粮食，而且自己织布做衣，制作各种工具、用具。这种手工业活动，乃是作为农业的"副业"而存在，也即是我国所谓"以织助耕"的情况。农业剩余产品增多，为手工业从农业独立与进一步发展提供了可能。在欧洲，我们看见封建领地中各种手工工匠的出现，它们逐渐地由为领主干活而转变到为市场干活，并定居于市场，日益发展起来。在我国封建社会中，手工业的发展是通过以下途径：（1）封建国家通过"贡赋"形式榨取农民的剩余产品，从而在城市建立起主要供统治阶级消费之用的庞大的官手工业，这种手工业在各朝代不断发展，分工越趋细致，规模越加巨大，成为城市工业生产的最重要的形态。（2）在商品经济进一步发展、市场对手工业品的需要量增长的刺激下，农村人口流入城市，从事于满足城乡市场需要的手工业的生产。（3）随着地主经济的进一步发展，封建大地主阶级凭借其囊括的剩余产品，而在地主庄园中发展了一系列的手工业生产，以满足地主自身的需要。

我国封建社会的官手工业与民间手工业自从周朝以来就已经出现。到了唐朝已有很繁荣的发展。下面单举出唐代手工业发展的情况。

官手工业在唐代已有十分巨大的规模。其包括的生产品种繁多，从军事需用的武器，到统治者为满足其奢侈生活所需的服用玩好，直到平日吃喝用的菜蔬和酒，都由官手工业源源供给。例如仅金器就有销金、拍金、镀金、织金、砑金、板金、泥金、娄金、捻金、戗金、圈金、贴金、嵌金、裹金等14种。官手工业内部分工细致，如少府监织染署就包含25作。其中织纴之作就有布、帛、施、纱、绫、罗、锦、绮、褐等14项，组绶之作有组、绶、绦、绳、缨等5项，䌷线之作的䌷线、绘网等4项，练染之作有青、绛、黄、白、皂、紫等6项。

城市民间手工业在唐代也极为发达。唐代城市中有各种不同类的手工业的作坊，如织锦坊、纸坊、毯坊、染坊、酒坊、糖坊、铜坊、金银作坊等。在定州还出现了具有绫机"五百张"的大型手工业作坊。而且这些都是应市场需要而产生的。

显然地，如果不是农业劳动生产率一定的发展与剩余产品的增多，就不可能有更多的人来从事手工业生产，而手工业发展所需的原料也将不可能得到保证，手工业的发展就将失去基础。在封建社会中，手工业对农业的依存，可以从我国16世纪中叶到17世纪初叶，即明嘉靖到万历年间，江南地区手工业的显著发展中看出来，在当时，江南成为棉纺织业与丝织业生产的中心地区，江南许多城市中发达的手工业乃是以江南各地农村普遍植棉和从事蚕桑为基础的。如《农政全书》卷三十五记载，当时为棉纺织业中心地区的松江县"官民军灶垦田凡二百万亩，大半植棉，当不止百万亩"。《震川先生集》卷八记载："（昆山）三区，……物产瘠薄，不宜五谷，多种木棉。"当时江南木棉种植是很普遍的，但还不能满足手工业发展的需要，而需要山东、河南农村棉花源源不绝地供应。因而，山东、河南许多地方的农村已成为江南棉织手工业的原料供给地。

在封建社会农业与手工业生产发展的基础上，交换和商业有进一步发展，在封建制度下，自然经济占统治地位，但是这并不排斥交换和商业的发展。在封建社会中，商业主要是从事贩运农产品与手工业品，交换和商业以农业和手工业生产为前提是很明显的。只有在农业能提供很大数量的农产品，以及手工业能提供很大数量的工业品的条件下，商业活动才能得到发展。在我国封建社会历史中，我们看到历代都有着一个商业活动逐渐发展，到后来达到鼎盛的过程，而这一个过程也是在大体上与农业生产由恢复到发展的进程相一致的。而一旦农业生产由于种种因素归于破败时，商业活动也就会逐渐萎缩下去。因此，在封建社会农业作为商业发展的起点是很明显的。

在封建社会中，农业在社会经济中的基础作用，还表现在城市的发展在很大程度上决定于农业所提供剩余产品上。这是由于只有在农业劳动生产率提高的基础上，才会有交换经济的发展，才会有市集以及城市的建立。城市是手工业和商业的中心，如上所述，只有农业的发展，才能有手工业的发展和商业的兴盛，从而才有城市经济的繁荣。在我国封建社会历史中，很早就有了极其巨大和极为繁荣的城市存在。在战国时代，数万人口的城市屡见不鲜，如齐临淄有户7万，韩宜阳城方8里。在我国周秦以来的封建社会中，城市是封建官僚统治机构所在地，城市成为国君、大臣、各级文武官吏的集中之地。从农村压榨出来的大量赋税收入，都集中于城市，转入庞大的官僚阶级手中，这一阶级的消费，成为城市商业和手工业发展的重要原因。正如马克思曾引述琼斯的话："在亚细亚，城市的繁盛或存在，完全是由政府的地方性支出，生起的。"[①]如西汉末，据谭桓《新论》所记载，当时大司马从农民赋敛来的钱，就达到一岁40万，半数用作官俸，半数供朝廷之用，而少府从园池工商收来的岁钱，一岁为83万，专供皇帝私用。在唐朝，政府除有钱票收入而外，还征收布帛。唐天宝八年，政府收入绢740余万匹，帛185余万匹，布1605万段（《册府元龟》邦记部卷487）。这样庞大的收入集中于政府手中，也表明了封建社会中以国王为首的庞大的官僚阶级的寄生性消费的巨大规模。我国很早以来就有着人口以数万、数十万计的大城市存在，正是以自农业中征取巨大规模的剩余产品为前提的。

以上所述，表明了封建社会经济之所以有了进一步的发展，取得了远远超过过去历史形态中所取得的成就，其根源与基础，还是在于农业劳动生产率的提高与农业剩余产品的增多。封建国家兵力的强大，首先要有农业的兴盛，在中国历史上的秦国，正是由于拥有关中与蜀郡两大灌溉农业区，拥有雄厚的经济力量，从而开创了中央集权的统一的专制帝国的局面。在中国几千年封建朝代的不断更迭中，更显示出这样一个历史规律：任何一个朝代的兴旺与国力的强大，都是以农业的较好状况为前提，而农业的衰败与深刻危机，决定了一个封建王朝软弱无力，并最终导致其崩解灭亡。

封建生产方式是比奴隶制生产方式较进步的生产方式，在封建制度下农业提升到比奴隶社会更高的水平，但是封建生产方式和奴隶制

---

① 马克思：《剩余价值学说史》第3卷，生活·读书·新知三联书店，1949年，第448页。

的生产方式一样，是以统治阶级对基本劳动群众的残酷剥削为基础，劳动者的劳动产品绝大部分以封建地租的形式，被封建主所占有。而且在封建农奴制度下，领主对劳动者——农奴，有不完全的所有，封建领主可以买卖农奴，拿农奴来赌博。处在封建剥削下的劳动农民，没有提高劳动生产率的内在刺激，正如列宁说：农奴式的社会劳动组织是靠棍子来维持的。这种情况就决定了封建时代农业生产力发展的缓慢与带有停滞性。列宁说："技术的极端低劣和停滞是上述经济制度（指农奴制——引者按）的前提和后果，因为种地的都是些迫于贫困、处于人身依附地位和头脑愚昧的小农。"①因而，在封建制度下，农业这一社会经济的基础的发展和巩固，存在着不可克服的障碍。

在我国几千年来的封建时代中，农业这一基础每经历一定的发展阶段，又会归于衰败，并导致整个封建社会危机的爆发。引起农业基础衰败的因素在于：

首先，在封建生产方式下，地租不仅吸尽了农民的剩余劳动，而且侵蚀了农民的必要劳动，并达到严重地影响农民生存的程度，这种残酷的剥削直接破坏了基本生产力——劳动力，从而动摇了封建社会的农业基础。在我国封建社会的农业经济，大体说来是由小农经济、地主庄园和国家庄园所组成。那些在地主庄园或是国家庄园中的农民，不仅要遭受到地主或是皇室贵族极其残酷的剥削，而且他们在人格上还处于对地主或是贵族的严重依附之下（在国家庄园中劳动的农民常常是处在奴隶地位）。毛泽东同志指出，中国封建时代"农民用自己的工具去耕种地主、贵族和皇室的土地，并将收获的四成、五成、六成、七成甚至八成以上，奉献给地主、贵族和皇室享用。这种

---

① 《列宁全集》第3卷，人民出版社，1959年，第161页。

农民，实际上还是农奴"①。

在我国封建社会中，小农在社会经济中占有极为重要地位，在秦汉时代，地主庄园尚未发展成为社会经济的主要力量，小农经济在社会经济中占有分外重要的意义，即使是在唐宋以降，由佃农耕作的地主庄园发展以来，小农经济在社会经济中仍然占有重要地位。马克思说："在印度和中国，生产方式的广阔基础，是由小农业和家内工业的统一形成的。"②这种很早以来就遍布各地农村的小农，乃是封建国家赋税和徭役最主要的负担者，它直接影响着封建国家的经济和军事的力量。因而，可以说小农乃是我国封建农业的最重要的基础。

但是在我国封建社会中，小农是被束缚在土地上，而承受着最大的封建国君最残酷的压榨，小农不仅要向国家交纳粮食（粟米之征），而且还要交纳布帛（布缕之征）和服一定时期的力役（力役之征）。特别是在秦汉中央集权的庞大的专制国家机构建立起来后，这更加重了小农的负担，不仅国君通过各种贡赋来剥削农民，而且各级官吏，上自朝廷大臣，下至郡县小吏，都用各种手段，巧立名目来勒索人民。这一官僚政权越是发展，越成为加重对农民剥削的根本。小农所遭受到这样沉重的压榨，使他们经常处在极端贫困和无以自保的境地。毛泽东同志指出，在我国封建时代"不但地主、贵族和皇室依靠剥削农民的地租过活，而且地主阶级的国家又强迫农民缴纳贡税，并强迫农民从事无偿的劳役，去养活一大群的国家官吏和主要为了镇压农民之用的军队。中国历代的农民，就在这种封建的经济剥削和封建的政治压迫之下，过着贫穷困苦的奴隶式的生活。农民被束缚于封

---

① 《毛泽东选集》第2卷，人民出版社，1952年，第594页。
② 马克思：《资本论》第3卷，人民出版社，1953年，第412页。

建制度之下，没有人身的自由，地主对农民有随意打骂甚至处死之权，农民是没有任何政治权利的。地主阶级这样残酷的剥削和压迫所造成的农民的极端的穷苦和落后，就是中国社会几千年在经济上和社会生活上停滞不前的基本原因。"[1]这是对封建社会农业基础的必将衰败的最深刻的分析。

其次，商业资本的剥削与土地兼并的加速进行，也是促使封建社会农业基础衰败的重要因素。封建社会中自然经济占有主要地位，但是交换和商业活动也发展起来。这种商业资本使封建统治阶级所占有的大量剩余生产品，能换成各地农业或手工业的产品，以满足其奢侈享乐的需要。同时，商业资本也成为农民与手工业者之间一部分产品交换的媒介。在我国封建社会很早就有商业资本的出现，由于以国君为首的庞大的官僚集团，集中了大量的剩余产品，以及封建地主阶级榨取了农民的大量劳动产品，统治阶级对各种奢侈品的需要成为商业资本迅速发展的动因。由于封建时代商业利润是由不等价交换，即买贱卖贵而获致，因而它成为货币财富最迅速积累的源泉。商业资本以低价收购小农的农产品，使小农在经济上处在极为不利的地位，由于商业资本与高利贷资本是一对双生子，商业资本家还通过放高利贷来剥削农民，因而，这就成为进一步促使小农贫穷破产的力量。

商业资本的发展，对封建社会小农经济的基础的侵蚀与动摇，还在于它促使了土地兼并的激烈进行。在我国封建社会最初一个阶段，土地还未作为商品买卖，而随着土地私有制的确立与商业资本的发展，土地买卖便逐渐发展起来。在我国战国时代，土地开始成为自由买卖的对象。土地一旦卷入商品流通的旋涡，不但官僚商人可以通过

---

[1] 《毛泽东选集》第2卷，人民出版社，1952年，第594~595页。

买卖形式夺取土地，而且地主也可以通过买卖形式兼并土地。在我国封建社会中，自战国以来，在买卖形式下的土地兼并就已经发展起来，土地兼并激烈化的程度，往往与商品经济的发展成正比。在地主、豪绅、商业资本家土地兼并的激流下，小农经济越发不稳定，小农在日渐加重的剥削下，只有出卖田宅、破产逃亡。因而，一方面地主、豪绅、商人土地的加速集中，一方面小农失去土地愈是频繁和加剧。

在我国封建社会中，封建国家赋税的重担，商贾的盘剥，商人地主的土地兼并，从根本上动摇了小农经济。几乎在各个朝代社会经济的发展中，我们都看见随着对农民的多方面的压榨的加强，从而使作为封建社会经济结构重要组成部分的小农经济日渐解体，并由此加速了封建社会的农业基础的衰败。农业的衰败乃是封建社会经济发展过程中所不可避免的，而这也正是我国封建社会中各个王朝社会危机（表现在农民起义和农民战争的发展上）不可避免的经济根源。

封建统治阶级在农业基础衰败、农民起义严重发展与地主阶级的政治统治受到巨大威胁的情况下，往往采取一系列的恢复和促使农业发展的"休养生息"的政策，用以稳定封建社会经济的基础，以及重新巩固其统治地位。我国封建社会一些朝代，统治阶级曾经按其需要实行过一些在内容上、范围上，着重点各有不同的保护农业的政策，这些政策的内容大致可以归纳如下：（1）减轻赋税；（2）抑制商业资本与高利贷盘剥；（3）抑制或缓和兼并小农土地；（4）分配土地给小农，使其困着于土地；（5）奖励人口增殖；（6）官贷耕牛与工具；（7）兴修水利；（8）官僚机构的调整；等等。

这些封建主义的"保护农业"政策的社会后果与意义在于：它首先使已经成为生产力发展严重障碍的封建生产关系得到某些调整。如：封建王朝在实行减轻赋税后，封建国家对农民的剥削的纽带，会暂时地有某些缓和；在实行某些抑制商业资本的政策后，商业资本（与高利贷资本）对小农经济的破坏与侵蚀力，会暂时得到某些减轻；在实行抑制土地兼并政策的场合，封建大土地所有制对小农经济的吞并，会一时有某些抑阻。这一切都表明小农经济的地位有某些改善，农民的劳动积极性得到某些提高。特别是在西汉以来，在许多朝代中曾经实行的分配土地给农民的政策，对于使那些在封建国家、地主、商业资本家的重重压榨与剥削下归于衰败与解体的小农经济的恢复和发展有着重大意义。以上所述，归根结底，表明了封建生产关系进行某些调整，以往历史发展中尖锐化的生产关系与生产力的矛盾有所缓和，从而为生产力的继续发展开辟了一定空间。封建国家"保护农业"政策的另一社会后果，在于它在某些情况下带来了封建政治上层建筑的某些调整。在我国一些朝代（如西汉文帝、景帝，唐太宗等在位时期），为了恢复农业，曾实行"精兵简政"与"清廉之治"，即对官僚机构实行某些改革，改变过去发展起来的官僚制度的臃肿和机构庞大的状况，并消除克服一些贪污腐败的现象。此外，还加强中央权力，抑制统治集团内部的争端，同时，也设立专门机构加强国家对农业发展的扶持，最主要表现在水利灌溉的建设上。马克思说：灌溉是亚洲国家的一个经济职能。这在我国封建时代可以得到充分的证明。

我国在春秋战国时代以来，封建国家重视了水利灌溉的建设。魏襄王引漳水灌溉邺田；秦始皇初年，用韩国水工郑国创建郑国渠，灌田四万五千顷；两汉灌溉事业也很发展，国家动辄动员数十万、数万人兴修水利。

上述措施，一方面使封建专制的国家政权，对农民经济和政治上的压榨有某些减轻，另一方面封建国家的经济职能，在对农业生产的恢复与发展上也显示了一定的积极作用。归根到底，这就使封建政治上层建筑，对小农经济以及整个社会的农业基础的侵蚀和破坏有所减轻，使在以往历史发展中逐渐加深的基础与上层建筑的矛盾有所缓和。

我国封建社会一些朝代所实行的保护农业的休养生息政策，由于它使封建社会发展进程中日趋尖锐化的生产关系和生产力的矛盾、经济基础和上层建筑的矛盾有某些缓和，因而它是有利于农业，从而有利于整个社会生产力的发展的。在我国历史上，可以看见许多朝代衰颓与在战争中崩解下去的农业生产，经过一个长时期的休养生息，又会逐渐恢复起来，农业劳动生产率恢复起来，并超过以往所达到的水平，从而由国家和地主阶级占取的农业剩余产品逐步增加，而城市手工业、商业和整个社会经济又趋向繁荣发展，并在此基础上使封建国家的军事与文化上都有新的成就。在封建国家的休养生息保护农业生产的政策下，通过农业的恢复与发展，使社会经济逐步地恢复发展与走向繁荣，在我国汉代以来的长期历史发展中，是多次与不同程度地出现。马克思指出："在亚洲各国，农业通常是在一个政府下衰落下去，而在另一个政府下又会复兴起来。收成的好坏在这里决定于政府的好坏，正像它在欧洲决定于天气的好坏一样。"[①]在我国封建社会中，从农业生产的衰颓与崩解上进行的手工业、商业与整个社会经济的衰颓与危机，和在农业生产恢复的基础上进行的手工业、商业和整个社会经济的恢复发展与提升到更高阶段这一螺旋式的进程中，正是鲜明地体现了农业之作为社会经济发展的基础与起点的作用。

在封建社会中，一些朝代所实行的保护农业的政策，尽管是有进步意义的，但是封建君主实行这一政策，并不是由于他们关怀"民

---

① 马克思：《不列颠在印度的统治》，《马克思恩格斯文选》第1卷，莫斯科外国文书籍出版局，1954年，第325页。

间疾苦""人民生计"，并不是封建统治阶级及其政权有什么"进步性"，而是在伟大的农民起义与农民战争中，封建政权摇摇欲坠的状况下，而被迫采取的措施。它的目的是在于巩固整个地主阶级对农民阶级的政治统治与经济剥削。从我国历史上，我们看见一些朝代初期的保护农业的政策，正是在农民战争打击下，在广大农民革命力量的增长下而被迫采取的。由于在农民战争的打击下，旧的封建国家机器已经遭受到沉重打击，郡县等机构已遭到削弱，因而统治阶级的力量已遭到削弱，封建统治者要像过去那样地剥削压榨农民已经有困难了。另一方面，在农民战争中，地主阶级大规模地屠杀农民，加深了社会经济的破坏，出现了人口因被杀戮而减少，大量土地荒废，整个农业生产严重破坏的情况。在这时，只有采取措施，首先将农民束缚于土地，恢复农业生产力，解除农民起义继续扩展的威胁，才能保证封建国家政权的巩固和向农民攫取不断增长的赋税收入。像减轻赋税、奖励人口增殖与土地开垦、劝农与扶持农耕、兴修水利，这一切对农民压榨的某些缓和与让步的政策和保护农业生产的决策，正是伟大农民起义的成果。它是农民通过起义，使他们的斗争性与力量增长，而统治阶级力量削弱下所出现的结果，但也是统治阶级为巩固封建制度的经济基础，为在此后进一步加强压榨农民所采取的暂时措施。因而，这种保护农业的政策，由于它有利于生产力的发展，从而有进步意义，但也是巩固地主阶级统治的阶级政策。而且即使是这一政策的提出与某些范围与程度内的实施，也只是受农民战争力量的迫使。毛泽东同志指出："中国历史上的农民起义和农民战争的规模之大，是世界历史上所仅见的。在中国封建社会里，只有这种农民的阶级斗争，农民的起义和农民的战争，才是历史发展的真正动力。因为每一次较大的农民起义和农民战争的结果，都打击了当时的封建统治，因而也就多少推动了社会生产力的发展。"①

对于封建国家所实行的"重农"政策的意义，不能加以夸大，应该看到封建地主阶级所提出的这一旨在进一步剥削广大农民的改革的巨大局限性。首先，作为重农政策的理论基础的封建重农思想，尽管带有某些积极因素，但是由于它是封建地主统治利益的体现，封建地主阶级狭隘的阶级利益从根本上排斥了这一思想能达到科学真理的高度。例如，我国许多有名的重农思想家，曾经肯定与阐述了农业在封建社会中的重要地位，但是它们往往片面地强调农业的作用，而忽视和否认工业、商业在社会经济发展中的作用，他们不能科学地认识农业、工业、商业等部门间的内在联系，而是持片面偏颇的重农理论和主要推行孤立的重农政策。例如早期的重农思想家、战国时代的李悝，他主张"尽地力之教"，即发展农业，但认为"不禁技巧则国贫民侈"，即反对手工业。战国后期的商鞅认为"壹务则国富"，孤立地重农而忽略工业的作用。荀卿更说："工商众则国贫。……故田野荒鄙者，财之本也。"他在理论上认为只有农业创造财富，而工商业是不生产的，从而成为古代重农主义最突出的代表。韩非则进一步提出以农为本，以工商为末，形成"农本工商末"的口号。它称工商为"末作"，将工商业比称为五蠹之一，一律当作是社会的败坏者，从而成为古代最偏激的重农思想的宣扬者。重农思想家在经济政策上主张抑制削弱手工业、商业及其他的活动，以保护和发展农业。如荀卿主张"省工商"，即抑制手工业和商业活动。而商鞅更将广泛地限制和抑阻工商业活动，作为他奖励农业的政策纲领的重要组成部分。这些重农思想家所提倡和积极推行的经济政策，以其着眼于保护与促进

---

① 《毛泽东选集》第2卷，人民出版社，1952年，第595页。

作为封建社会经济发展基础的农业这一点来说，无疑是有着重要意义的，但是由于他们将工商业的发展和农业的发展对立起来，他们看不见在农业发展的基础上正常与必要的手工业与商业发展的必然性，以及其对进一步促进农业发展的作用，因而他们所提倡的重农抑商、重本轻末的政策，实际上只是一种孤立地发展农业的政策。这种割裂了农业与其他部门的有机联系，片面"重农"的政策，不仅在实际上是行不通的，而且也并不能充分收到促使农业生产发展的效果。

封建重农政策的局限性还表现在封建统治阶级不可能认真地贯彻重农的措施上。以封建地主阶级来说，他们对剩余产品的狼一样的贪欲，推动他们竭尽一切可能地去向农民榨取地租，他们在任何时候也不会放松对农民地租剥削的锁链。地主阶级对依附农民的残酷剥削，就从根本上限制了封建国家所实行的一切保护农业的措施的作用程度，加之以封建国家政权本身代表地主阶级的利益，而且君主便是最大的封建土地所有主。这一政权的存在不仅是为了从政治上保证地主阶级对农民的剥削，而且它也是以对广大农民租税剥削为经济基础。封建国家政权的这种性质，决定了它不可能认真地关心和真正地做到保护农业生产，相反地封建国家这一镇压与剥削机器的实际活动却正是破坏农业生产与压抑广大农民积极性的重要力量。正由于此，尽管历代封建君主往往都在口头上承认"以农为本""民以食为天"和提倡重农①，但是一般说来，各个王朝的扶助农业生产的"农政"以及其他的重农措施在内容上是空泛的，许多措施更是有名无实。而实际上，许多君主乃是以重农的言辞与点缀性的缺乏实惠的措施来麻痹欺

---

① 历代的君主常以"农为天下大本"，提倡务本。如唐太宗说："国以民为本，人以食为命，若禾黍不登，则兆庶非国家所有。"

骗人民，以及作为掩盖他们对广大农民的暴虐征取的幌子，只有在农民起义风暴的威胁与打击下，一些王朝才不得不采取某些缓和对农民的剥削以及扶持农业生产的有效政策。但是在许多时候，这些政策也不可能认真执行与贯彻到底。即使在某些朝代，一些较有远见的君主在一定历史时期实行了保护农业生产的政策，但是封建国家政权的镇压与剥削的本质，终将会使这些政策归于废弃。如我国封建社会中一些君主曾经实行了轻徭薄赋、休养生息的所谓"仁政"，但是由于以君主为首的专制主义政权以搜刮民脂民膏为目的，因而随着农业的恢复与剩余产品的增加，这一政权就会增加赋税，加强对农民的征取。与此同时，地主阶级也会随着农业生产的恢复，向佃农收取更多的地租。而在商品经济恢复和发展的基础上，商业资本和高利贷资本对农民的盘剥又会加重起来，在商业资本以及地主经济力量增强的基础上，对小农土地的兼并与土地集中的过程又会重新加剧。这些方面剥削的加强，引起了农民与日俱增的反抗，阶级斗争日趋激化，而封建国家便会进一步加强镇压机构，变本加厉地对农民实行暴力镇压。中央集权的官僚机构便会越发扩大和臃肿，它对广大农民经济上的剥削与政治上的压迫就会越发沉重。这一切表明封建社会经济与政治的发展，必然会导致生产关系与生产力的矛盾，使经济基础与上层建筑的矛盾重新激化，并在生产力进一步提高的基础上，达到远比过去更为尖锐化的程度。所谓"重农"政策，便转化为变本加厉地压榨与侵蚀农业生产的政策，所谓"治世"终归会转变为更严重的暴政，而一度恢复与某些加强起来的农业基础，又会在这些不可克服的矛盾中，削弱与破败下去，而更严重的农民起义与封建社会危机便到来了。

以上对封建社会农民在社会经济中的作用与地位的简略考察归结起来：封建社会与原始公社和奴隶制度社会一样，乃是农业在国民经济中独占统治地位的社会经济形态，这决定了在某些社会形态下，农业在社会经济中的特殊重要地位。但是由于封建社会的农业较之过去的社会达到了更高水平，因而农业在社会经济中的基础作用更为强化和分外显著了。正是在农业生产发展的基础上，推动了手工业、商业以及整个封建社会经济的发展。但是以残酷地压榨广大农民的剩余劳动（以及一部分必要劳动）为基础的封建生产方式下，农业的发展和壮大存在着不可克服的障碍。封建国家、地主阶级、商业资本的剥削，成为这一社会的农业基础不断削弱、动摇，并走向破坏解体的根本原因，一切封建国家的"重农"政策，都不可能根本改变社会经济中农业基础必然衰败，并由此导致封建社会危机的客观规律。因此，在"以农立国""以农为本"的封建社会中，农业基础以落后性、脆弱性和发展缓慢性为特征，这正是我国封建社会长期保持着停滞落后面貌的最深刻的根源。

二、资本主义社会农业落后工业及农业基础作用的严重局限性

（一）资本主义社会工业与农业相互关系的新变化与农业的基础作用

资本主义生产方式把社会生产力提升到了一个新的阶段。在资本主义社会中，社会分工较之过去有极大的变化，工业生产进一步地脱离农业而独立发展，城市进一步从农村分化出来和以极快的步伐成长。从农业中分离出来的工业部门，又不断地发展和分化成更多的部门，商业、银行、信贷等事业也极为迅猛地发展成为国民经济中重要的独立的部门。资本主义生产方式确立过程中展示了如下的特征：在

资本主义以前的社会形态中农业的支配地位丧失，而过去居于次要地位和作为农业的补充的工业部门逐渐转居主要地位，成为社会生产中起主导作用的决定性部门。过去社会经济的农业面貌逐渐归于消失，而工业却如马克思所说，成为"把其他一切色彩都淹没了的普照的光"。这种情况表明了资本主义社会中使农业在整个社会经济中的地位有了新的变化，并由此产生了新的工农关系。尽管在资本主义社会中农业依然是国民经济的基础，但是农业的基础作用具有了新的特征，即农业的基础作用是在工业为主导的前提下发生的。

资本主义社会中，工业是国民经济中占据统治和支配地位的部门。在发达的资本主义国家，无论是在全部就业人口中，在国民经济总产值中，在固定资本的投放上，在出口商品的比重中，工业都是占据压倒性的优势的。

资本主义工业不仅占据优势地位，而且在国民经济中起主导作用。它表现于：（1）工业中的资本主义生产关系渗透到农业中，使原先在农业中的前资本主义经济关系改变为资本主义关系。（2）工业用机器、化学肥料等现代技术提供给农业，从而改变农业的技术基础。（3）资本主义大工业对农业原料的生产提出了需要，并由此决定了农业发展的方向与扩大再生产的规模。在资本主义经济中，工业也对国民经济的其他领域（商业、信用等）有着决定性的影响。工业成为国民经济中独占优势的部门，它在社会再生产过程中的居于首要地位，并且成为社会生产力发展的最强大的动力，乃是资本主义经济区别于前资本主义社会的一个重要方面。但是工业的这种重要地位与主导作用并不是脱离了农业而孤立发生的，恰恰相反，它是立足于农业这一国民经济的基础之上，而且是以农业的基础作用为前提的。

农业在资本主义经济中的基础作用，固然与过去的社会形态一样，在于农业的劳动生产率决定了工业、商业等部门的发展的可能性与程度，但是应该看到在资本主义经济中农业作为基础有着特殊的重要意义。

第一，资本主义生产的实质是剩余价值的生产，任何资本主义生产（不论它是工业的、矿业的，或是农业的）的存在，都是以能生产和榨取剩余价值为前提。而剩余价值的存在体现了劳动者除了每日能生产出个人所需要的生活资料而外还有剩余的生产物，最根本的也就是农业劳动生产率必须能提供超过劳动者个人需要的剩余农产物。马克思说："如果人一般在一劳动日内，不能超出他自身再生产的所需，生产更多的生活资料（所以在最狭义上，就是生产更多的农业生产物），如果他全部劳动力每日的支出，只够再生产他个人的需要所不可缺少的生活资料，一般来说，就说不上剩余生产物，也说不上剩余价值。"[1]如果农业劳动生产率尚未达到可以充分提供工业中的劳动者需用的生活资料的高度，那么农村就不能提供必要的粮食与农业原料，也就不可能有工业中的资本主义生产的存在，而谁都知道，工业中的资本主义生产，正是资本主义生产方式存在的最重要的领域，是剩余价值生产的最重要的园地。正由于此，马克思说："超越于劳动者个人需要的农业劳动生产率，是一切社会的基础，尤其是资本主义生产的基础。"[2]由此可见，资本主义生产的实质——剩余价值的生产——决定了它必须以农业中劳动生产率一定发展水平为自己存在的前提。

第二，资本主义国民经济中工业取得压倒优势的地位，是以一定

---

① 马克思：《资本论》第3卷，人民出版社，1953年，第1025页。
② 马克思：《资本论》第3卷，人民出版社，1953年，第1025页。

的农业生产力的发展水平为前提。如上所述，在封建社会末期，资本主义生产方式在工业中出现时，农业是占据支配地位的最强大的物质生产部门，资本主义工业迅速发展并逐步成为国民经济的优势部门，是一个原先依附于农业的工业部门一个个脱离农业的过程，是农业人口相对地与绝对地减少与工业及城市人口不断增长的过程。但是，这一过程并不是建立在农业的倒退与在国民经济中作用的削弱基础上，恰恰相反，它是以农业生产力摆脱封建制度的束缚而在资本主义生产方式下跃升到一个新的阶段为前提的。因为只有农业劳动生产率提升到一个新的阶段，农业才能在劳动力减少的情况下，满足整个工业及城市发展对农产品所提出的日益增长的需要，这样，从农业中解放劳动力以转入工业生产才有可能，资本主义大工业的迅速发展也才有巩固的基础。因此，随着在资本主义工业化的发展，农业在社会经济中退居次要地位的发展过程中，农业生产力却是发生了质的飞跃，使那种生产力极度低下的自给自足的农业，变成了能适应大工业以及整个国民经济发展需要的有更高效率的现代农业，变成了从属于工业需要的"生产商品的经济部门"[①]了。马克思指出："农业劳动的生产率，是一切剩余价值生产的自然基础，从而也是一切资本发展的自然基础。"[②]显然地，如果没有这样的适应于资本主义大工业发展需要的农业基础的确立，那么就不可能有资本主义工业的发展，就不可能有资本主义工业在国民经济中的支配地位的确立与主导作用的发挥。

第三，在资本主义经济发展的过程中，工业与农业总是互为条件、彼此依存、互相制约、互相推动的，不仅农业的发展依存于工

---

① 《俄国资本主义的发展》，见《列宁全集》第3卷，人民出版社，1959年，第18页。
② 马克思：《资本论》第3卷，人民出版社，1953年，第1024~1025页。

业，而且工业的发展对农业也存在着密切的依存性。这在于资本主义工业发展所必需的原料，除了一部分是由工业中属于第一部类内部的原料工业来提供而外，另一部分是必须由农业来提供，特别是像纺织、皮革、烟草等轻工业部门，更是建立在对农业原料加工的基础上；另一方面，工业人口所必需的粮食、肉类、乳类依赖于农业，工业的发展还受到国内农业市场的重大影响。由此可见，资本主义工业，特别是轻工业是不可能脱离农业而独立的，重工业的发展也要受到农业的影响。农业乃是资本主义工业扩大再生产的重要的条件。因而，农业的发展也会有力地推动资本主义工业的发展，而这也正是农业的基础作用的重要表现。尽管在资本主义经济中，农业的推动作用是带有不稳定与不平衡性，它有时会较强，有时会削弱，甚至会对工业发展起严重的阻碍作用，但是一般说来，这种推动作用总是存在的。

由上所述，我们可以看出，在资本主义经济中工业在国民经济中占有压倒的优势与起决定性的作用，并不是排斥农业的基础作用，而是以农业在新的生产关系与更高生产水平上发挥基础作用为前提的。农业越是适应工业的需要而发展，它的基础作用越是得到发挥，归根结底是越发加强了工业的发展；反之，农业发展的缓慢，就会抑阻工业的发展。因此，我们在研究资本主义经济发展的规律时，就不仅应着眼于研究工业的状况及其在国民经济中的主导作用，而且要研究农业的状况及其是如何发挥基础作用的。也就是说，要考察在资本主义这一对抗性的社会经济形态下，工农业间的辩证关系的特殊规律性。

（二）在资本主义经济产生与迅速发展时期，农业在国民经济发展中的积极作用

如果我们对资本主义经济中农业的作用进行一番历史的考察，那么我们首先会看到农业在资本主义经济产生、发展时期起了重大的积极作用，并成为资本主义大工业加速发展与取得胜利的动因。

这一时期农业在资本主义经济中分外突出的积极作用，是当时经济发展中客观形成的工农关系与矛盾所决定的。

一般来说，资本主义生产方式首先是在工业内发展起来与取得胜利的。工业中的资本主义经济，乃是以剥削雇佣劳动为基础的剩余价值的生产，它是以社会上存着可供资本家榨取的失去生产资料的像"飞鸟般自由"的劳动者的存在为前提，因而它要求将广大农民从封建农奴制的束缚下解放出来。同时，资本主义工业的发展需要大量的货币资本的积累，要借助剥夺众多小生产者而获致。资本主义商品生产需要广大的国内市场，要求打破农村自给自足的经济，特别是此后大工业及城市的发展对原料、粮食、肉类日益增长的需要，即要求农业生产力有巨大的提高，成为高度效率的与高度商品性的农业。这些都表明了资本主义生产方式的发展，要求农业在生产关系与生产力两个方面适应于资本主义工业发展的需要，要求农业生产也立足于资本主义生产方式的基础之上。但是资本主义生产方式在工业中取得长足发展时，资本主义渗入农业与旧的前资本主义农业转化为资本主义农业却是进行得极其缓慢。在农村中继续存在中世纪的残余，以及农奴制解体后乡村出现的自给自足的小农经济制度，使农业在各个方面不能适应于资本主义工业发展的需要。因而我们看见，在资本主义产生期，尽管资本主义工业（在工场手工业形态下）一开始就显示了它对社会经济发展的强大的推动作用，成为社会进步的主要杠杆。但是与此同时出现的工农业间的矛盾，农业在生产关系上与生产力上的不适应工业发展的需要，便成为当时社会经济发展中的突出的矛盾。因而，将前资本主义农业转变为资本主义的农业，以发挥农业的基础作用，便成为资本主义经济发展的重要内容。

正是在社会经济发展的成熟需要的推动之下，农业中出现了迅速的变化。在西欧这一过程乃是"农业革命"，在英国表现为资本主义加速渗透到农业中，它破坏了旧的土地制度使之转变为资产阶级的土地私有制，它迅速扫灭了自给自足的自耕农业，使前资本主义的农业经营转变为资本主义的农业经营。归根到底，这一革命乃是为了创造适应资本主义工业发展需要的农业基础。而我们看见欧洲资本主义国家，在农业革命越是加速进行，农业中陈旧的生产关系变革得越深入彻底，农业生产力越是发展，农业的基础作用就越加能得到发挥，而资本主义工业便能由此得到最有力的推动与迅猛地向前发展。

英国乃是最先取得工业革命的胜利，并由此走上资本主义机器工业阶段的国家。英国资本主义工业的更早完成由手工工场向大机器工业阶段的过渡，其中农业革命的彻底完成与农业更充分地发挥基础作用乃是一个重要的原因。

在英国，封建的庄园制农业早就不可避免地崩溃了。在15世纪英国的农村以自耕农为主。这是走向资本主义农业的过渡阶段。在当时英国乃是一个农业国家，农村居民占全国人口3/4以上，在15世纪末与16世纪初以来，由于尼德兰毛织业及英国本地手织业（手工工场）的发展，羊毛需求大增，价格上涨，养羊成为有利可图的事业。在这种情况下，便引起了农村经济制度的变化，英国的贵族与资产者为经营有利可图的养羊业，在15世纪末和16世纪初，开始大规模地圈占农民的土地，这一圈地运动，一直进行到18世纪和19世纪，在这一运动中扫灭了前资本主义关系，加强了资本主义对农业的渗透，在16~17世纪英国资本主义在农村中的渗透程度，是任何其他国家所不及的。马克思说："从亨利七世以来，在世界上没有任何地方其资本主义生产是这样无情地处置了农业中的各种传统关系，并这样使这些关系与自身相适合并服从自己的。从这一点上看，英国是最革命的国家。一切历史上继承下来的关系，不仅是村庄的分布，而且村庄本身，不仅是农业人口的住宅，而且农业人口本身，不仅领地的原始耕作中心，而且这些领地本身，只要它们与农业资本主义生产条件相冲突或不适合，一律被无情地扫除干净。"[①]英国资本主义对农业渗透的彻底性，表现在15世纪农村普遍存在的小农在18世纪彻底被消灭，英国从此以一个没有小农的国家出现，从而加速了农业资本主义的发展。农业革命使农业更适应于资本主义的需要。

第一，它增加了农业的生产力，使英国农村能供给城市工业人口所必需的粮食和一部分原料，如早期圈地是将耕地转为牧场，这一变革使英国的呢绒工业的原料——羊毛——得到了保证。18世纪的圈地则是在变共耕的公地为资本主义农场。旧日的三圃制被放弃了，而代之以比较科学的轮作制，即采用间种谷类、根茎类和牧草各一次的轮作法。这一耕作法，不但提高了农业生产力，而且免除了三圃制下休耕地的巨大浪费，使耕作中的土地增加约50%。[②]此外，还实行了深耕细作与中耕除草，耕作业与畜牧业也比较合理地综合起来，在畜牧业上也实行了新的饲养法，培育新的牲畜品种，使其具有较高的产品率。在18世纪，工具也不断地进步，如使用了新式的犁、簸扬器、马拉犁耙等，在1784年发明了打谷机。[③]农业中资本主义经营的发展使大农场不断增加，在这期间，100英亩以下的农场有显著的减少，而300英亩以上的农场则有显著的增加，在1740年到1788年之间农场的数目

①　马克思：《剩余价值学说史》第2卷下册，生活·读书·新知三联书店，1949年，第340页。

②　E.L.布加特：《欧洲经济史，1760—1939》，伦敦英文版，1942年。

③　E.L.布加特：《欧洲经济史，1760—1939》，伦敦英文版，1942年。

减少了4万个以上。但是农业的生产量却提高了三四倍。1710年在史密斯菲尔德出卖的羊平均重量为28磅，牛平均重量为370磅，到1795年羊平均重量为80磅，牛为800磅。农业劳动生产率的提高，使18世纪的英国农业在最重要的食物方面——谷类、肉类、奶制品——基本上满足本国工业与城市人口日益增加的需要。

第二，农业革命造成了一个可供资本主义工业剥削的产业后备军，英国圈地运动在1750年以来进一步向前发展了，而在1810~1820年间达到最高峰。

英国圈地情况 [1]

时　　期	圈地面积（英亩）
1720~1730年	337877
1730~1740年	
1750~1760年	
1760~1770年	704550
1770~1780年	1207800
1780~1790年	450180
1790~1800年	858270
1800~1810年	1550010
1810~1820年	1560990

圈地运动的最显著的后果，乃是广大农民失去土地成为无产者大众。摩尔在他的《乌托邦》里早已经描绘了这种情况："你们的绵

---

① E.L.布加特：《欧洲经济史，1760—1939》，伦敦英文版，1942年。

羊本来是那么驯服，吃一点点就满足，现在据说变成很贪婪很凶蛮，甚至要把人吃掉……那儿的贵族豪绅，乃至主教圣人之流……不让任何人在庄园上耕种，把整片地划作牧场，房屋城镇都给毁掉了，只留下教堂当作羊圈，……佃农从地上被逐出。他们的财产被用诡计或压制的方式剥夺掉。有时他们受尽折磨，不得不出卖自己的家业。那些不幸的人们想尽办法，只有离乡背井了，其中有男的，女的，丈夫，妻子，孤儿，寡妇，携着婴儿的父母，以及人口多养活少的一家大小……等到他们在流浪生活中把卖来的钱花得一干二净，他们就只有盗窃，受绞刑的处分，否则就是挨家沿户讨饭了。此外他们还有什么可行的呢？"[1]除了因圈地而驱逐的农民群众而外，封建家臣的解散与16世纪寺院的解散，这些都是大群无产者出现的原因。这样的"像鸟一样无拘无束的无产者"的出现，便为资本主义工业创造了必要的劳动力的供应来源，从而成为英国16~17世纪工场手工业的发展，特别是18世纪末以来的机器大工业迅速发展的最重要的条件。

第三，农业革命为资本主义工业开辟了广阔的国内市场。在农业革命以前英国农村中的自耕农，由于农业与家庭手工业结合在一起，因而是自给自足的经济，它们很少向市场购买商品。而随着农民的破产，它们的家庭手工业也就从根本被破坏，转化为工人与城市贫民的广大农民从此便不得不向城市工业购买消费品了。马克思说："事实上，使小农民转化为工资劳动者，使它们的生活资料及劳动手段转化为资本的物质要素的事情，同时还为资本造出了它的国内市场。从前，农民家族会生产并且制造各种到后来还是归它们自己消费的生活

---

① 摩尔：《乌托邦》，生活·读书·新知三联书店，1956年，第36~37页。

资料和原料。这些原料和生活资料现在都成为商品了。"[1]这样的统一与巩固的国内市场的形成，乃是资本主义工业发展的必要前提。

农业革命，固然是由于工业中资本主义的发展所引起，并且是在工业强有力的影响与推动下向前发展的。但是由于农业革命不断地为资本主义工业的发展创造各种必要条件，因而它一旦发生，便成为推动资本主义工业向前发展的积极力量。马克思曾经指出农业革命的意义是"为资本主义生产方式创立基础的革命的前奏曲"[2]。从英国资本主义发展的历史来看，农业革命正是工业革命的先驱，它的深入进行为工业革命创造了必要的社会经济前提，它有力地推动了资本主义工场手工业的发展与向机器大工业的过渡。归根到底，农业更早更彻底地转上资本主义经营的轨道，以及农业的基础作用的更好发挥，乃是英国工业革命早期出现与取得胜利的重要原因。

如果说，从英国资本主义生产方式的产生与迅速发展中，鲜明地体现了农业对工业以及对整个国民经济的积极推动作用。那么这种发展进程在美国也同样地呈现出来。而且农业对工业的推动作用较之其他国家还更加突出与强烈。美国在独立战争时，还保持着农业国的面貌，在全国人口中约有4/5从事农业生产。在独立战争后，解除了资本主义发展的桎梏，因而开辟了资本主义迅速发展的时期。美国在19世纪才开始工业革命，它较英国要慢一个世纪以上，但是美国由工场手工业向工厂制度的过渡与资本主义工业的发展却远较英国迅速。在1805年美国在棉纺织业中只有企业4所，而1860年棉纺织业已有520万纺锭，并位居世界第2位，仅逊于英国而与法国相匹敌了。美国整个工

---

① 马克思：《资本论》第1卷，人民出版社，1953年，第944页。
② 马克思：《资本论》第1卷，人民出版社，1953年，第907页。

业生产，在1840年时在世界上居第5位，1860年则居第4位，到1894年它已超过其他资本主义国家而跃居第1位。美国工业迅速发展的一个重要因素，在于农业对资本主义工业的发展起了强有力的推动作用。

美国在资本主义国家中，农业生产上得天独厚，有着分外有利的条件。首先美国有着广阔肥沃的适于农业的土地，土地完全是处女地，它不需要任何肥料和轮作就能多年提供丰富的收成。特别是美国乃至是欧洲移民所开发和建立的。尽管英国殖民者在从欧洲将资本主义关系带到美国时，也带来了前资本主义的剥削形式——如巨大田庄、份地所有制、长子继承权等封建因素以及南方的奴隶制经济等，但是由于在美国有着广阔的土地，欧洲殖民者消灭了美国原有居民印第安民族后，便开始自由占有这块广袤的土地。而且，随着独立战争的胜利，原来的封建残余也在很大程度上被消灭，因而美国资本主义发展的特点便是从一开始就摆脱了封建农奴制的羁绊，这里农业经营者无须耗资本购买土地，无须缴纳地租，这就为农业中资本主义的发展开辟了最广阔的道路。农业中资本主义发展的"美国式"的道路是土地自由所有制与资本主义关系的不受封建残余束缚的发展。急剧扩展领土的西进运动使小农经济遍布于这个国家，从1830年到1850年俄亥俄州与密苏里州以西的小农场每年约增加2万所，从1790年到南北战争，欧洲到美洲的移民总共为500万人（这些移民大部分涌向西方），小农经济在美国土地上迅速扩张，为农业中资本主义的发展开辟了广阔场所，在小农的急剧分化中，资本主义农业迅速地成长起来。美国北部地区的资本主义农业生产也迅速地发展起来，而1830年以后，西部地区的资本主义农业也在迅速地发展。由于19世纪上叶美国劳动力较为缺乏，因而资本主义农业一开始便伴随着机器的迅速采用。在19世纪中叶美国农业中的工具的改良与机器的使用就已经超过了英国，在1860年中西部小麦收割工作70%已用收割机进行，1865年每台能收割60市亩的收割机已有25万台。19世纪末大农场开始使用较复杂的和效率较高的马拉机器。农业机械化的较早与较迅速的发展，使美国农业劳动生产率较欧洲资本主义国家有更迅速的增长。

19世纪以来，美国农业将不断增长的粮食、肉类、原料提供给国内的城市，以及满足国外的需要。如19世纪美国棉花生产的增长，就是极其迅速的。（见下表）

美国棉花每年产量与输出 [1]

年　份	每年平均产量（磅）	每年平均出口（磅）
1790	1500000	—
1796~1800	18200000	8993200
1806~1810	80400000	52507400
1816~1820	141200000	91144800
1826~1830	307244400	254548200
1836~1840	617306200	513315800
1846~1850	979690400	729524000
1856~1860	1749496500	1383711200

正是农业原料生产的迅速增长，为资本主义工业的发展准备了必要的前提。农业中工具的进步与机器的使用的另一显著后果是，它大大节省了劳动时间，如1860年国势调查表明每英亩小麦生产中所需人力较1830年减少将近55%，收割机较过去减少1/3的人力，打谷机较过去节省2/3的人力，用马拉犁耙较过去节省1/2的人力 [2]。在1850年美国

---

① E.L.布加特：《美国人民经济史》，纽约英文版，1955年，第250页。

② E.L.布加特：《美国人民经济史》，纽约英文版，1955年，第263页。

每一农业劳动力供养人口为4.7人，而在1900年达到7.1人。这种农业机器使用所腾出来的劳动力，不仅用之于农业生产的进一步扩张，而且也成为工业中不断增加劳动力的源泉。同时，美国小农经济的商品化与资本主义农业迅速发展的重大意义，还在于它给美国资本主义准备了最广泛的国内市场，小农经济日益卷入商品经济的旋涡，它对市场的依赖性日增，越来越成为工业品的购买者，再加之以资本主义农业对机器、化学肥料等日益增长的需要，这一切就给资本主义工业带来了容量很大的国内市场。列宁说："国内市场发展的程度，就是该国资本主义发展的程度。"①西部领土扩张与农业资本主义化过程中所带来的国内市场容量最迅速的扩大，是19世纪美国资本主义发展的一个最显著的特点，它对资本主义的发展有着极有力的影响，使北部的工业得以借助日益扩大的国内市场而猛烈地发展。而工业是主要依靠国内市场，不像英国依赖于国外市场，正是美国经济的一个特点。

美国有利的自然条件成为农业中较高的劳动生产率的自然基础，而再加之以有利的社会经济诸因素，这就决定了美国农业的基础作用较之于欧洲国家更为突出。列宁指出："我们特别清楚地看到我们曾经屡次指出的美国拥有空余的闲置土地这个特点。一方面，这个特点说明了美国的资本主义为什么发展得特别广泛，特别迅速。一个大国的某些区域没有土地私有制，不仅不排斥资本主义——我国的民粹主义者注意！——，反而会扩大资本主义的基础，加速资本主义的发展。"②（重点为引者所加）归根到底，在美国19世纪以来，农业在为工业提供原料、食品和在国内市场上的作用是超出欧洲国家的。巨大

---

① 《列宁全集》第3卷，人民出版社，1959年，第47页。
② 《列宁全集》第22卷，人民出版社，1958年，第77页。

的、劳动生产率更高的国内农业的存在，决定了农业的基础作用的更大发挥，决定了工业受着国内农业更有力的推动，这也正是19世纪美国资本主义工业及整个国民经济有更迅速发展的原因。

资本主义生产方式确立与迅速发展时期，农业在其他的资本主义国家经济中所起的作用，我们在此不必一一列举。但基于以上分析，我们可以得出关于资本主义生产方式产生发展初期工农关系的一般结论。这在于：由于农业这一领域是资本主义工业发展所必要的劳动力、粮食、原料及国内市场之所系，因而，农业成为资本主义工业发展的重要前提。资本主义生产方式总是最先在工业中开拓道路，使工业中的劳动生产率迅速地提高，从而引起了先进的资本主义工业与落后的前资本主义农业的矛盾，工农业间的这样的矛盾，决定了必须在资本主义生产的基础上改造旧的农业，促使农业能在资本主义经济发展中发挥其基础作用。而凡是农业的社会生产关系变革进行得越彻底，农业劳动生产率提高越快，从而农业的基础作用得到更大与更充分发挥的国家，资本主义工业便将因有这一有力的推动而获得更快的发展，从而加速由农业国到资本主义工业国的转变。英国和美国都属于此。在那些资本主义农业发展被抑阻的国家，就会发展得更慢。如德国，农业直到19世纪上半叶还是处在封建农奴制的严重束缚之下，当时英国和法国的资本主义经济正迅速发展，而德国的资本主义经济却因封建农奴制的抑阻而软弱无力。尽管德国农奴制自19世纪初以来，已经开始崩解，但是农奴制的废除，不是通过激烈的自下而上的革命，而是采取拖延达半个世纪之久的自上而下的行政手段来完成，因而德国资本主义农业的产生和发展乃是采取由地主经济慢慢转化为资本主义经济的"普鲁士的道路"。由于旧的农奴制残余的束缚长期存在，19世纪德国农业中生产力的发展就比英美等先进的资本主义国家缓慢得多。在德国，适合资本主义生产方式发展需要的农业基础形成迟缓，正是德国资本主义工业在19世纪上半叶发展的分外迟缓（德国工业革命的发生较英国要缓慢70年）最深刻的原因。这一切也就表明了资本主义产生与发展初期的客观条件，决定了农业在国民经济中具有更加重要的作用，农业基础作用的发挥，对资本主义经济发展有着极其重要的影响。

（三）资本主义社会农业发挥基础作用的局限性

1. 资本主义农业落后于工业

以上我们已经指出，资本主义经济一旦出现，特别是在其蓬勃发展时期，农业的基础作用是极为显著与突出的。而农业对资本主义经济的积极促进作用，仍是以农业生产力的迅速发展为前提的。

当资本主义生产方式在工业中不断发展时，农业还处在中世纪的落后状态，原始落后的生产工具（手工工具与畜力工具）、传统陈旧的耕作方法，使农业生产处在效率极其低下、剩余产品率很低的状态。农业发展的极度缓慢，农村经济千百年来保持着停滞落后的外貌，这些都是中世纪农业的特征。资本主义渗入农村，使农业生产成为市场的商品生产，市场价格与竞争的状况决定各农户命运，因而农业经营者为了避免破产，便只有密切注意技术的改进，降低生产成本，尽量巩固自己在市场上的地位。因而竞争便成为农业中技术进步的杠杆，它促进了农业中机器的使用，而且使现代自然科学、化学、生物学、动植物生理学等方面的许多成就都逐步应用于农业中去。资本主义在农业中所带来的巨大变化，列宁在《农业中的资本主义》这一著作中有如下极精要的概括："资本主义使贫穷困苦、愚昧无知的农民所使用的因循守旧的技术，变成了对农艺学的科学的运用，打破了几世纪来农业的停滞状态，推动了（并且继续推动着）社会劳动生产力的迅速发展。三圃制被轮作制代替了，牲畜的饲养与土地的耕种改良了，收成增加了，农业的专业化和各个农场间的分工大大发展了。资本主义前的单一形式因各农业部门技术进步而被日益发展的多样形式所代替。在农业中使用机器和蒸汽已经开始，并且迅速地发展起来；电力也开始使用了，正如专家们指出的，在这个生产部门电力会比蒸汽起更大的作用。修建专用道路，改良土壤，按照植物生理学的资料使用人造肥料等，都有了发展；细菌学已开始应用于农业。"[1]资本主义生产方式，在农业中引起了一场革命，它在几十年中的成就，超过了过去数千百年的成就。资本主义在农业中所带来的巨大革命变化，使农业中剩余产品大大增加，一个农业劳动者所创造的剩余生产物较之过去数倍、数十倍地增长。如今农村可以在劳动力减少的情况下，提供工业和城市以更多的劳动力和各种农产品了，从资本主义国家由原先农业人口占压倒优势而转变为城市人口占压倒性优势的过程中，从工业由原先的作为社会经济的次要的附属的部门转变为囊括了最多劳动力的独占优势的部门的过程中，就无比清楚地表明了资本主义社会的农业是在较之过去高得多的生产水平下，发挥其基础作用的。农业较之过去达到更高水平，它在国民经济发展中的积极作用更加有力地显现，这是资本主义生产方式在农业取得胜利的历史功绩。

但是在资本主义社会中，农业在国民经济中的地位与作用，带有这一阶级对抗社会所特有的一切特点。

首先，资本主义制度本身给农业的发展以严重的局限性，资本主

---

[1] 《列宁全集》第4卷，人民出版社，1958年，第95~96页。

义农业中所特有的矛盾更是桎梏着农业生产力的发展，因而资本主义农业生产力的发展也落后于工业生产力的发展。农业在资本主义国民经济中的积极作用是被限制和不充分的。

农业主要是直接提供食品或是为轻工业部门提供原料的，换言之，农业这一部门乃是社会一切成员最基本的生活需要，如穿衣、吃饭之所系，从这种意义上来说，农业在任何时候都是一个有特殊重要意义的物质生产部门。但是资本主义生产的目的乃是为了剩余价值的增殖，在资本价值与剩余价值不断扩大再生产的过程中，农业的意义在于，除开它是作为满足一小撮资产阶级享乐需要的资源而外，只不过是为了保证可供它榨取的劳动力进行再生产的必要条件，而不是为了提高广大劳动人民的物质生活水平。在资本主义社会，农业这一个部门之需要维持是如同在人们为喂养牲畜而需要维持饲料的生产一样。因而，在这个社会制度下，当资本投放于农业生产，或是当国家实行所谓"发展农业"的政策时，它并不是像资产阶级所吹嘘的那样是什么关心居民的福利，而仍然是为赚取利润的动机所推动。因此，只是在农业中能为资本保证可观的利润——至少要保证有平均利润率——的场合，资本家才愿意投资于农业，而一旦农业中不能提供良好的投资机会时，资本家就根本不愿意在农业中扩大投资与推进技术进步。这表明资本主义制度下，农业中的迅速发展与技术进步存在着不可克服的障碍。

特别是资本主义生产方式是以将广大劳动者陷于贫穷无告而不能不出卖劳动力的境地为前提。这种生产方式在使农业劳动生产率大大提高时，却又将广大劳动者的消费水平压抑到最低限度，极其有限的购买力使广大劳动人民甚至无力来购买维持正常生命活动所需要的食品、衣服及其他消费品。因此，资本主义生产方式下广大劳动者食不果腹、衣不暖体的状态，决定了农业及其他日用消费品部门和商品市场的严重限制性，这样也就使生产与消费的矛盾以及经济危机在农业中显示得分外严重。如果说从事生产资料生产的工业部门，尚可从技术进步所带来的对生产资料的需要来暂时摆脱经济危机，那么在主要从事消费品与轻工业原料生产的农业中，则缺乏逃脱危机的出路。这样，在资本主义经济中农业危机便带有分外沉重与长期的性质。农业危机表明资本主义是与农业生产力的自由发展不相容的，它要借助于强制的破坏性的手段来将农业生产力限制在资本主义狭隘的限界内。

归结起来，资本主义使农业的发展限定在资本主义生产关系狭隘的限界内，它排除了农业按照广大劳动者的自然需要来发展的可能。农业作为提供消费品的最基本的部门，它在资本主义制度下所受到的限制，远比工业部门所受的限制多。

农业生产力发展的局限性，除了是由资本主义经济中固有的一切矛盾所带来的而外，它还因农业生产关系中特殊的复杂性与特殊的矛盾而加深。这些矛盾益发阻碍了农业生产力的发展。

第一，资本主义农业中土地所有权的垄断，成为农业技术进步的严重阻碍。农业经营者如果要在自己土地上从事经营，便首先要花费巨额资金（往往占经营者资本的3/4）用于购买土地[①]，因而农业经营者的资本大部分都奉送给地主以取得经营权，而实际用之于生产的资本只是一小部分，这就大大限制了农业经营的扩大。而在租佃土地从事农业经营的场合，由于地租迟早会汲去农场主所生产的超额利润，因此资本家便不愿意增投资本去改良土地，而只是着眼于租期内从土地上榨取最多的收入，因而租佃制下的农业经营者是不关心生产的改善

---

① 考茨基：《土地问题》，生活·读书·新知三联书店，1955年，第234页。

与新生产方法的采用的。土地私有制的垄断与高额地租，阻碍资本投放于农业，使农业技术进步缓慢，这在英国显示得最为突出。在英格兰和威尔士，2200个大地主拥有全部耕地面积的一半，而在苏格兰，600个大地主拥有全部耕地的4/5，总的说来，在整个大不列颠，全部农地几乎70%属于大地主所有，高额地租的负担，正是19世纪末英国农业危机深重、耕作业一蹶不振的重要原因。

第二，大生产与小生产的矛盾是资本主义农业发展的另一障碍。在资本主义以前，农业乃是零细的小生产，向资本主义农业的过渡乃是小生产让渡于资本主义大规模经营的过程，大生产由于集中使用了更多的资本，它在技术上和经济上都胜过小生产，因而成为资本主义农业的主要形式。但在资本主义制度下，由于小农不愿意放弃他那小块土地，以拼命劳动和无限缩减自己的消费来保存自己，因而小生产还能存在下来。小生产存在的另一因素，是由于农村居民外流造成的劳动力不足，它迫使大农户竭力把土地分给工人，这样就引起大经营者的没落与小生产的增加。但在农业中小生产无力使用先进技术和近代科学成就，尽管小生产大量存在（在有的国家甚至在数量上也占优势），却在大生产的排挤下日趋没落，而拼命地挣扎。这便是资本主义农业中最尖锐的矛盾之一，也是制约资本主义农业发展的重要因素。

第三，资本主义社会城乡对立是农业发展的严重障碍。在资本主义经济中，城市以其对农产品的需要及提供给农村的先进技术与近代科学成就促进了农村的进步，但是资本主义一开始即是建立在工业与农业、城市与乡村的对立上，城市及其工业又对农业发展起着阻碍的作用。工业与农业的对立乃是城乡对立的主要内容之一。在资本主义生产资料私有制的基础上，工业与农业的关系是对抗性的，在工业与农业之间的不等价交换，机器、化学肥料的高昂的价格，使这两个部门之间的物质变换越来越对农业不利，农业中提供给工业以大量产品，但却并未得到应有的补偿，因而工农业间的产品交换日益成为农业单方面地被榨取。在资本主义国内市场日益狭窄的基础上，在经济技术上拥有一切优势的工业越来越侵占农业的领域，并以廉价的工业品来夺取农业的市场和排挤农业生产，人造牛油排挤天然牛油，化学酿酒排挤葡萄酿酒，蒸气与电力排挤了养马业，这些现象是资本主义经济中屡见不鲜的。因而，在资本主义工农关系上，最本质的乃是工业日益深入地削弱与排挤农业，日益降低农业在国民经济中的地位，这也体现了资本主义工业与农业之间的对抗性的矛盾。城乡对立还表现在资本主义农业中创造的地租大量流入城市，城市花费成了农业对城市的无偿贡纳。此外，对农村居民的各种各样的赋税，城市银行贷款的利息，都体现了城市对农村的经济剥削。城乡对立表明资本主义农业要承受着城市所课加的沉重的负担，表明农业这一生产部门较之工业处于更为不利的地位，这乃是农业生产力发展落后于工业，农村落后于城市的重要根源。

第四，前资本主义经济残余的长期存在是农业生产力发展的另一障碍。资本主义农业不同于工业的另一特点，在于农业领域中受到前资本主义的经济残余更严重的抵抗，而且这些过时的制度残余更长期地存在，在农业中资本主义采取普鲁士道路发展的国家的特征，便是农业中资本主义制度与封建农奴制度残余的长期并存，英国是农业中资本主义关系取得彻底胜利的国家，但是封建农业经济关系的被破除还是经历了工业革命前约250年漫长的历史，而且作为中世纪经济残余的地主制度至今仍然存在。即使是以资本主义关系在农业中自由发展为特色的美国，在广大南部地区还曾存在着奴隶制度的种植园经济，在消灭奴隶制以前，美国资本主义经济受到奴隶制严重阻碍，在废除奴隶制后，南方发展了作为奴隶制残余的租佃分成制（包括分益佃雇农，分益佃农，钱租佃农，分益钱租佃农等复杂的形式）。美国的农业，正如列宁所指出："既有奴隶占有制的南部和移民的西部的那种大地产和大种植园，又有资本主义高度发达的北部大西洋岸各州的那种大地产和大种植园；既有分成制黑人的小农户，又有资本主义的小农户（如工业的北部为市场生产牛奶或蔬菜的小农户，以及太平洋各州生产水果的小农户），既有使用雇佣工人的'小麦工厂'，又有充满了'自食其力'的天真幻想的'独立'小农的垦殖地段。"[①]列宁指出："这样两种截然不同的甚至是彼此对立的经济制度结合在一起，在实际生活中就会引起一连串极其深刻复杂的冲突和矛盾……"[②]这种情况就严重阻碍了农业技术进步，成为农业生产力发展的又一障碍。

综上所述，资本主义农业既然充满资本主义生产方式固有的矛盾以及它在农业中特有的矛盾，因而资本主义制度本身便是农业进步的最根本的障碍。它使农业远远不能运用科学技术所提供的可能性，使农业技术的发展远远落后于工业技术的发展，其结果是农业生产力的发展一开始便落后于工业的发展。如美国这样的农业发展拥有极为有利条件的国家，在19世纪农业有较迅速发展的时期，农业的发展仍然远比工业慢得多。从1850年到1900年，农业生产约增加了3倍，而工业生产却增加15倍，工业生产的增加速度比农业快4倍，即使是在农业迅速发展的时期，农业也从来不可能得到充分的发展，这就决定了农业在国民经济中的积极作用从来不可能最充分地发挥，这正是资本主义

---

① 《列宁全集》第22卷，人民出版社，1958年，第90页。
② 《列宁全集》第3卷，人民出版社，1959年，第163页。

下农业的基础作用的局限性的一个表现。

2. 资本主义农业的畸形性

资本主义农业的显著特点在于农业发展的片面性与畸形性，资本主义国家国内往往不能形成一个完整的体系，这就决定了资本主义国家国内的农业基础的薄弱，农业与工业之间的不平衡与工农业间矛盾的加深。

资本主义农业的片面和畸形发展，首先表现在资本主义农业的结构是从属于市场价格变动而盲目变化，它不可能形成一个合理的完整农业体系。资本主义在农业中的发展使农村出现了许多专业化的地区，使农业分成众多专业化的商品生产部门，资本主义农业便成为由这些专业化生产构成的农业体系。但是资本主义下农业内部的结构是受市场价值规律调节的，它随着市场价格涨跌而经常不断地发生变化，因而必然产生农业内部各部门发展的不平衡。列宁指出："农业资本主义（同工业资本主义一样）按其性质来说，是不能平衡发展的，因为它在一个地方（在一个国家，一个地区，一个行业中）推进了农业的一个方面，而在另一个地方又推进了农业的另一个方面等等。"[1]

农业地区配置的不合理与国内进步的工业区与落后的农业区的对立是资本主义农业发展不平衡与畸形性的另一表征。在英国，工业的英格兰与农业的爱尔兰形成一个鲜明的对比。马克思说："爱尔兰今日还不过是一个由大海峡隔开的英格兰的农业区域，它对英格兰供给谷物、羊毛、家畜，并供给产业上和军事上的新兵。"[2]农业区与工

---

① 《列宁全集》第3卷，人民出版社，1959年，第277页。

② 马克思：《资本论》第1卷，人民出版社，1953年，第887页。

业区的对立在美国也不例外地存在，美国南部拥有美国1/3的领土和人口，但在1940年它只占美国财富的1/5，银行资产的1/8，1939年它只提供加工工业标准纯产量15.7％，南部城市人口比重比美国平均数低得多，在美国经济中南部不过是一个供给农业技术作物（尤其是棉花）以及各种矿物原料与燃料的工业北部特殊的国内殖民地罢了。

资本主义在农业中发展的不平衡与畸形性，表现在世界资本主义经济体系内部先进的工业国一方与落后的农业原料附庸一方的鲜明区别与尖锐对抗上。资产阶级为了最大限度地取得廉价的农业原料与食品，采取一切手段使海外落后国家成为其农业原料的生产地；同时，资产阶级为了推销它们的工业品，残暴地破坏海外落后国家的手工业生产。这一个过程的结果，正如马克思所指出，使"一种新的与机器经营的主要中心相适合的国际分工，于是发生了。它使地球一部分成为主要的农业生产区域，以便把别一部分转化为主要的工业生产区域"[1]。如英国廉价纺织品输入印度，就使印度的纺织手工业毁灭了，印度成为为英国大工业生产棉花、羊毛、亚麻、黄麻、蓝靛的地方。

这种在海外建立农业基础的过程，也就是资本主义国家对落后国家进行侵略的过程。在资本主义国家凭借其工业实力与暴力侵略下，广大落后国家便加速地向几乎没有什么工业的农业国转化，并成了为前者提供廉价原料、粮食的农业附庸。这在世界经济体系内便出现了少数资本主义工业国与广大落后的农业国的对立。这样的对立乃是帝国主义时代最鲜明的表征。

世界资本主义经济发展中出现的将大工业集中于先进国家，而使殖民地及落后国长期保持农业面貌的国际分工，从历史上来看，并不

---

[1] 马克思：《资本论》第1卷，人民出版社，1953年，第550页。

是没有积极意义的。由于它强使世界广大地区的农业为少数先进国家的工业服务，这种海外农业的基础作用曾经有力地起到促进资本主义大工业的发展，19世纪的英国正是在榨取印度、北美、澳洲等地农业的基础上加速地转变为"世界工厂"的。

但是这种少数先进工业国以广大落后国家与殖民地作为自己的农业基地，毕竟是一种畸形的分工，它不仅严重阻碍了落后国家与殖民地社会生产力的发展，而且还引起了少数宗主国农业发展的片面性与停滞性，既然可以从殖民地取得较国内更为低廉的原料与粮食，既然在国外种植可以榨取更大的利润，那么资产阶级自然而然地都趋向于将资本输出到海外殖民地或落后国家去榨取农业资源，它们便更加不重视本国农业的发展。因此，资本主义国家将国民经济依存于海外农业基础的过程，也就是本国农业的日益衰落与基础作用削弱的过程。这种过程在19世纪末以来的英国得到最典型的体现。

19世纪末，海外粮食竞争发展起来后，在高额地租压榨下的英国耕作业处在极其不利的地位，因而发生了耕作业日益衰颓与农业经营逐渐地过渡到畜牧业。

种植小麦的面积

1866~1870年	1890年	1894年	1895年	1896年
1692957英亩	3801000英亩	2545000英亩	1985000英亩	1717600英亩

草地面积

1875年	1885年	1895年
13312000英亩	15342000英亩	16611000英亩

从上表可以看出耕作业的急剧衰退，由于英国早就在亚非各地夺

取了大量的殖民地，在19世纪末英国更加强了殖民侵略，加之以英国高度发展的工业保证了它有强大的输出能力，因而，英国资产阶级对本国农业的衰落是并不在意的。他们听任国内最基本的农业生产——谷物生产——为肉、牛奶、水果、园艺作物等生产所替代。列宁指出："在英国，有愈来愈多的土地脱离农业生产。成了专供富人运动作乐的场所。"①因而在英国不仅轻工业所需的农业原料依靠国外进口，而且它的千万居民所需要的粮食也要依靠海外农产品。在1870年英国全部消费的小麦中有将近一半是输入的。此外，肉类、茶、咖啡、可可、糖、热带植物、香料、米也越来越多地来自海外。而在将近一个世纪后的今天，英国消费的粮食60%以上还是依靠进口，这种对国外农业的依赖，在法国也同样显现出来。

国民经济的农业基础转移到海外与国内农业的衰落，便使资本主义国家国内工业与农业间的平衡与相互依存遭受到破坏。在英国19世纪末以来，我们便看见原先的大量耕地变成为不加利用的天然草地。这样国内发达的工业便因农业的萎缩（农业人口在1881年占全国人口8%左右），而越来越多地失去其来自农业方面的推动力量。特别是英国经济也越来越依赖于提高工业的输出能力以换回农产品，这就加深了英国经济结构的畸形性，同时，在这里也就包孕着输出不能弥补收入与国际收支危机的可能性了。归根到底，对国外农业的依赖与国内工农业间平衡的破坏，只是加深了国民经济的畸形发展与经济的严重不稳定性。第二次大战后英国遭受长期的国际收支危机，正是经济这样发展的结果。少数先进国家将世界广大领域变成滋养其大工业的农业基地，也就严重地阻碍了后进国与殖民地生产力的发展。因为后者

---

① 《列宁全集》第22卷，人民出版社，1958年，第274页。

沦为前者农业附庸的地位，也就排斥了它的民族工业独立发展，而且资本主义国家无心于提高殖民地与附属国的农业生产力，它在这些国家利用各种粗暴的前资本主义剥削形式拼命榨取农业资源，使这些国家的农业成为单一种植的畸形生产。归根到底，它抑阻、破坏了殖民地与附属国农业生产力的发展，使这些国家农业生产率极度低下。

由此可见，资本主义生产方式的对抗性质，决定了资本主义国家国内农业片面的发展，以及对国外落后国家与殖民地农业的依赖，许多资本主义国家国内农业基础的薄弱与基础作用的不充分，必须要靠国外农业基础来弥补，这正是资本主义制度农业基础作用的局限性的另一个表现。

3. 农业对工业的积极作用的不稳定性

资本主义国家农业基础作用的局限性还表现在，资本主义制度下农业不可能是工业发展的持续的支柱，农业对工业发展的推动作用带有不经常、不稳定的性质。

资本主义农业乃是为市场而生产，因而农业生产的扩大或缩小、农业技术进步的状况都为市场价格的波动所左右，特别是随着资本主义基本矛盾的尖锐化，愈演愈烈的周期性的经济危机也侵入农业领域，从而使农业的发展越加不稳定，而呈现出生产前进与后退的交织。因此，农业对工业提供发展的动力便成为极不经常与不稳定的了。如在农业生产较迅速发展的时期，一方面农业由于提供的农产品的增多，以及农产品价格的下降，促成了工业扩大再生产和相对剩余价值的增长，另一方面，农业收入的增加以及由此而来的农场主用于购买机器、化肥等生产资料支出的增加，以及农村对消费品购买的某些上升又给工业扩大了国内市场。因此，农业的繁荣发展阶段通常伴随着农业对工业的推动力量增长，而农业一旦发生生产过剩的危机，就会出现大批中小农场主的破产或农业工人的大批失业，农业收入的急剧减少，机械化的停顿，对消费品购买力的急剧减退，这便使工业的国内市场大大缩小。农业在危机时期，我们看见它不仅丧失了对工业发展的积极作用，而且它变本加厉地使工业危机更加沉重、更加持久和难于摆脱。如在19世纪70年代西欧国家爆发了资本主义国家第一次严重、长期的农业危机，这一危机波及了世界各国，农产品价格严重下跌，成千上万农场的破产，使农村购买力急剧减少，农业中的长期危机加深了工业危机，使1873年的世界工业危机极其深刻，它延长了工业的危机和萧条阶段，使工业过渡到高涨更为困难和高涨阶段更短了。但是资本主义生产还是在危机不断爆发和克服中迂回地上升。在低廉价格的压迫下，资本家企图通过革新技术降低农产品的成本，因而农业危机引起了农业的深刻改造，在危机后总是大规模的投资和固定资本更新的重要起点。19世纪70~90年代的欧洲农业危机，还是促进了机器与化学肥料的更广泛使用，促使了向精耕细作方法与农业专业化发展。如法国1882~1892年的10年中，改良的工具和机器的总数，从379168架增加到4405928架，其中机械播种机从29391架增至52395架，蒸汽机从9288架增至12037架。即使是在1929~1933年这一次最严重的危机中，资本主义国家在经过严重危机阶段的农业机械化速度延缓之后，又出现农业机械化速度的加速。如美国在1930~1934年拖拉机只增加14%，而1935~1940年拖拉机增加了50万台，几乎增加150%，1930~1934年购买拖拉机的费用为28900万美元，而1935~1939年为81800万美元。此外矿物肥料与农业设备支出也增加了。正如列宁所指出："农业危机象其他的危机一样，使大批农户破产，使已经确立的所有制关系遭到巨大的破坏，**在一些地方**使技术退步，使中世纪的经济关系和经济形式复活，但是总的说来，农业危机**加速了**社会的进化，把宗法式的停滞状态从它的最后避难所里排挤出去，促使农业进一步专业化（资本主义社会中农业进步的基本因素之一），和进一步采用机器等。总的说来，**甚至**在1880—1890年我们在西欧也没有看到农业停滞的现象，而是看到技术的进步（……）。我们说甚至在欧洲，这是因为在美国这种进步更为明显。一句话，我们没有理由认为农业危机是阻挠资本主义和资本主义发展的现象。"[①]归根到底，在农业危机严重阶段，农业对工业积极作用的削弱与丧失之后，随着资本主义经济的逐步恢复与发展，这种积极作用又会重新表现出来，甚至超过以往的水平，但是在新的农业危机爆发后，这种积极作用又会重新削弱与丧失。资本主义农业发展总进程中，繁荣与危机、生产的技术进步与退步的互相轮替与交织，由此决定农业对工业积极作用的增长与减退的经济不平衡发展，正是资本主义农业基础作用的局限性的另一个表现。

（四）农业越来越落后于工业、农业的基础作用的更大限制性与资本主义基本矛盾的加深

以上我们指出了资本主义农业所固有的矛盾，使资本主义一旦确立以来，就显示了农业的发展落后于工业，乡村落后于城市。必须指出，资本主义越是发展，农业落后于工业和乡村落后于城市会越发加深，特别是在帝国主义与资本主义总危机的时代，资本主义农业发展进一步缓慢，它更进一步落后于工业，农业与工业之间的脱节更加严重，因而，农业在国民经济中的基础作用遭到越加深重的限制。

无产阶级贫困化的不断加深、广大劳动人民生活水平的下降是资

---

① 《列宁全集》第4卷，人民出版社，1958年，第139页。

本主义农业发展进一步缓慢的根本原因。我们业已指明，农业主要是提供消费品，从而是为居民的消费水平密切制约的部门。如果一个社会能保证居民生活不断改善与消费水平不断增长，那么这个社会的农业便将采取不断与迅速发展的路线；如果一个社会只是抑制和压低居民的生活水平，那么这个社会便封闭了农业发展的出路，农业便只能停滞不前。而在资本主义社会，农业的发展必然会采取后一路线，这是因为资本主义社会，随着资本不断积累，资产阶级占有的国民财富越加增长的同时，不可避免地又使广大劳动人民贫困化加深，使它们越来越食不果腹。特别是在帝国主义时代，无产阶级贫困化的规律作用分外加剧，广大劳动群众对消费品的支付能力越发受限。

居民每人食物产品的年消费量[①]

帝国主义世界

	1909~1913年	1945~1949年
碳水化合物（公斤）	320.8	250.4
动植物油（公斤）	5.4	5.7
肉类（按国际标准头数单位计算）	0.358	0.284

亚洲附属国

	1909~1913年	1945~1949年
碳水化合物（公斤）	157.5	142.0
动植物油（公斤）	3.3	4.1
肉类（按国际标准头数单位计算）	0.208	0.167

从上表可以看出，无论是在帝国主义世界或是殖民地附属国，

---

① 库钦斯基：《资本主义世界经济史研究》，生活·读书·新知三联书店，1955年，第125页。

居民的消费水平都下降了，而殖民地附属国人民的消费水平更是特别低。在美国，人民消费水平也是在不断地下降。据统计，1935~1939年美国每人每年消费面粉平均为180磅，1959年下降到110磅；1955年平均每人肉类消费量为162.8磅，1959年即减少到158.5磅。同期的鸡蛋消费量从371个减少到354个，牛奶和乳酪消费量从352磅下降到345磅。①既然资本主义经济的发展使居民对农产品的消费量的绝对数量都下降，农产品的有利价格便难于维持，农业中有利的投资机会便越来越狭窄，这就从根本上封闭农业生产顺利发展的出路。

由于农产品国内外市场的狭窄性导致的日益严重的农业危机，乃是资本主义农业日益落后于工业的最重要因素。我们已经指出，农业的发展在资本主义下是与工业一样，要被周期的经济危机所打断，但是不像在工业中，凭借由固定资本更新所引起的对生产资料的需要可以暂时摆脱危机，而在农业中却因人民群众购买力的限制，它很难找到即使是暂时摆脱危机的出路，这样，农业危机便具有分外沉重的性质。而事实上，从19世纪70年代至90年代中间的25年间，资本主义国家的农业便一直是为长期的农业危机所缠绕，而在资本主义进入总危机阶段以来，农业危机的拖延持久性更是加深。如第一次世界大战期间，在一些国家（如美国）农业生产力有新的提高，但是1920年资本主义世界又开始了一次空前深刻持久的农业危机，这一次危机在第二次世界大战中被中止了，但是战后资本主义农业又陷于新的危机中。这种农业危机使农产品价格下跌，剩余农产品增加，中小农场大量破

---

① 肯尼迪在1961年3月16日向国会提出的农业咨文中，也不得不承认："在进入20世纪60年代的时候，我们农民家庭的收入，同我们其余的人比较起来，是从20世纪30年代以来最低的。""每十户家庭中却有一个营养饮食不足，甚至低于标准营养需要的三分之二。"当前美国有"一千七百万人是饿着肚皮上床的"。

产，耕地被荒废，大量农产品被销毁，小麦被烧掉，咖啡牛奶被倾倒在海中……归根到底，引起了农业生产力的严重长期的破坏。如果说在19世纪一般说来资本主义农业经历危机后还能使农业生产达到新的高涨，那么在帝国主义时期，特别是资本主义总危机时期以来，农业危机的沉重性与拖延性，便使得它对生产力的破坏成为主要的，并引起整个农业停滞与衰退的趋势。因而农业的发展便更是落后于工业，农业便越加成为国民经济中的薄弱部门与环节，农业与工业之间的脱节也更加严重了。

资本主义农业的落后与衰落，首先表现在农业的发展速度越来越落后于工业，在美国1850年到1900年，农业生产约增加3倍，而工业生产却增加了15倍，在1900年到1944年农业生产只增加1倍，而工业生产却增加7倍。1820~1860年美国农业总产值每年平均增长3.2%，1870~1900年为3%，但在20世纪这一速度大大减缓了，在1920~1939年间，农业增长平均速度只是0.79%，不足1%了，即使是在1940~1945年战争带来的农业生产较快发展时期，平均增长速度也仅仅为3.6%，而在战后，农业的发展速度又重新下降，1946~1949年仅为0.35%了，1949~1959年间为1.69%，而在此期间工业生产每年平均增长为4.75%。

农业落后于工业也表现在农业产值在国民收入中的比重不断下降。

美国农业生产在国民收入中的比重（%）[1]

1869~1878年	1879~1888年	1889~1898年	1899~1908年	1909~1918年	1919~1928年	1929~1938年
21	16	17	17	18	12	9

---

[1] 库钦斯基：《资本主义世界经济史研究》，生活·读书·新知三联书店，1955年，第117页。

在第二次世界大战后，农业产值在国民收入中的比重更进一步降低，在1954年只占5.1％，而在1959年仅占4.2％。19世纪末，美国农业还生产了国民收入的1/5，而在20世纪50年代却只生产国民收入的1/20，农业比重在国民经济中的地位已经被降低到无比低下的地步了。

农业产值在国民收入中的比重的进一步降低，也同样出现于英国。从下表可以看出英国农业落后于工业的情况。

农业（包括渔林和林业）在国民生产总值中所占比例（％）[①]

1948年	1949年	1950年	1951年	1952年	1953年	1954年	1955年
6.3	6.3	6.0	5.7	5.2	4.8	4.6	4.4

农业人口的不断减少也反映了农业的落后。在20世纪初美国农村居民有3000万人以上，而在1959年仅有2050万人。单是从1946年至1960年美国农业人口就减少约600万人，农业人口占总人口的比重也从18.8％下降至9％左右。

英国农业人口在19世纪就急剧减少，在19世纪末，农业人口只占全部人口8％，而在20世纪这一过程还在继续进行。

英国农业工人

1921年	1929年	1936年	1948年	1957年
996000人	886000人	751000人	804000人	697000人

从上表中可以看出基本劳动力被排出于农业之外是资本主义经济中不可抑阻的趋势。这也是农业发展日益落后于工业的重要表征。

---

① 米列伊科夫斯基等：《第二次世界大战后的英国经济与政治》，世界知识出版社，1960年，第291页。

英国农业中的投资

	1948年	1949年	1950年	1951年	1952年	1953年	1954年
整个国民经济	1406	1519	1570	1545	1546	1741	1826
农业、林业和渔业	90	85	78	74	61	63	65
农林渔业在全部投资中所占比重	6.4	5.6	5.0	4.8	4.0	3.6	3.5

农业中固定资本增长缓慢与新技术（如机器、化肥等）利用极其有限，农业技术基础的落后，乃是资本主义农业落后于工业的表现。资产阶级特别是现代垄断资产阶级为了追求最大限度的利润，总是倾向于在海外投资甚于在国内投资，总是倾向于在有利的工业中投资甚于在农业中投资的。

从上表可以看出，农业中的投资所占比重的低下与不断下降，表明了资本趋向于从农业中流入更有利的工商业部门。

农业中投资的不足，决定了农业技术进步的缓慢。美国使用拖拉机的农场在1930年只占13.5％，1940年只占23.1％。1945年的普查披露，在当时的600万的农户中，约有2/3（即390万户）没有一部拖拉机，在这些农场中约有150多万户既无马又无骡，1/5的农场没有什么电气。

资本主义农业日益落后于工业的重要征象，在于对土地掠夺式的经营变本加厉，使农业生产所直接依赖的土地遭到破坏。

在这方面最典型的例证便是美国。欧洲殖民者登上美洲大陆时广大肥沃的土地（它可以无须施肥而连年种植），在资本主义掠夺式的农业经营下，使土地肥力可悲地耗竭了。罗斯福总统时期进行的全国土地情况的调查证明，美国7亿公顷土地总面积中有：

完全缺乏土被和不适于农业利用的土地	2000万公顷
土被已损失3/4以上的土地	9000万公顷
土被已损失1/4~3/4的土地	3.1亿公顷
土被已损失1/4以下 或完全没有损失的土地	2.8亿公顷

这一统计表明美国土地总面积中，已有3/4土地被破坏了，被破坏得还不算太厉害的只有全国总面积的40%。美国资产阶级地理学家伦纳在1942年出版的《自然资源的保存》中也悲叹，美国自然资源遭受严重破坏的情况："①土壤耗竭了。②森林被砍尽烧光了。③水利资源耗尽了或毁灭了。④草原放牧过度了。⑤自然资源未予保持。⑥矿产资源被践踏了。⑦洪水泛滥的威胁更趋严重。⑧硗薄的土地经常需要清除、灌溉和排水。⑨美丽的天然风景给毁坏了。⑩居民点沿着不适于生活的道路发展。⑪人力资源和文化资源已注定要遭受毁灭。⑫经济上的生产并不适合社会的需要。"美国土壤专家本勒脱估计，美国每年约有20万公顷耕地被毁坏，他在1950年做出结论说："如果农业的经营方法不加改变，那么，再过10年乃至12年以后，美国全部被利用的土地约有1/4要降低单位面积产量；而过15年乃至30年后，会再有1/4的土地要降低单位面积产量。"[1]资本主义国家所发生的土地的破坏与肥力的丧失，意味着农业最基本条件的削弱，它也表明了资本主义经济中农业越来越处在不利状态和较之工业越加落后。

---

[1] 齐曼：《美国自然资源及其利用》，生活·读书·新知三联书店，1956年，第29~30页。

归结起来，在资本主义向上蓬勃发展的时期，农业生产力有着较迅速的发展，从而使工农业间的比例关系大体上得以协调，但是由于资本主义农业在发展速度上落后于工业的发展速度，因而，在资本主义经济的发展中，农业的发展日益落后及与工业间的脱节乃是资本主义制度下所不可避免的，特别是在帝国主义与总危机时期，由于农业发展的进一步缓慢与带有某些停滞的趋向，因而工农业间的脱节是更加严重。

列宁指出："农业发展落后于工业，这是一切资本主义国家所固有的现象，是国民经济各部门间比例遭到破坏，发生危机和物价高涨的最深刻的原因之一。"[①]

既然资本主义是日甚一日地削弱农业在国民经济中的地位，由此扩大与加深工农业之间的矛盾，破坏工农业间的协调，因而农业在资本主义国民经济中的积极作用越来越显得薄弱，农业基础作用的发挥越来越遭受重大的限制，便成为资本主义下不可避免的趋势了。如前所述，在资本主义经济出现和蓬勃发展的初期，由于农业在当时给主要地位的轻工业提供粮食原料、市场、劳动力等方面都占有重要，甚至决定性的意义，农业曾经显著与有力地推动工业，从而推动整个国民经济的发展。如果资本主义能消灭农业发展速度与工业发展速度的重大差别，能保证农业与工业相协调的发展，那么农业将会在与工业的相互依存与促进的不断增长中，继续不断地积极推动工业发展。但是这种情况是资本主义下所不可能出现的。随着农业的日益落后与农业在国民经济中地位的不断降低，特别是广大农村劳动者的贫困化，由此农业吸纳工业品的能力越加受到限制，农村作为工业品的国内市

---

① 《列宁全集》第22卷，人民出版社，1958年，第84页。

场的作用不仅相对地下降甚至绝对地下降，因此就限制与堵塞了工业与农业之间、城市与乡村之间相互促进彼此推动的发展。尽管农业依然是整个国民经济的基础，但是由于工农业脱节的加深，农业对工业发展的推动便越是软弱无力，而在危机与农业严重衰退下，农业甚至成为工业发展的桎梏。农业对工业的推动作用有越来越薄弱的趋向，越来越不稳定与不经常，并有时转化为拖住工业后腿的桎梏，这种情况正是资本主义农业的基础作用日益受到限制与显得软弱无力的表现。

　　资本主义农业在国民经济中的基础作用受到日益加深的限制和越加显得软弱的总体发展趋势下，并不是说农业从此就是资本主义经济的消极因素，从此就不能对工业的发展起任何积极作用了。事实上，由于农业的发展总是不平衡的，因而对于农业发展的缓慢与趋于停滞不前也不能绝对地来理解。我们看见，20世纪以来，在资本主义世界农业总的发展缓慢与趋向于停滞不前的过程中，还是有高涨与危机阶段的交替，尽管高涨是暂时的、局部的，而危机阶段却成为长期的、经常的。如在美国长期以来的农业危机，为第一次世界大战打断，在第一次世界大战期间美国农业生产扩大了，此后在1921年重新开始的拖延将近20年的慢性农业危机又为第二次世界大战所打断。在1944年的农业生产超过1935~1939年间平均数的30%，农业机械化的程度也有显著的提高，1940~1945年间农场拖拉机数量增加57%，卡车增加42%，挤乳机增加109%，联合收割机增加97%，玉米采摘机增加53%。即使是农业衰退最严重的英国，在第二次世界大战后国际支付危机进一步尖锐的情况逼迫之下，农业还是有一定发展，在1955~1956年度，耕作业总产值就比1937~1938年度增长72%，蔬菜、果树栽培业增长39%，畜牧业增长26%。英国农业的机械化水平也提高了。

	1944年	1956年
拖拉机	173400台	501800台
联合收割机	2500台	32900台
挤乳器	37800台	101800台（1954年）

在为农业发展所扩大了的国内市场（以及为输出目的）的刺激之下，英国的农业机器制造业也迅速发展，并成为英国工业中一个重要部门。

英国农业机器生产的发展[①]

	1937年	产量最高年份	数量（万台）
机引犁	6.0	1951	61.7
圆盘耙	1.3	1952	14.6
条播机	0.4	1952	6.7
割草机	4.4	1951	28.4

而且，农业作为一个生产部门，它在再生产中总还是要不断进行固定资本的更新，要不断从工业中购买机器设备，即使是在农业危机严重的时候，它对工业品市场的支持作用也还是继续存在的。综上所述，我们可以看见，在资本主义总危机时期，在农业危机长期持续的过程中，农业生产也还是会有某些缓慢的增长，农业技术也还是会有所进步，因而农业对工业发展的积极因素还是存在的，不过这种积极作用是更加软弱无力罢了。

农业发展愈加落后于工业，日益加深了资本主义经济的不平衡与

---

① 米列伊科夫斯基等：《第二次世界大战后的英国经济与政治》，世界知识出版社，1960年，第252页。

畸形发展。在资本主义制度下，由于广大劳动人民消费水平的低下，限制了生产消费品的生产部门的发展，因而在社会再生产过程中就有第一部类脱离第二部类，重工业部门脱离轻工业部门而发展的趋势，列宁指出了这种现象的根源："生产的发展（因而也是国内市场的发展）主要靠生产资料是令人难以置信的，并且显然是矛盾的。这正是'为生产而生产'，生产扩大了，而没有相应扩大消费。但这种矛盾并不是教条，而存在于实际生活中；这正是一种同资本主义的本性和资本主义的社会经济制度的其他各种矛盾相适应的矛盾。"①农业主要是属于社会生产第二部类，而且主要是为轻工业提供原料的，因而，农业发展的限制性与日益落后只是进一步加强第一部类脱离第二部类，重工业部门脱离轻工业，归根到底加深了工业脱离农业的发展趋势。这一发展趋势只会加深资本主义经济的矛盾与危机。因为，重工业越是不用于武装和促进轻工业、农业的发展，越是为生产而生产，它必然会越发加深对国民经济最重要的比例关系的破坏，它意味着国民经济的进一步畸形化，因而工业以及国民经济的这样发展，最终只是会引起严重的危机与经济震荡。

在帝国主义，特别是资本主义总危机时期，在农业发展缓慢的基础上，工业（主要是重工业）的片面的发展有更显著的表现。

---

① 《列宁全集》第3卷，人民出版社，1959年，第35页。

美国工农业生产发展[①]

年　份	1904	1949
农业生产指数	100	177
工业（矿业在外）	100	359

美国在1952~1959年7年间工业生产约增加1/4，而农业生产仅增加1/7。脱离了农业基础的工业的畸形发展，正是帝国主义时代，特别是总危机时期经济危机更加沉重的重要原因。

由于农业中市场日益狭窄，农业对工业的推动力削弱，因而市场问题更加严重，在这种情况下，资产阶级便只有指望在国民经济军事化中来寻找出路，越来越依靠国家的军事订货来撑持市场。这就加强了国民经济的军事化。

美国在20世纪50年代的军事需求，甚至占到美国工业生产总值的20%~25%，这样巨大的军事开支，促进了军事生产部门与冶金、电工器材制造、化学工业等部门的发展，促进了与军火生产有关的加工工业生产能力的提高，但是另一方面，生产消费品的部门发展速度却逐渐缓慢甚至有停滞征象。如美国在1956年工业生产总指数（1947~1949年为100）为143，而当年纺织工业生产指数只为112，食品工业生产指数为112，制革工业生产指数也为104，而在这一期间人口却是不断增长的。这一切变化使美国工业结构进一步改变，即重工业在基本建设和加工工业中所占的比重比第二次世界大战以前所占的比重更高了。这种变化也同样出现在其他帝国主义国家。这种变化只是意味着资本主义各生产部门间比例关系的进一步破坏，它使资本主义经济矛盾更

---

① 转引自库钦斯基：《资本主义世界经济史研究》，生活·读书·新知三联书店，1955年，第116~117页。

加深化。在第二次世界大战后15年间美国已经发生4次经济危机，危机周期的越来越短与危机的越加频繁，表明了资本主义经济更加不稳定。归结到一点：农业在国民经济中的基础作用的更大限制性与工农业间的"鸿沟"的加深，成为资本主义的致命伤；成为资本主义经济中矛盾深化与经济危机愈演愈烈的重要因素。

论家庭联产承包制①

一、我国农村的历史性变革

党的十一届三中全会以来，全国各地农村认真贯彻了三中全会关于发展社会主义农业的两个文件，普遍实行了各种形式的农业生产责任制。这些农业生产责任制的形式，大大地改善了农业集体经济的经营管理，调动了广大农民的积极性。而各种农业生产责任制中，家庭联产承包责任制（包产到户、包干到户，即"双包"）却是异军突起。它首先发源于安徽、四川等地，此后迅速在全国得到普遍推行。上述多种形式的农业承包经营，组成了我国现阶段农村集体所有制的承包经济，它是以联产承包（即承包者的收入与产量相联系）为基本特征，以家庭承包（当前主要是大包干）为主导形式。

1979年以来，出现在各地农村的联产承包的形式有：（1）承包到组（生产队）、劳（劳动力）、户（农户）；（2）包干到组、劳、户；（3）专业承包（包产、包干）等。各地发展趋势是，由包产转

_____

① 四川财经学院1984年科学讨论会论文。

化为包干；由组、劳承包转化为以户承包；由包产到户转化为包干到户。1981年10月，全国实行包干到户的队只占总户数的38%，加上包产到户和部分包产到户的队，只占48.8%，到1982年11月，双包已占总户数的78.66%，其中包干到户的占75%以上。1983年7月，全国家庭承包（双包）已占总户数的97%，许多地区大包干达到90%以上。上述情况表明，近年来我国农村发生了一场家庭联产承包制的变革，带来了近年来农村的大好形势。

我国现实经济生活中的这一变革，向人们提出了如何认识农村经济家庭联产承包制的由来及其性质的问题，特别是要求人们回答：为什么家庭大包干取得如此迅速地发展？它会不会是我国社会主义革命与经济建设中曾经出现的那种"一哄而起"的现象？一些同志对它能不能巩固还有怀疑，在广大农民中也还存在怕政策"变"的担心和顾虑。因此，研究和阐明家庭联产承包产生的原因就是十分必要的。

以家庭承包制为主体的当前我国农村的集体所有制承包经济的产生，完全不是偶然的。家庭承包责任制是适应我国现阶段农村具体条件的、具有中国特色的集体所有制的合作经济，它的产生有其历史必然性，是我国农村合作化后集体经济的组织形式不断完善中必然要采取的步骤，是适应我国当前生产力现状的农村生产关系的一次重要的局部调整。家庭联产承包制在我国农村的出现，是我国正在进行中的经济体制改革所取得的最重要的成就。

家庭承包责任制这一新生事物一旦出现，就显示出巨大的生命力。它的积极效果表现在：

第一，调动了亿万农民的生产积极性。毛泽东同志说："世间一切事物中，人的因素是最主要的。"家庭承包制的优越性，最主要的在于它真正地调动了广大农民的生产积极性，它使农民家庭成为责、权、利相结合的、具有充分的自主权的经营主体。作为直接生产者的农民真正感到自己是生产的主人，他们不再需要队长派农活、催出工，而是自觉地努力发展生产。人们看到，正是由于家庭责任制的实行，使我国农村出现了新中国成立以来少有的热气腾腾的生产热潮。

第二，促进了农村生产单位由小而全的生产向专业化、社会化生产转变，由自给性生产向商品生产转变。特别是新产生的专业户（重点户），他们的生产增长快、产值大、商品率高，成为发展农村商品经济的尖兵。

第三，推动了农业生产向深度与广度发展。家庭联产承包，有力地推动了广大农民向生产的广度与深度进军，它促使农业单一的粮食生产转向农、林、牧、副、渔各业普遍发展。同时家庭承包经济使农村家庭副业（自营经济）再度复兴，广大农民利用自留地、田边地角、院坝、阳台，搞多种经营与副业，搞小果园、小茶园、小花木园、小养殖场等。此外，家庭承包制使农村剩余劳动力向工业转移，促进了乡村工业——社队企业的迅速发展。

第四，增加了物质财富的生产，改善了市场供应。家庭承包制调动起来的农民的生产积极性，集中表现在产品的增加，向国家、市场出售商品的增加，1981年我国每个农业人口平均提供的商品农副产品达到116.1元，比1978年增长69.4%，3年增长的幅度差不多等于过去20年。这样就支援了工业建设，改善了市场供应，不仅使我国城市中多年来肉类供应不足和吃奶难、吃鲜鱼难、吃鸡蛋难的现象得到缓和，而且迅速地增加了粮食、棉花等基本生活资料的产量，并在短短数年内就奇迹般地使8亿农民温饱问题基本得到解决。

第五，增加了农民的收入，提高了农民的生活。实行家庭承包制以来，在农业各项生产事业迅速发展的基础上，农民的收入不断增长，如1978年前全国农业人口年平均分配收入不到70元，而1982年增加到270元，广大农民的生活有很大的改善，一部分农民真正富了起来。可以说，正是联产承包开辟了我国农民由贫困进至富裕的康庄大道。

人们总结农业联产责任制（主要是家庭责任制）的效果是："十增、两降、一巩固"，即粮食产量、多种经营收入、农业总收入、集体固定资产、农村集体公益福利事业、对国家的贡献、农副产品商品率、人均分配、社员口粮、社员家庭副业收入增加；生产费用、非生产费用降低；社队集体经济更巩固。归根到底，家庭承包责任制带来了近年来农业生产全面地与迅速地发展，农民收入普遍增长，生活大大改善与农村面貌大改观的可喜局面。我国农业在"左"的路线束缚下的多年来停滞徘徊局面已结束，农业生产全面高涨的欣欣向荣的新局面已初步出现，我国社会主义农业的伟大振兴已经开始。如果说，家庭承包制产生之初，对于它的作用与意义人们还认识不足，那么，现在人们会越来越清楚地看见和体会到农村责任制的巨大优越性。

二、农业合作化的理论与实践的回顾

为什么说家庭承包责任制是适合于中国农村具体情况、具有中国特色的农村集体所有制的合作经济？要回答这一问题，有必要回顾一下我国农村的合作化所走过的道路。

新中国成立以来，在中国共产党的领导下，在党提出的过渡时期总路线的指引下，我国农村社会主义革命的建设取得了巨大成就，农业合作社使几亿农民走上了社会主义道路。我国农业合作化是完全必要的，这是广大农民切身的要求。当时的情况是，土地改革后重新获得土地的广大贫下中农所拥有的生产资料很少，为了避免重新借高利贷甚至典让和出卖土地、产生两极分化，为了迅速地发展生产，农民要求联合起来，发挥以公有制为基础的联合劳动的优越性，走共同富裕的道路。1956年农业合作化基本完成以来，集体经济也是向前发展的，如社会主义农业的物质基础不断增强，20多年来已积累起相当可观的家底：1980年，全国有52781个公社，69万个大队，481.6万个生产队，1.8亿个农户，三级组织共有农业固定资产928亿元（其中全民所有制249亿元）。由于在像中国这样的原先经济十分落后的半殖民地半封建国家进行社会主义革命与建设事业，特别是社会主义的农村的革命与建设事业，这是一个年轻的事业，人们还缺乏经验，因而在农业合作化中也经历了一段曲折。我国在国民经济恢复时期，在领导农村工作中，由于头脑清醒，政策对头，农业得到迅速恢复与发展。1952年提出了过渡时期的总路线，开始了对个体农民经济的社会主义改造。农业合作化在初期是正常地健康地发展的，但合作化后期工作中存在某些失误：一方面是合作化过快过急，另一个方面是集体经济的具体组织形式基本上是承袭集体农庄苏联模式，未能适合我国的国情。

农业合作化是个体农业社会化的必由之路，这是马克思主义的一条基本原理。马克思、恩格斯和列宁阐述了农业合作化的许多重要原理和原则。

（一）对小农不能采取剥夺而要吸引他们自愿联合起来的原则

马克思主义经典作家论述了通过合作化来实现农业生产资料的公有化。在《法兰西内战》一书中，马克思论述了无产阶级夺取政权后组织合作生产的重要意义。恩格斯也指出："在向完全的共产主义经济过渡时，我们必须大规模地采用合作生产作为中间环节"①。在《法德农民问题》一书中，恩格斯指出，无产阶级掌握政权后，"我们对于小农的任务，首先是把他们的私人生产和私人占有变为合作社的生产和占有"②，并规定了不能剥夺农民，而必须用非强制性的方法，用示范吸引农民自愿地联合起来。由于马克思恩格斯生活在19世纪，当时还没有社会主义农业建设的实践，因而他们并未、也不打算对农业合作社的具体形式加以规定和预先予以设计。列宁在1923年《论合作制》一文中，提出了他的农业合作化的光辉思想，做出了关于"单是合作社的发展就等于……社会主义的发展"③的新论断。列宁强调了要通过示范与国家财政帮助，通过物质利益的吸引、依靠农民对"个人利益的关心"来引导农民走上社会主义道路。他论述了合作制是能把农民的个人利益与公共利益相结合，使个人利益服从公共利益的经济形式。列宁强调要通过供销方面的合作，通过联合的商业活动，把农民的个人利益和社会主义公共利益相结合，来使农民自愿地入社。

（二）合作制形式多种多样的原则

列宁在《论合作制》一文中提到的合作社，并不是指集体农庄形式。斯大林在《论列宁主义的基础》一文中，在阐述列宁这一思想时指出：合作化道路是"循着把集体制原则逐步应用于农业，起初应用于农产品销售方面，然后应用于农产品生产方面这一道路去发展。"④显然，合作制经济是包含着销售、供给、信贷，以至生产合作等一系

---

① 《马克思恩格斯全集》第36卷，人民出版社，1958年，第416页。

② 《马克思恩格斯全集》第22卷，人民出版社，1965年，第580页。

③ 《列宁选集》第4卷，人民出版社，1960年，第687页。

④ 《斯大林全集》第6卷，人民出版社，1954年，第119页。

列多样的合作形式。事实上，这种多种多样形式的、包括产前、产中、产后的各种环节上的合作社，早已存在于资本主义国家中，只不过它们的性质总的说来带有资本主义性质。社会主义制度下的合作社，适应于各个地区和农村的各个不同的生产领域，以及农民的具体和要求，更将是具有多种多样的形式。社会主义国家合作化的实践表明，合作社是多层次的，它包括具有社会主义因素的合作社，半社会主义的合作社，社会主义的合作社等不同的形式。

合作制形式多样性表明，这种经济联合体具有很大弹性和变易性，随着它拥有的生产力的发展和物质基础的增强，在无产阶级国家的帮助与扶持之下，它能逐步地增大社会主义的因素，克服与排挤非社会主义的因素，从而循序渐进地最终转变为社会主义集体所有制的经济。这就表明合作制是把个体农民经济改造成集体经济的桥梁，也正是因为如此，列宁才做出了"单是合作社的发展就等于社会主义的发展"的论断。

（三）实现合作化的长期性和逐步性原则

合作化这种对生产资料个体私有制实行社会化的方式的特点，在于它的发展的逐步性。合作化不是一次高潮、一次革命就能完成的，而是一个较长的历史发展过程。合作化的逐步发展与长期性是列宁多次阐述的。他说："为了通过新经济政策使全体居民个个参加合作社，还必须经过整整一个历史时代，在最好的情况下，我们度过这个时代也要一二十年。"[①]合作化不同于对资本家的剥夺，后者是通过政治强制实现变私为公，因而它可以较迅速地以爆发的方式实现。合作

---

① 《列宁选集》第4卷，人民出版社，1960年，第684页。

化是劳动者的自愿联合，既然是基于自愿，因而参加某一种合作，或从一种形式的合作，发展和过渡到另一种形式的合作，只能凭借农民的自愿。"如果他们还不能下决心，那就甚至给他们一些时间，让他们在自己的小块土地上考虑考虑这个问题"①，这样就需要时间，参加合作社也就有先有后，不能强行一律。从主观原因来看，农民千百年来的私有观念和小生产的传统，使他们由个体小生产转到合作社的共同生产与经营上来，不免要发生犹豫。要看到即使是某些条件下，农民群众经过鼓励踊跃入社的革命热情，往往是不能持久的，这种热情也会因此后生产上遭到挫折而冷却下来，在部分群众中，甚至会重新产生对合作化的动摇心理。正是因此，要在合作化中真正贯彻自愿原则，就不能不需要有较长的时间。列宁说："改造小农，改造他们的整个心理和习惯，是需要经过几代的事情"②，列宁还指出："只有有了物质基础，只有有了技术，只有在农业中大规模地使用拖拉机和机器，只有大规模地实行电气化，才能解决这个关于小农的问题，才能使他们的可以说是全部心理健全起来。"③从客观的原因来看，由于集体经济的优越性的充分发挥有一个过程，在某些场合，由于自然的、经营管理等方面的因素的作用（如自然灾害和经营管理不善），也可能使某些集体经济组织的优越性，在一个时期未能充分显示出来，从而影响了某些农民入社的决心。此外，由于社会主义经济生活的复杂性，在某些场合，某些农民（特别是富裕中农）还能够从个体生产与交换中，特别是通过利用市场因素使自己得到好处。在集体经济的优越性尚未充分显示出来之前，这部分农民在参加合作社时也会发生动

---

① 《马克思恩格斯全集》第22卷，人民出版社，1965年，第582页。
② 《列宁全集》第32卷，人民出版社，1958年，第205页。
③ 《列宁全集》第32卷，人民出版社，1958年，第205页。

摇。总之，对于少数不愿入社的农户，应当容许，要长期等待，强制入社并不能带来好处。

必须指出，马克思和恩格斯，由于他们处在社会主义革命尚未成熟的时代，他们不可能对农业合作化做出详细的阐述，列宁虽然生活在俄国无产阶级革命取得胜利和苏联建设社会主义的时代，但他在拟定合作制的天才的大纲后就逝世，因而马克思主义经典作家所论述的以上这些原则，应该在社会主义国家的实践中来加以发展，应该根据走上社会主义道路的国家的特殊条件而加以具体化，来探索与寻找一条适合于各国国情的、具有本国特色的农业合作化的具体方法和具体道路。显然，对于无产阶级革命事业已取得胜利的不同的国家来说，合作化的方法、步骤和合作社经济的具体形式必然是有差别的，而不可能一律和照抄别国的模式。因而人们应根据本国的具体的条件，根据亿万劳动农民奔赴社会主义新生活的实践经验，来探索、创造和开拓各国自己的农业合作化道路。

在中国的农业合作化中，毛泽东同志把马克思列宁主义关于农业合作化的基本原理应用于我国的具体实践，对中国农业合作化的必要性和方法、步骤等做出了深入地理论阐明，制定了一整套在我国实现农业合作化的卓有成效的方针政策。毛泽东同志曾经注意到我国农业合作化的逐步性，他最初曾经设计拉长过渡时期，即要用15~20年的时间完成这个过渡，这一思想体现在1952年提出的过渡时期的总路线中。此外，毛泽东同志十分重视社会主义集体所有制生产关系的完善（包括集体经济组织形式的完善）。在农业合作化取得基本胜利后，毛泽东同志提出了继续调整与完善合作社的生产关系的问题。他说："完全社会主义化的合作社在所有制的某些个别问题上，还需要继续解决。在各经济部门中的生产和交换的相互关系，还在按照社会主的原则逐步建立，逐步找寻比较适当的形式。"①应该说，毛泽东同志提出的各个经济部门中的生产与交换的"比较适当的形式"，包括了企业的经营管理形式和国民经济管理体制。众所周知，1956年以来，毛泽东同志就已经提醒人们，在学习苏联社会主义革命与建设的经验时，要注意结合我国的具体实际进行自己的创新。他提出了中国工业化的道路问题，并且大力倡导我国的社会主义改造要从中国的具体条件出发，他发现"一五"期间学习苏联而建立的国民经济管理体制不尽适合我国的国情，并且提出改进与完善我国经济管理体制的任务。特别是毛泽东同志曾经注意和提出我国合作化的逐步性，他十分注意解决合作社与国家之间，合作社内部、合作社与合作社相互之间的关系和矛盾，他提出的合作社生产关系的调整和完善，包括了合作社组织形式的调整，这是具有远见卓识的。但是，由于种种原因，上述两个问题并未得到很好的解决。我国农业合作化晚期工作上曾经出现某些失误，出现了急于过渡的冒进做法，违背了合作化渐进发展的规律。我国1953年在农村开展了互助合作化运动，第一步是普遍建立互助组，以后逐步发展为初级社，这一时期农村生产关系的变革是稳步的，发展是较为顺利的。1955年刚刚建立起初级社还立脚未稳，就匆忙地向高级社过渡（1995年下半年全国农村普遍实现高级社化）。此后，批小脚女人走路、批保守、批右倾，合作社稳步发展变成跑步和跳跃式前进，过渡时期总路线规定的15年左右逐步合作化，结果变为了4年（1953~1956年）集体化，1958年以后，又匆忙地实行了人民公社化。这种情况，使农村新的集体所有制生产关系还来不及巩固和完善，在它的优越性尚未充分发挥和它的适合生产力发展的潜力尚未耗

---

① 《毛泽东选集》第5卷，人民出版社，1977年，第374页。

竭前，又开始了向更大更"公"的方向的变革。

寻找适合我国农村的合作制的具体形式的问题也未得到解决。我国集体所有制的高级农业合作社，在很大程度上是采取了完全的生产资料公有化、劳动集中化、分配统一化（工分制）的苏联农业劳动组合模式，而在人民公社化初期则除了以上"三化"外，还采取了劳动军事化和消费公共化（公共食堂）。此后，经过调整又回到了高级社的"三化"模式。苏联农业劳动组合形式，是在农业集体化初期由斯大林倡导建立的。这种不仅把基本的农业生产资料公有化，而且实行集中劳动和统一分配（劳动日制）的较完全和较纯粹的生产资料集体所有制形式，它未必适合于以手工工具为基础的、农业生产力水平较为低下的经济不发达的国家。苏联当时把这种共耕制形式当作是实现合作化"唯一正确的"形式，这也是不符合列宁的合作化思想的。实践证明，这种合作化模式是不适合我国国情的。我国是一个"一穷二白"的国家，土地改革后，广大贫下中农有着组织起来走社会主义道路的强烈愿望，但是我国也存在对于建立较完全、较成熟的社会主义合作社的以下不利条件：（1）我国20世纪50年代农业生产力水平较之苏联20世纪20年代更低，广大农村基本上是以手工工具、畜力动力、手工劳动为物质技术基础；（2）地少人多，人均土地一亩多，剩余产品少，积累能力低，农业资金少；（3）农村经营管理水平和文化水平低，加以小生产者的思想意识在短时期内是不可能消灭的。上述情况表明，在我国还缺乏建立起统一经营的、较大规模的生产合作的充分条件，而家庭生产与经营，在某种情况下，例如将它加以改造和包孕于合作制体系之中，也许还能在发展农业生产中起积极作用。在这种情况下，不采取一系列过渡形式，而贸然地建立起大规模统一经营的生产合作社，特别是建立政社合一的人民公社集体经济组织，分配中的吃大锅饭和平均主义，管理中的瞎指挥，甚至干部多吃多占往往是难以避免的。人们曾经简单地设想，农业大生产优越于小生产，集体经济的统一经营优越于个体经济的分散经营。但是事实表明，在干部管理水平低、管理制度不健全的情况下，农业的统一经营未必能起到有效地组织社员间的分工和协作，以及发挥社会结合劳动的生产力的作用，甚至会出现劳动者的积极性遭受挫折的相反的后果。这也就表明，集体经济形式如果在公有化的程度上超越了现有物质生产力发展水平，它并不能适合于生产力的发展，甚至还会对生产力的发展起消极的与破坏的作用。这种情况已被国内外的农业社会主义改造中曾经发生过的曲折和教训所证明。

归根到底，对于像我国这样的原先经济十分落后的国家来说，由于农村生产单位物质技术基础只能一步一步地加强和壮大，而落后的手工技术基础总是会限制公有制优越性的发挥。因此，初生期的集体经济形式就不可能是纯粹的，它在一些过渡形式中保留某些个体生产关系的残余是难以避免的，而且这种不完全、不成熟的集体所有制经济，将更能适合于生产力的发展。这就是说，生产关系一定要适合生产力性质的规律，决定了农业合作化中生产关系的变革的渐进性：一方面，要求合作化由流通领域的合作逐步走向生产合作，由局部环节的生产合作向全面性的生产合作逐步过渡，而不能一步上天，一蹴而就实现高级的与完全的合作化；另一方面，要求人们善于寻找与创造一种适合于各国国情的由私有制转变到公有制的过渡性的形式，而不能抄袭他国模式，采取那种单一的统一经营的合作经济形式，更不能片面地追求那种"一大二公"的合作经济形式。更具体地说，基于我国的具体条件，我们有必要寻找某种把农民个人生产的积极性与集体经营的积极性相结合起来的生产方式与经营方式，这就是以集体所有制为基础，但却是包孕着某些个人占有因素的社会主义的合作制经济的形式，即社会主义集体所有制经济的一种初级形式，并把这种形式作为向集体所有制经济的高级形式过渡的基点。在社会主义改造上跨大步求快，往往是欲速则不达，跃进会继之以后退，甚至还可能出现进一步、退两步，这已经是为社会主义国家农村生产关系变革中经历过的曲折与反复所证明。归根到底，对那些生产力落后的、以手工技术为基础的国家，农业合作化不能采取迅激的突变的方式，而只能采取渐进的形式，通过一系列过渡形式，由不成熟的集体经济，逐步提高到成熟的集体经济。要看到在整个合作化过程中，一方面是集体经济逐步地发生、发展与壮大，另一方面是农民的个体占有制生产关系的逐步消失。

我国合作化后期，一方面过渡速度过快，另一方面合作制形式单一，片面追求全国的生产合作（高级社）的形式。而1958年以来，在"左"的影响下，农村集体经济在所有制上不断升级，三级所有、政社合一的人民公社集体经济形式，较之高级社不仅更大，而且更公，这种脱离了现实生产水平而发生的农业生产关系的向前跳跃，进一步造成生产关系对生产力的不适合，它是此后农业生产大幅度下降的经济根源。

在党中央和毛泽东同志倡议下，1962年改变了基本核算单位，实行以生产队为基础的核算方式（当时全国约有500万个生产队，每队平均30户），生产关系退下来后，农业生产很快得到恢复和发展。但是，寻找一种适合我国国情的集体经济组织形式的问题未能得到解决。此后，在"文化大革命"中，"四人帮"大搞"割私有制尾巴"，强制推行"穷过渡"，提倡"大寨工分"，这些极左的胡作非为，进一步破坏了我国农村社会主义生产关系，带来了严重的后果，使我国农业与国民经济濒临崩溃的边缘，全国不少社队成为"三靠"队（生产靠贷款，吃粮靠供应，花钱靠救济）。据统计，1952年到1978年的26年间，以农业劳动者计算的劳动生产率仅增长2.7%，全国有1.5亿以上的农民的温饱问题尚未解决。

我国广大农民对于农村集体经济实行责任制的探索，正是在上述情况下开始的。因为生产关系不能长久落后于生产力，生产力是生产方式中最活跃的因素，它总要推动生产关系的不断完善。这种生产关系的不断完善，在社会主义制度下，是通过党和国家自上而下地倡导、调整和广大人民群众自觉创造相结合而实现的。建立联产承包责任制，正是我国广大农民响应党的发展社会主义农业经济的伟大号召、克服农村集体经济中存在的"吃大锅饭"的弊端和探索完善农村社会主义生产关系的积极性和自觉的首创性的表现。

既然我国原先的那种集体经济组织形式，并不能充分发挥和调动亿万农民的积极性，它反而却带来了在劳动上的"出工一条龙""干活大呼隆"，组织管理上的干部瞎指挥和上级搞平调，在分配上的干多干少一个样等消极现象，并且影响了我国农业生产力的顺利发展和广大社员生活水平的提高。在这种情况下，广大农民为了治穷，治"平均"，治"平调"，为了农业增产，开始了对适合我国国情的社会主义集体经济和经营管理形式的自发的探索。

早在农业合作化中后期，一些地方的高级社已实行"三包一奖"，即包产、包工、包成本，超产奖励的生产责任制和"小包工定额计酬"等形式，这在克服高级社单一的集中统一经营的弊端和调动农民的积极性中起了良好的作用。1956年浙江温州永嘉县曾经出现"包产到户"的联产计酬责任制形式；在60年代初我国国民经济面临困难时期，安徽省广大农民搞了责任田，实行包产到户。但在"左"

的路线下，这些农民自觉完善集体经济的探索与创造均很快夭折，并在"文化大革命"中被批判为单干和走资本主义道路。

党的十一届三中全会使马克思主义的思想路线在全党重新确立，它标志着中华人民共和国成立以来党的历史上的伟大转折。在党的实事求是、一切从实际出发的正确的思想路线下，人民群众完善农村集体经济组织形式的实践活动得到了支持，从而开始了以群众性地探索和创造农业生产责任制为内容的中国农村生产关系的局部调整。

1977年春，安徽农村经济发展长期停滞不前的贫穷地区的一些生产队，开始把不动磙子作物（玉米、山芋、花生、烟叶）包产到户。1978年秋，安徽遭到百年不遇的大旱，"保命麦"种不下去，肥西县山南公社试行包产到户，每户按劳力分配任务，每个劳动力包种小麦1.5亩，给生产费3元，定产200斤，记工200个，多产多得工分。但当时不敢叫包产到户而称之为"三包一奖，责任到人"。包产到户，大大加快了种麦速度，效果显著，因而它很快蔓延到附近地区，有8000多个生产队实行了包产到户。这是广大农民解放思想，实事求是，冲破"左"倾路线禁区，改革农村经济管理体制的尝试。

1978年12月，党的十一届三中全会制定了关于农业生产的两个文件，提出"加强劳动组织，建立严格的生产责任制""也可以与产量挂钩"，这个文件，开拓了此后农业生产责任制发展的广阔道路。文件未提到包产到户，这在于党中央采取了一切通过实践检验的积极慎重的态度。1978~1979年上半年，贵州、四川等地的一些贫困社队秘密或半公开搞起包产到户，如1978年秋，四川蓬溪县有几个生产队实行棉花生产包产到户，此外，四川隆昌一些生产队也搞起包产到户。家庭生产责任制这一新鲜事物刚刚产生时，一些人认为是"分田单干"和主张实行"纠偏"。但是，这一新的经营组织形式经历了实践的检验，而受到越来越多的农民的欢迎。1980年1月四川省委决定，允许边远山区、贫困队，可划零星、瘠薄地实行包产到户。1980年5月邓小平同志肯定了各地农村出现的家庭责任制的意义①。这是邓小平同志倡导的搞中国特色社会主义的一项重大决策。中央1980年9月75号文件规定在边远地区、山区、贫困地区和"三靠"队，可以包产到户，也可以包干到户。文件只提到贫困地区搞"双包"，是因为其他地区的"双包"，特别是经济富裕地区的"双包"，还需要经过更充分的实践来检验。

实行包产到户，效果显著，它使不少低产社队一年揭掉落后队的帽子，多年的"三靠"社队一下翻了身，向国家交纳粮食和出售粮食。安徽滁县地区1979~1982年，粮食生产每年递增20.8%，油料每年成倍地增长。尽管家庭承包制还是处在初生期，但是它已经显示出它的优越性，因此，受到广大农民的欢迎，并正在蓬蓬勃勃、势不可挡地向前发展。1978年底，安徽实行包产到户的生产队有1200个，占生产队总数的0.4%，1979年底增加到38000个，占生产队总数的10%，1980年底增加到176000个，占生产队总数41.6%，同年12月则达到22万个，占生产队总数的53.9%。此后，为了能解决分户劳动与统一分配的矛盾，进一步由包产到户发展为"直来直去不转弯"的大包干。这样，家庭联产承包进一步在中国辽阔的农村不胫而走，成为农业生产责任制的主导形式。实践改变了人们最初的一种认识，即认为家庭承包制仅仅是适合于生产力水平低、经济单一的落后地区。许多地方的实践证明，它同样适合于农业生产力水平较高、经济发达、专业化程度高的地区，以及大城市郊区。如四川温江地区、江苏太湖地区、

---

① 参看《邓小平文选》（1975—1982），人民出版社，1983年，第275~277页。

山东的烟台地区，实行双包责任制都取得了很好的效果，因此，它也就在这些地区迅速地、普遍地推行开来。家庭承包制的实行，进一步解放了我国农业的生产力，在我国出现了多年来未有的农业连续大增产。据统计，1979年、1980年、1981年的3年中，我国农村每年劳动生产率增长2.7%，几乎是一年增长等于以前26年的增长。

综上所述，家庭联产承包责任制在我国各地农村如此迅速地推行，绝不是重演20世纪50年代曾经发生过的那种一哄而起、向前跳跃式的生产关系的变革，而完全是出于生产力发展的要求，是出于亿万农民自身的愿望和利益。广大农民亲身通过家庭承包责任制的实践，看到了这种农业经营管理形式的优越性，使农民家庭有了自主权，使生产者有了更强的责任心，使他们更充分地享受到增产的利益。广大农民真正尝到了甜头，他们认识到这是发展社会主义农业经济的有效形式，因而他们自觉自愿地选择了这一责任制形式。家庭承包责任制是中国亿万农民自身的创造与自愿的选择，这正是它一旦出现就以不可阻挡之势，从南到北，从东到西，在我国广阔的农村迅速地推广和扎下根来的原因。一句话，农村的家庭联产承包制，是一个不以人们的意志为转移的必然性，它绝不是一哄而起，对它的迅速发展的担心和顾虑是不必要的。

三、现阶段社会主义农业劳动方式与家庭承包经济

对家庭承包责任制的产生，如何进一步从理论上予以说明是一个值得探讨的问题。理论界有这样的观点，即家庭承包制是多年"左"的路线的反动，是"左"的东西挫伤了农民的社会主义积极性的产物。具体地说，是由于干部觉悟水平（缺乏民主作风和廉洁奉公）、

社员觉悟水平（囿于斤斤计较）等方面和原因所导致，这些因素使社员不相信集体的统一经营，而要求包产或包干到户。必须指出，上述解释将家庭联产承包的出现，归之于上层建筑的因素是难以成立的。固然，上层建筑因素确实是造成当前农村集体经济集中劳动和统一分配机制难以正常运转的原因之一，从而是使生产队统一经营的集体经济形式不适合生产发展的因素之一，但是它难以解释我国农村那些干部作风好、集体经济发展快、社员生活水平有很大提高的社队（这种社队约占社队总数的20%），为什么也选择了家庭联产承包制？如果仅仅从上述观点来解释，那么，就会得出这样的结论：今后干部思想作风改变和群众觉悟提高以后，就可以不再实行家庭联产承包制，而又回到过去的统一经营、集中劳动、工分分配的农村经济体制。或者会得出另一结论：对于那些干部作风好、群众觉悟高的社队就可以实行农村原先那种集体经济体制。显然地，这种观点是十分错误的。这也表明，不能把农村家庭承包制产生的根源归之于上层建筑的因素。

家庭承包责任制，作为农村生产关系的一次重要的局部调整，它是以一定生产力为基础，因而对家庭承包制这一社会主义农业经营形式产生的客观依据，就要从农村物质生产力的状况中来寻找，要从我国现阶段农村社会主义的劳动方式的性质与状况中去寻找。

这里提到的劳动方式，是指体现生产力的人的因素和物的因素，即劳动者与生产资料相结合的物质技术形式和生产组织形式。劳动方式是马克思经常使用的一个范畴，我们通常所说的农业生产与工业生产，工业生产中的手工业生产、工场手工业生产、机器大工业生产，农业中的刀耕火种原始生产、男耕女织的古代和中古小生产、现代的大机器生产、自动化生产，以及粗放生产与集约生产，劳动密集型生产与有机构成高、脑力劳动比重大的技术、知识密集型生产等，均是指劳动方式的不同形式。

劳动方式首先取决于劳动手段的性质。以农业为例，在人类历史上，使用石器就往往与氏族社会的集体采集、集体渔猎的原始劳动方式相联系。我国青铜器与石器并用的西周时期，是与奴隶大农业相联系在一起的，《诗经》所载的"千亩其耘"就是指这种多数奴隶集中劳动的古代大农业生产方式，战国后期使用铁器作锄犁，就有了此后延续于我国封建社会两千多年的一家一户的、规模不大的家庭农业劳动方式。资本主义机器生产在农业中的应用，产生了规模上千英亩（西欧为400英亩至500英亩）的家庭农场，美国就有数百万户这样的农场。在资本主义制度下，这种农业中的家庭农场是带有资本主义性质的家庭劳动方式，与之相并存的还有资本家使用更大规模现代化农业机器与雇佣农业工人的资本主义大农业劳动方式，如种植园、咖啡园和现代化饲养场等。

可见，社会生产的内在联系表现为生产工具变化→劳动方式变化→生产关系变化，即劳动方式要与生产工具相适应，而生产关系又要与劳动方式相适应。例如，与手工工具相适应的是家庭生产，而与家庭劳动方式相适应的是个体所有制。与大规模机器体系相适应，有社会主义的大农业劳动方式的产生，而与此相适应又要求有生产资料占有的社会化，即农业生产关系由私有制到公有制的变革。马克思在谈到生产条件的所有者同直接生产者的直接关系时说："这种关系的任何形式总是自然地同劳动方式和劳动社会生产力的一定的发展阶段相适应。"[1]又说："随着新生产力的获得，人们改变自己的生产方式，随着生产方式即保证自己生活的方式的改变，人们也就会改变自己的

---

[1] 《马克思恩格斯全集》第25卷，人民出版社，1974年，第891页。

一切社会关系。"①

社会主义农业是联合劳动者从事的社会化的农业，具体地说，它是由组织在集体所有制的合作社内的劳动者的生产与经营，是"联合起来劳动的生产方式"，它与个体农民所从事的以手工工具和个体劳动为基础的私人家庭小生产方式是根本不相同的，也与发达资本主义国家个体农民以现代化的机器体系为技术基础的现代家庭大农业生产方式是不相同的。

社会主义农业的劳动方式，会因物质生产力发展过程的不同阶段，更具体地说，会因不同时期农业中的物质技术基础的性质与状况，而具有不同的形式。大体说来，它要经历一个公有程度较低、规模较小的劳动方式，而逐步地扩大联合劳动规模和逐步提高公有化的程度，最终发展成为使用现代化机器与现代农业技术的、在全社会范围内公有化的、具有最佳规模的联合劳动的方式。

在社会主义制度下，农业生产力也是逐步地提高的，从而农业的社会化——它表现在联合劳动范围的扩大、农业生产的集约化与生产规模的适度扩大——只能逐步地进行，而不可能一蹴而就。特别是我国农村是在个体小生产的落后的经济与技术基础上实行农业合作化的，初生的社会主义农业，在社会化的程度上不可能很高，不可能一下子就建立起"一大二公"的大农业合作社。基于我国的具体条件，更不能普遍建立斯大林提倡的那种苏联的巨型的"谷物工厂"和采用那种实行全盘机械化的大农业劳动方式。

对于社会主义的劳动方式，必须有正确的理解。有关社会主义的一种十分流行观念，是把社会主义等同于"一大二公"，把社会主义

---

① 《马克思恩格斯选集》第1卷，人民出版社，1972年，第108页。

的生产方式或劳动方式理解为以大规模的生产与经营的唯一形式。过去人们几乎常常把社会主义工业简单地等同于大工业生产，把社会主义农业唯一地当作大农业生产，把社会主义商业当作是大商业经营，把社会主义劳动当作大规模的集中劳动。人们更往往把现代化简单地与"大"联系起来，把小等同于落后，因而在工业建设中追求大企业，在农业中一心要"办大社"，农业生产上实行"大兵团"，副业上搞万猪场、大茶山、大果园、大林场。这种关于社会主义生产就是大规模的劳动方式，就是集中劳动的观念，就是完全的统一经营，这种多年来的流行观念是十分片面的。

社会主义的劳动方式，是以生产资料公有制为基础的一定范围的劳动者与具有一定规模的生产资料相结合的生产组织形式。组织在生产中的劳动者的数量与规模，即企业中劳动者数量的大小与聚集的状况，与使用的生产资料的规模，即生产资料与技术聚集的状况，取决于生产单位的物质技术基础的状况，特别是生产单位拥有的劳动手段的性质与状况；也取决于所加工的劳动对象的性质与生产活动本身的性质。如工业与农业，因为它们各自的对象、劳动手段、劳动方法等的不同，劳动方式就不一样，农业中种植业、林、牧、渔、副等业，劳动方式就不一样；劳动手段性质不同，如使用手工工具与使用大机器体系的劳动方式就不一样，使用劳动密集方法与技术密集方法，劳动方式就不一样。以社会主义农业来说，劳动手段越是先进，越是成为现代化的机器与技术综合体，农业生产越是采用工业中那种大批量生产的方法，就将形成使用数量很多的生产者与庞大规模的、生产资料的大农业劳动方式。但是如果农业还是以手工工具为技术基础，那么组织在生产单位中联合劳动者的数量，或是生产资料的数量，从而劳动方式的规模都将是有限的。

我国当前农村生产力水平还较低，农业劳动手段主要还是手工工具、畜力动力，农业劳动主要还是手工劳动，加以经营管理水平不高，组织与指挥集体经营与劳动协作的能力还有限，这就决定了采用那种大规模劳动协作的劳动方式是不适应的。再者农业加工对象是有生命的动植物，农业生产中包孕着自然再生产，自然力的作用与动植物的生命活动的机制，使农业生产产生很多偶然因素，需要因时、因地、因作物或牲畜制宜，机动灵活地进行生产和对农作物与牲畜的生产过程与生长机制进行灵活的调节。农业中作物不同、田块不同，农作物自然生产过程就不一样，就要求区别对象，机动灵活地进行精细的田间管理；如果要按统一施几次肥、除几次草、洒某一种农药就不行。在工业生产领域中，如纺纱织布、机器制造，是对无生命对象进行加工，可以搞流水线的方式，采用自动控制的机械划一的生产过程，甚至可以使用机器人来代替活劳动，而农业生产上机器人就难以派上用场，农业生产的性质要求充分发挥直接生产者的机动性、灵活性与主动性。因而在我国当前条件下，把主要农活采用有效率的、经营良好的家庭劳动方式，可以充分发挥小生产的机动性与灵活性，以实现高产，避免大生产中统一指挥下难免要发生的机械划一性和一刀切。此外，我国人多地少，耕地面积每人平均只有一亩多，农村劳动力充裕，这样就使劳动者与生产资料的结合采用家庭劳动方式，主要依靠家庭的主副劳动力，来从事小规模的农业独立经营成为可能。

我国农村生产力水平低，农业物质技术基础薄弱，迄今仍然主要依靠手工操作。在这种情况下，劳动力成为劳动生产率提高的主要因素，农业的增产直接取决于劳动者的积极性与主动性。因此，建立社会主义农业的生产方式，不仅要着眼于有利于现代化的劳动手段的使用，而且更重要的是要着眼于有利于我国几亿农民的主动性与首创性的发挥。大生产的更高的生产力是以必要的经营管理能力为条件，一个有经济效益的大工商企业必须有精明的经理，组织好一个包括有几十个劳动力（例如一个生产队）联合起来的农业劳动方式和使其表现出较好的经济效益，也必须有相当的管理水平。要求管理人员不仅要懂得农业生产，而且要懂得经营管理，人们在组织社会主义的农业劳动方式时，不能不考虑到农村干部管理能力的状况。此外，我国有着几千年来的家庭农业的传统，有着精耕细作的丰富经验与技能。传统的农业技术（包括种植、田间管理、多种经营、养鱼、养鸡、养蜂、养花等），可以在不使用机器与现代技术的条件下，凭借劳动者的熟练，和适应于农业生产规律的特殊方法与诀窍而实现高产，它是使我国农业家庭劳动方式仍然表现出较高劳动效率的精神因素，而家庭劳动方式在当前仍然是有效地发挥我国农业精耕细作的传统和其他传统农业技术的组织形式。

可见，在我国农村现阶段的物质生产力水平与我国的具体条件下，农业中的家庭劳动方式仍然是组织生产力要素的有效方式，在对个体农民的社会主义改造取得基本胜利与农业合作化实现以后，在组织社会主义的联合起来的农业劳动方式时，显然，人们不能立即抛弃这种劳动方式，而应该充分地运用它，发挥它在现阶段农业中拥有的一切生产潜力。

这里还要指出劳动方式所具有的历史继承性的特征。作为生产力要素的组织形式的劳动方式，即作为属于生产力范畴的劳动方式，按照马克思的有关论述，是一个历史上遗留下来的、具有继承性而不能任意地加以存废的范畴。马克思说："人们不能自由选择**自己的生产力**——这是他们的全部历史的基础，因为任何生产力都是一种既得的力量，以往的活动的产物。"①如资本主义社会产生期的劳动方式是继承发展与改造了中世纪城市中萌芽发展的手工工场一样，社会主义社会初期的劳动方式也是继承与发展改造了资本主义遗留下来的以机器生产为基础的劳动方式。而在我国社会主义初期，在农村生产力尚未发生质变，尚未实现由手工物质技术基础向现代化的机器大生产的转变以前，在家庭劳动方式还仍然是生产力要素的有效组织形式的条件下，我国的社会主义农业中的劳动方式就不能是联合劳动者的单一的集体生产与经营，而要把联合劳动者的统一生产与经营和一定范围内分散的家庭生产与经营结合起来。当前我国的家庭承包责任制，就是这种包孕着家庭劳动方式的有统有分、统分结合的社会主义的农业劳动方式与经营组织形式。实践证明，这种带有复合性的即双重层次的组织经营形式，既能充分地发挥合作经济中的集体统一经营的优越性，有效地利用社会结合劳动的生产力，又能充分地发挥劳动者家庭分散经营的优越性，有效地利用家庭劳动的生产力。

生产关系是劳动方式的社会形式，农村集体所有制性质的家庭承包经济，就是适应于这种社会主义农业劳动方式的，是这种劳动方式的社会形式。因此，我们认为，固然家庭联产承包经济是在我国社会主义农业经历曲折发展过程中的产物，是在广大农民摆脱和抵制农村经济工作中"左"的做法中产生的。但是，单单这样说还不够。对于家庭承包制产生的最深刻原因，还必须从我国农村生产力的水平与状况中去寻找，从我国社会主义农业的劳动方式中去寻找。归根到底，家庭承包制不是暂时的纠偏，不是某种权宜之计，它是适合于我国国情的现阶段社会主义农业劳动方式的要求的。

---

① 《马克思恩格斯选集》第4卷，人民出版社，1972年，第321页。

四、家庭承包制的性质与在所有制上的特点

家庭承包制的产生，是农村集体经济经营管理形式的变革，也是集体所有制生产关系的完善。但是对此，一直有不同的认识。有的同志曾经怀疑它是"分田单干"，是"倒退"为个体所有制。因此，在理论上深入地对家庭承包制作为农村生产关系的局部调整的内涵进行探讨，深入阐明家庭承包制在所有制、生产、交换与分配等方面带来的变化，就是十分必要的。

家庭承包制，实行统一经营与分散经济相结合，农民拥有归个人占有的农具、资金，甚至汽车、拖拉机、船舶；分配上实行包干分配，农产品交够提留后由农民自己占有。乍一看，这种生产与占有关系具有个体经济的特征，因此一些同志担心这是分田到户、由集体经济倒退到个体经济。

应该说，上述疑虑的产生，一方面在于家庭承包制具有某些形式上的特点，它使人不易看清事物的本质；另一方面，是人们主观的原因，是人们多年来脑子中存在的关于社会主义的传统观念，即把那种统一经营、集中劳动、统一分配的农业集体经济组织作为社会主义农业集体经济的模式。当广大农业劳动者，基于农村的具体条件和更顺利地发展农业生产力的需要，对集体生产关系与经营管理形式采取某些超越了上面的传统模式的革新时，为传统观念所围的人，自然会大惑不解，甚至将其视为背离了社会主义。应该说，集中劳动+工分分配+生产资料的完全的集体占有=农业社会主义集体经济的传统观念，早已成为束缚人们思想的陈旧框框，并妨碍对不断涌现在人们眼目中的具有中国特色的社会主义的理解。

我们在此要对家庭承包制的所有制关系进行一些分析。

家庭承包制经济，是现阶段的具有中国特色的集体所有制的合作经济的新形式。但是，如何分析、认识与阐明家庭承包制的集体所有制性质，还是一个有待于进一步加以深入探讨的新的理论课题。有的同志不进行深入的理论论证而只是笼统地把家庭承包制称之为集体所有制；有的同志单纯地基于实行家庭承包制后土地仍然是属于集体所有，由此来论证家庭承包制的集体所有制性质。固然，上述这些论述正确地指出这种经济所具有的公有制的性质，但并未能确切地阐明它在所有制上的各种规定与特点。比如，它未能说明家庭承包制与传统的高级社和人民公社集体经济组织在所有制关系上的区别，它也不能回答人们提出的怎样认识归农民家庭占有的各种农业劳动手段（拖拉机、汽车等）的性质。

为了科学地阐明家庭承包制的性质与特点，我们认为还是首先要从对家庭承包制的占有的分析着手，不过这种分析，不是去考察法权含义的所有制，而是要分析作为经济关系的所有制；不是单纯地和孤立地考察对生产资料的所有制，而是要从生产关系的总和的角度来分析所有制。根据以上的方法来考察，我认为，家庭承包经济不是个体经济而是属于社会主义集体所有制的合作经济范畴，它是以生产资料集体所有制为基础，以包孕有某些农民家庭个人占有因素为特征，是一种新的集体所有制的合作经济，从而不同于人民公社社队那样较为完全的集体所有制经济。

所有制形式总是要适合于某种劳动方式的性质，家庭承包制就其劳动方式来说，仍然存在集体的统一生产与经营，因而它必须以生产资料的集体所有制为基础，而另一方面它又实行分散的家庭生产与经营，这样也就必须使直接生产者具有一定范围内的生产资料的个人占有制和必须将农民的基本生产资料在一定时期内固定给经营者，由他们支配使用。可见，把部分农民个人占有关系纳入集体所有制之中，乃是家庭承包制在所有制上的新的特色，这与过去农村集体经济的较为完全的和纯粹的集体所有制有着较为明显的差别。对于这一点，有必要进一步作如下的分析。

首先，家庭承包责任制，仍然是以生产资料集体所有制为基础，如农业的基本生产资料的土地仍然是集体的财产，这是必须长期坚持、保持不变的。土地集体所有权不仅是由国家的有关法令与规章加以明文规定，从而是法权上的所有制，而且是经济上能够得到实现的所有制，它表现在承包土地耕种的农民向集体上交提留与按照集体的统一规划从事某些农田基本建设中。生产资料的集体所有还表现在作为农业命脉的水利设施、电力设施等归集体所有上。上述的基本的农业生产资料的集体所有制，乃是集体范围内的统一经营的经济基础。因为，正是由于土地、水利设施、电力设施等生产条件与劳动手段属于集体，因而它才能通过"包"使直接生产者承担社会规定的与集体规定的责任，也才能进行某些统一经营。可见，坚持土地等基本生产资料的集体所有制，乃是坚持社会主义的联合劳动和坚持社会主义合作化道路的重要前提。

在实行家庭承包制之初，某些地方也曾经出现过毁坏农田及水利设施、乱砍乱伐森林、取消集体提留等现象，它削弱与破坏农业合作制的生产资料公有制。这种现象的发生，是由于缺乏经验和对家庭承包经营的统分结合的性质缺乏理解。因此，实行家庭承包制要切实注意与防止只分不统的片面性。但是，各地统什么、统多少，必须从各地实际出发。

家庭承包责任制的所有制关系中，还存在一定范围内的生产资料的农民个人所有。如农民有用以从事日常的农业生产与经营所必要的农业生产工具、运输工具，等等。生产资料是进行生产与经营的物质条件，将一部分生产资料特别是劳动手段转归农民个人所有，由他全权支配使用、调度，是保证农民独立自主地进行分散的农业生产与经营的必要条件。如果直接生产者对劳动手段没有所有权，他就不能适应农业生产中经常变化的自然条件、作物生产状况（气候条件、各种自然灾害的状况）机动灵活地进行生产，也不能适应经济条件（市场需求状况，运输状况等）机动灵活地进行生产与经营。如及时调整作物茬口，改变技术措施，及时出售、运输农产品等就不能发挥这种小规模的家庭经营形式所拥有的机动性、灵活性，对多变的自然条件和经济条件的适应性等优点。

家庭承包经济和所有制上的特点，正是在于它突破了原先的集体经济组织那种生产资料单一的公有制的格局，而把部分的农业生产资料归农民个人所有，生产资料占有上的双重性，正是农业家庭生产责任制在生产关系上引起调整的一个重要内容。我国农村在成立高级社时，废止了土地分红，将土地公有化，其他农业生产资料（耕畜、农具、拌桶、犁耙、碾米礁子等）也作价为公，统统实行公有化。这种生产资料的单一集体化，是与高级社单一、统一经营模式相适应的。而实行家庭承包制，使承包农民成为独立的生产与经营者，而生产者占有必要的劳动手段乃是他们独立自主地进行生产的必要条件。皮匠要有一把锥子，木匠要有一把锯子，铁匠要有一个红炉，原始公社时期弓箭是个人长期使用的。在家庭承包制下，为了适应农民独立自主地从事家庭生产的需要，有必要把某些农业生产资料为承包者个人占有或归他支配、使用。把必要的劳动手段为农民个人所有，不仅使用起来方便，而且使用有度、保养细心，大大节约了生产资料的开支。在当前，不仅小型农具、农业机器归个人占有，某些大型农业机器如大货车、拖拉机、船舶也可以归农民占有，这是适应于形成家庭承包制的适当的规模经济和发展大规模的商品生产所必需的。

家庭承包经济中，承包农民还拥有对土地的局部的支配使用权。实行农业生产责任制，乃是集体经济的经营管理形式的改变，而不是集体所有制性质的改变。如上所述，土地的集体所有制仍然是家庭承包制的重要的经济基础。但是也要看到，农业承包的特征，在于它引起土地所有权与占用权即支配使用权的一定程度的分离。在家庭承包制的场合，原来合作社模式下的土地所有权和支配、使用权统归集体的关系变成了集体所有、承包家庭有部分支配使用权。因为，土地是农业的基本生产资料，是种植业中的最重要的劳动手段，无论是生产粮食或是其他农产品，均要对土地实行耕作，林、牧、副、渔等业也离不开土地的操作与利用。而农业生产中因自然条件多变，要求经常而及时地对土地采取耕、平整、锄、耖等措施。可见承包土地种植的农民有效地进行家庭生产与经营，必须以经营主体—承包者家庭—对土地拥有一定程度的自主支配与使用权为前提，如果不给直接生产与经营者对土地的一定的支配使用权，就不能发挥农民生产的自主权，生产者就不能因时、因地、因各种客观条件的变化而机动地从事日常的农活，更谈不上在特殊情况下采取改变农业生产安排等紧急措施，以做到变不利条件为有利条件，实现增产增收。同时，土地是一种特殊的劳动手段，它不能像工业劳动手段那样，采取更新设备的方式来进行更新。土地在生产中发生物质磨损（即肥力的耗竭）后，只能借助于合理耕作、施肥等方法来实现自我更新和肥力的提高，为了防止那种破坏土地的掠夺性的种植方法和为了使用土地能愈用愈肥，还必须使承包者有较长期的土地支配使用权。可见，对土地有较长期的（如15年或更长）和部分的支配使用权，乃是保证承包农民卓有成效地从事农业生产活动的必要条件。

基于上述，我们看见，现阶段的家庭承包制，是以存在着较为复杂的占有关系为特征，它不仅存在着集体所有制与个人所有制这两个不同的层次，而且还存在着集体所有制内部的所有权和占有权的分离。这种较为复杂的生产关系使人们不容易认清它的全貌和把握住它的本质特征。应该说，某些同志在包干到户性质上曾经产生过的不同认识，就客观上来说，也就是由此产生的。如某些同志曾经这样地问：既然一部分生产资料分给农民，归他们个人所有，而某些基本生产资料又允许农民有部分的支配使用权，难道这没有引起所有制的变化？难道没有引起由集体所有制向个体所有制倒退？对这个问题，我认为，既不能从所有制关系的某些表象，想当然地得出某些肯定或否定的答案，也不能基于某些简单的前提，由逻辑推论来得出某些肯定或否定的结论，而只有通过对包干到户的占有关系的总和的分析，才能求得有说服力的科学解答。

需要进一步指出的是，家庭承包制的占有关系，有下述的特征：

第一，集体所有制是家庭承包制的基础，农业的基本生产资料——土地以及其他重要劳动手段仍然为集体所有。

土地是农业的最基本的生产资料。土地不仅是用来进行农业劳动的空间和场所，而且它是农业生产的基本的劳动手段。用于种植业、林业、牧业、渔业的土地，不仅是人类劳动作用于劳动手段（如种子、畜禽）的手段和媒介，是物质生产与经济再生产的条件，而且也是动植物实现自然再生产的自然基础。尽管在农业生产中，机器、役畜、农具也很重要，而且随着农业的现代化，工业劳动手段将日益增加其重要性，它们在农业固定资产中的比重日增，但是土地却仍然是农业劳动体系中的最关键的部分。没有土地，现代化的农业机器的作用就不能得到发挥，不需要土地的农业（使用瓶装肥力溶液的农业）在当前只是存在于实验室中。土地在农业中的这种重要作用，决定了土地公有化是农业社会化的具有决定性的环节。列宁指出，在合作制下，"国家支配着一切大生产资料"[1]，坚持土地集体所有，也就意味着从根本上坚持了农业公有制。在家庭承包制下，集体占有的对象是农业生产资料的最基本、最核心和决定性的部分。因此，我们完全可以说，联合劳动者集体占有乃是家庭承包责任制的基础，不论这一合作经济的固定资产中，个人资产的比重会如何增大，集体所有制的基础地位都不会因此改变。

事实上，正是由于党和国家采取了各种措施，保证这些基本的与关键性的生产资料在法权上与经济上归属于集体，由集体享有最高的支配处置权和按照社会主义原则来加以使用和进行承包，从而确保了家庭承包经济的集体所有的性质和家庭承包制沿着社会主义的方向发展。这正是当前在巩固与完善承包经济中，我们要十分注意维护土地等基本生产资料的集体所有制的原因。

第二，承包农民对土地享有部分的支配使用权，但是集体的支配使用权仍然存在。家庭承包制下，土地要较长期固定给农民支配使用，因而家庭承包制是以生产资料所有权与支配权的分离为特征。土地承包关系在于不改变所有权的前提下，在一定时期内，向承包者让渡部分的土地的支配使用权。在当前，为了鼓励农民增加投资，培养地力，实行集约经营，土地承包期可以延长到15年以上，对于那些生产周期长的开发性生产，如经营果树、林木、开垦荒山、荒地、荒滩等，承包期可以更长一些。这意味着土地所有权与支配使用权分离的

---

[1] 《列宁选集》第4卷，人民出版社，1960年，第682页。

长期化。这种对土地的较长期的支配使用权，是农民在完成承包任务前提下独立自主地进行土地种植与经营、搞好家庭承包的必要条件。

但是，我们不能把支配使用权与所有权相混同。家庭大包干绝不是实行分田到户和取消集体经济，更不是把土地归个人私有，也不是把土地使用权完全归个人。承包不是买卖，它不发生所有权的让渡，承包也不是永佃，它不发生支配使用权的终身让与。在社会主义的承包制下，承包者只有部分的与不完全的土地支配使用权，而他不是土地的所有者，也不是完全的支配使用者，他不能对土地实行买卖、出租、典当，不能弃置和破坏土地，不准转作宅基地和其他非农业用地。对于包给他耕作的土地，他并不能像对待私有财产那样为所欲为地自由处置，即使是实行15年或更长承包期，也不可能将土地化为私有。因此，人们无须担心土地占用权的长期化会导致承包地私有化。

还要看到，农民要按照承包任务上交提留和完成统购派购任务。再加以社会主义国家，采取各种必要的手段，加强对农业的计划管理。这一切，使集体仍然掌握着对农业生产的强大影响，能够使承包户的生产和经营活动中体现集体的意志与利益，并使农业生产能够贯彻国家的计划指导与社会主义的生产和经营方向。这也就表明在使用土地上，承包人事实上还要服从集体的指导，这也意味着对于承包地来说，集体仍然保有部分的支配使用权。当然，集体对土地的支配使用权还表现在，由集体统一组织农田基本建设和其他统一的农业生产活动中。

在家庭承包制中，一方面农民对土地的支配使用权具有下列特点：它是被集体所有制限制在一定范围内的支配使用权，这种对土地的支配使用权，也只是存在于承包关系继续下去的时期内，如果承包期满，或者承包者放弃承包，例如某些兼业户离土从事专业生产，他就不再享有对土地的支配使用权。因此，对承包地的支配使用权，不同于集体农民对自留地的那种长期的（终身的）支配使用权，更不同于个体农民对私有土地的最高的，即为所欲为的支配使用权。总之，承包农民由于拥有对土地的部分支配使用权，从而具有了经营主体的地位，成为一个独立的生产与经营者。另一方面，由于他只是具有土地的部分支配使用权，因而决定了他的经营主体地位的不完全性和生产与经营独立的相对性。这些均体现了作为家庭承包制经济关系的基础的集体所有制的制约作用。

第三，生产资料的个人所有制的不完全性。家庭承包制形式下，存在某些或一部分生产资料归个人占有。但是，应该看到，这是社会主义制度下的、包孕于社会主义集体所有制关系之中的、被公有制经济所严格限制的新的不完全的个人占有制。因为，尽管允许承包农民购置农具、机器与运输工具等，但是无论如何，在农业生产资料中具有决定意义的土地却总是集体的财产——这是个人占有制受到限制的一个表现。另外，水利设施、电力设施等重要生产资料，也仍然属于公共财产。最基本、最关键的生产资料所有权的缺乏，表明承包农民的生产资料个人占有还带有不完全的性质。归根到底，实行大包干这种家庭承包制，并未使集体所有制改变为个体所有制。完全的所有制表现为所有权和支配使用权（经营权）的统一，历史上的个体农民经济，一般乃是拥有真正的土地私有权和对土地的完全的支配权的个体经济，而家庭承包制下的农民，不仅没有对土地的私有权，而且他们所拥有的部分的生产资料的所有权也是受限制的和不完全的，这种不完全的个人占有关系，使家庭承包经济区别于历史上的个体农民经济，这也是尽管承包农民个人占有生产资料和对土地有某些支配使用权，但却并不使承包农民成为个体农民的原因。

还必须指出，家庭承包制下的集体所有制，是在经济上得到实现的所有制，它并不是如有的同志所说的个人所有制为"实"，集体所有制为"虚"，只剩下一个"空架架"，集体所有制"名存实亡"了。事实上，家庭承包制下的集体所有制是经济上得到了实现的现实的所有制关系，农民除了必须承担向国家上交农业税外，还必须向集体上交公益金、公共积累和管理费，这是土地承包的前提。"交够国家的，留足集体的"，即提留，正是集体所有制在经济上的实现。

把以上所述归结起来，家庭承包制的所有制关系体系仍然是以集体所有制为基础。毛泽东同志指出，简单的事物包含一对矛盾，"矛盾着的两个方面中，必有一方是主要的，他方面是次要的。其主要的方面，即所谓矛盾中起主导作用的方面。事物的性质，主要地是由取得支配地位的矛盾的主要方面所规定的。"[1]在家庭承包制下，固然还存在某些个体所有制关系，但是它毕竟被包孕于集体所有制之中和被限制在狭窄的范围内，并以某些因素、残片的形式而出现，而集体所有制乃是矛盾的主要方面，是占有关系的基础和本原。集体所有制，如马克思所说，是决定社会经济性质的"普照之光"，它决定家庭承包责任制的社会主义性质。

家庭承包制允许某些范围内的生产资料归农民个人占有，允许土地一定程度归农民支配使用，就这一方面来说，生产资料的集体所有制不再采取纯粹形式，如原先的高级社和人民公社那样，显然这种集体所有制是带有一定的、不成熟的性质和带有过渡性的特点，并且由此与过去传统的农村集体所有制有着差别。但是，对于像我国这样的经济不发达的社会主义国家，在社会生产力水平还较低，农业在很大

[1] 《毛泽东选集》第2卷，人民出版社，1972年，第798页。

程度上还是以手工工具为物质技术基础的情况下，建立这种不成熟的与过渡性的集体所有制的农业合作社，正是体现了生产力的要求，是完全合乎规律的事。

总之，实行大包干这种家庭承包责任制，在我国农村无疑是引起了生产关系的重要调整。这种调整并不改变农村合作社的集体经济的性质，这种调整绝不是集体经济向个体经济倒退，而是我国农村社会主义集体所有制具体形式的进一步完善和更加适合生产力的性质。

五、家庭承包制的劳动形式

（一）实行集中劳动与分散劳动相结合

家庭承包责任制在农业劳动形式上的特点，是实行集中劳动与分散劳动（家庭协作劳动和个人劳动）相结合，而以分散劳动为主。一方面，它在一定范围内实行集中的多数生产者共同劳动协作，但是另一方面，它又把农、林、牧、副、渔各业大量日常的农活，由农民自行安排，实行分散的家庭劳动，这是我国社会主义农业劳动形式上的一大创造。这种集中与分散劳动相结合的劳动新形式，既有效地运用了社会主义农业中不可缺少的简单劳动协作的作用与优越性，又充分地发挥了具有灵活性、机动性，在农业生产中十分重要的分散的家庭劳动的作用。特别是在现阶段我国农村的具体条件与生产方法下，以农民家庭的分散劳动为主，一方面，它避免了因集中劳动组织不善（包括分配关系不完善）而引起的干活大呼隆和瞎指挥，以及动不动实行大兵团作战即滥用简单协作所引起的人力浪费；另一方面，它使农业中的直接生产者能够独立地进行生产与经营，亿万集体农民从此可以真正地因地制宜、因时制宜、因作物制宜地安排农活，在生产与经营中充分地表现他们的聪明才智。因而我们看见，一旦实行这种劳动形式，就使农活质量大大改进，劳动效率大大提高，不仅增加了生产，而且还解放出大量的剩余劳动力，正如农民所说的"集没有少赶，戏没有少看，粮没有少打，钱没有少得"。我国劳动密集型农业的经济效果才真正地开始发挥出来。

我国原先的农业集体经济，通行着清一色的集中劳动，队长敲钟、集体出工、干活大呼隆。而且1958年以来，随着并社与人民公社化，社队规模进一步扩大，集体劳动在规模上也越来越大。我国传统的集体经济的劳动模式，在人们的头脑中形成了集体经济=集中劳动，而分散劳动=资本主义的流行观念，一旦实行家庭承包，以分散的家庭劳动为主，不搞清一色的集中劳动，自然会在一些同志的思想中产生疑虑，认为这是实行个体劳动，是向个体经济倒退，正是因此，进一步从理论上弄清社会主义劳动及其性质问题就是十分必要的。

马克思主义经典作家早就阐明了社会主义是以生产资料公有制、按劳分配、有计划生产、联合劳动为特征。马克思论述了社会主义劳动是联合劳动，这是指生产资料公有制条件下的、摆脱了人对人剥削的、社会主义劳动者的"共同劳动"，是造福于自己和社会的自由人的劳动。可见，根据马克思主义的理论，劳动的社会主义性质，是由劳动的社会关系，即由劳动的利益的共同性所规定的，而与劳动的采取集中形式或分散形式无关。而马克思和恩格斯经常使用的未来社会中的"共同劳动"概念的含义，也并不是"集中劳动"或"集体劳动"（即共耕）。

其实，集中劳动或分散劳动，是人类改变自然对象、创造产品所采取的不同的劳动组织形式。这两种不同的劳动形式，都属于生产力的范畴，它们在任何社会形态中都是存在的。人们在生产中是采取集中劳动或是采取分散劳动，采取什么样规模和性质的集中劳动，是简单的劳动协作，还是以分工为基础的劳动协作，这是决定于生产力的状况，特别是劳动手段的性质与状况，也决定于劳动对象的性质。当然，它要受到生产关系的制约。

以资本主义的经济形态来说，在手工工具基础上有生产单位内部的规模不大的简单劳动协作，在机器大生产的基础上产生了工厂内部以分工为基础的劳动协作。资本主义生产的进一步社会化，曾经引起生产单位内部的结合劳动者数量的增大和劳动协作规模的扩大，如随着资本的积累，生产集中而产生的联合化的大企业，不仅有发达的工厂内部的生产分工（众多车间、职能科室和经营部门），而且有更大规模的集中劳动。恩格斯说："正如马克思在那里所证明的，资产阶级要是不把这些有限的生产资料从个人的生产资料变为**社会化的**，即只能由**大批人共同**使用的生产资料，就不能把它们变成强大的生产力。纺纱机、机动织布机和蒸汽锤代替了纺车、手工织布机和手工锻锤；需要成百上千的人进行协作的工厂代替了小作坊。"[①] 但是，如果认为生产力的提高与劳动社会化必然表现为分散劳动转变为集中劳动，由小规模集中劳动转变为大规模集中劳动，这就是一种认识的简单化。

要看到，个体手工业的家庭生产转变为工场手工业范围内的群体劳动协作，再发展为工厂范围内的群体劳动协作，这只是劳动形式进步的一个片断的形式。这一劳动集中化模式并不是人类劳动形式由低到高的全部发展过程的规律。劳动集中化不是生产力高的必然标志。众所周知，在原始公社的低下的物质生产力条件下，社会通行的倒是

---

① 《马克思恩格斯选集》第3卷，人民出版社，1972年，第309页。

以简单协作为基础的或是自然分工为基础的集体劳动。这是因为原始人生产的物质装备很薄弱，工具十分原始，个人的劳动能力低微，劳动生产率低，这样的单个的个人不可能与酷烈的自然进行有效的斗争，难以形成生产力，在那时，无论是采集、渔猎、原始农业均要采取集体劳动协作形式，正如马克思说："原始类型的集体生产或合作生产显然是单个人软弱的结果，而不是生产资料公有化的结果。"①
而在奴隶制与封建农奴制下，由于劳动生产力水平也很低，也是广泛地使用强制性的奴隶与农奴的集中劳动，甚至使用了人类历史上罕见的最大规模的集中劳动。一方面可以说，生产力越是低下，生产工具越是原始，生产方法（包括专业分工）越是落后，人们为了获得更多的劳动成果越是要依靠集中劳动，依靠扩大简单劳动协作的规模。而另一方面我们也可以看见另一种情况，即随着生产力的提高，劳动手段越是现代化，劳动组织与生产方法越是先进，劳动方式的科学化，往往伴随着生产单位中直接生产者的积聚和集中劳动规模的减缩。在这种情况下，生产社会化并不是表现为单位的劳动密集度与劳动集中性的加强，而是相反，它减少劳动的密集程度，加强技术密集程度，即借物化劳动的集聚而减少活劳动的集中。在这种情况下，它并不加强集中劳动形式，甚至还引起分散劳动或个人劳动的形式。如自动化生产会减少班组成员的人数，用电子计算机自控生产，在某些行业、企业与生产单位，却往往是只需少数劳动者的生产与经营，实行专业化生产的现代大工业，工厂中的工人往往只有数十、数百人。而面积以500英亩计的美国机械化的资本主义大农场，很大一部分是使用少数

---

① 《马克思致维·伊·查苏利奇信初稿》，见《马克思全集》俄文版第1版，第27卷，第681页。

劳动力的家庭劳动，饲养数十万只鸡的现代化养鸡场，职工不到10个人。饲养几百上千头肉牛的现代化自控养畜场，只需要几个人。特别是在第三次技术革命深入发展，微处理机日益普遍应用于工农业的条件下，我们看见了企业结构中，中小工厂有增加的趋势。总之，劳动社会化并不只是注定要把分散的劳动，转化为集中劳动或引起劳动集中化和集中劳动规模的扩大，恰恰相反，它在某些部门与某些企业，适应某种生产活动的性质与技术条件的性质，及其特殊的劳动方式的需要，也会产生新的家庭劳动与个人劳动的形式，但是这不是技术落后与效率低的小生产的分散劳动，而是以现代化技术为基础的高效率的社会化的分散劳动。当然，生产的现代化，总是要在物质条件下有生产资料的积聚，在人的条件上要有劳动者的一定的集聚，因而劳动的集中化总是生产社会化的一个重要的表现形式，而结合的劳动生产力总是劳动生产力的重要方面。但是，劳动的集中化总是受生产力，主要是受劳动手段的制约。在生产工具还是手工工具的场合，劳动集中化是限制在手工工场范围内，手织机产生的是雇用十几个工人到几十个工人的工场，机器大生产才在工厂形式下扩大了结合劳动的规模。一个有经济效果的劳动方式中，集中的协作的劳动规模，总是不能超过物质技术条件与工艺方法所规定的数量界限。这是规模经济的一条规律。可见，集中劳动规模，总是有其客观的物质基础，而不能听随人意。

上述劳动社会化的规律，也完全适用于社会主义的农业生产领域。这也就是说，在农业生产还是以手工工具、手工劳动、畜力为技术基础的情况下，社会主义农业劳动形式不可能是统统采取集中劳动，更不可能主要采取大规模的集中劳动，而是要采取集中劳动与分散的家庭劳动相结合。固然，随着社会主义的物质技术基础的增强和日益发展的劳动的社会化，在农业中要出现使用先进农业机器体系的大规模农业劳动方式，从而总要引起劳动的集中化，而社会主义的家庭农业生产也由此要转变为社会主义的大农业生产。比如使用80匹马力的大型拖拉机和其他现代化的农业机具，起码要求农业生产有上百亩、数百亩的规模，从而要求有必要数量的家庭劳动的联合，和农业生产一定范围的劳动的集中化。但是，社会化的这种发展绝不会很快地就消灭一切分散劳动的专业化的小生产与经营，而且还会在农业内部的广阔的生产领域内产生新的分散劳动形式。特别是在我国这样的人多地少的国家，有着利用分散劳动的更多的余地。就养殖业来说，一部分国家兴办的大型机械化养鸡场（十几万只以上），一部分集体联合的中型养鸡场（万只左右）与大量的农民家庭养鸡场（千只以下）将长期并存。因而可以说，集中劳动与分散劳动相结合的劳动形式，将会在我国社会主义农业领域内长期存在。

以上论述表明，家庭承包责任制实行集中劳动与分散劳动相结合，体现了劳动形式（作为生产组织形式的一个重要内容）适应于生产力性质的规律的要求。这样的劳动形式，既发挥了集中的社会结合劳动的优越性，又发挥了分散的家庭劳动的灵活性，这种社会主义劳动的新形式，有利于发挥亚细亚家庭农业的精耕细作的传统，它有效地利用劳动密集型生产以提高单产，又充分利用了我国丰富的劳动资源。

家庭承包制的实行集中劳动与分散劳动相结合，而以分散劳动为主，意味着我国社会主义农业找到一种与现阶段我国农村生产力相适合的劳动形式，这一劳动形式将最有效地实现劳动者与生产条件的结合，保证农业生产力最迅速地发展。

（二）社会主义联合劳动的特殊形式

乍一看来，承包农民实行分散的家庭劳动，似乎与个体经济中的个体劳动没有差别。但是，只要进一步从对家庭承包制的生产关系来进行分析研究，我们可以看见，集中劳动与分散劳动相结合，乃是我国现阶段的社会主义联合的农业生产方式下的产物，是一种特殊的社会主义的劳动形式。无论是集中劳动还是分散劳动在性质上都是社会主义的联合劳动。

长期以来，人们把集体劳动当作是社会主义劳动，分散劳动当作是非社会主义性质的私人劳动，这种观念是苏联农业集体化的产物。苏联20世纪20年代，由于商品粮食增长缓慢，苏维埃政权面临着粮食采购的困难。1928年斯大林提出，出路在于发展和"培植""大规模集体农庄"，"大规模的谷物工厂"，与这种大集体农庄相适应的是大规模的集体劳动。斯大林指出："单独劳动的时候，本来就没有什么力量"，他强调指出，实行集体劳动，即使技术没有改变，"就变成了巨大的力量。"[1]斯大林说，在集体农庄中，土地、机器及劳动都是"公有化的"[2]。农业集体化必然使劳动"公有化"，而在他看来劳动"公有化"就等于集体生产（共耕）或劳动集中化。显然，把共同劳动单纯地等同于集中劳动的观点，是片面的。但是，在实行集中劳动的农业合作社模式中，这种观念从来不曾为人们所质疑。其实，这并不是一个科学的论断，例如社会主义制度下，作家、画家、理论物理学家的劳动是个人分散劳动，但是这并不影响他们的劳动的社会主义性质。

---

① 《斯大林全集》第12卷，人民出版社，1955年，第137页。
② 《斯大林全集》第12卷，人民出版社，1955年，第137页。

按照历史唯物主义的基本方法，认识某种劳动的性质，不在于它的具体形式，而在于它所体现的人与人的关系，马克思就是从生产关系的角度论证了社会主义制度下的劳动是联合劳动。

按照马克思主义经典作家的论述，联合劳动具有以下三方面的特征：

第一，社会主义联合劳动是以生产资料公有制为基础。联合劳动是摆脱了人对人的剥削关系的自由人自觉联合起来从事的劳动，因而是以生产资料公有制为基础的。生产资料公有制使当家做主的劳动者适应于生产社会化的要求，自觉地组织在自由人的联合体中（它的个别生产单位在现阶段就是国营企业或合作社企业），因而生产者的劳动就成为自由人的联合劳动，即自愿从事的、平等的、互相协作的劳动。联合劳动的这一特征，使它根本不同于阶级社会中被压迫和被剥削的直接生产者的集中的协作劳动，在那里，协作劳动不具有自由人劳动联合的性质。

第二，联合劳动是联合体的社会（或企业）有组织地进行的社会化劳动。劳动者既然联合起来，它们的劳动就从属于社会意志，成为由社会来调节的有组织的劳动，"社会化的人，联合起来的生产者，将合理地调节他们和自然之间的物质变换，把它置于他们的共同控制之下"[①]。这种从属于社会意志的联合生产者所从事的有组织的劳动，使联合劳动根本不同于那种从属于私人意志的、盲目的、无政府性的小生产者的无组织劳动。

第三，联合劳动是具有直接社会性的劳动。联合劳动既然是以社会公有制为基础，从属于社会的意志，并且由社会来有计划地组织与

---

① 《马克思恩格斯全集》第25卷，人民出版社，1974年，第926页。

调节，因而它就是具有直接社会性的劳动。正如马克思所说："设想有一个自由人联合体，他们用公共的生产资料进行劳动，并且自觉地把他们许多个人劳动力当作一个社会劳动力来使用。"①劳动的直接社会性，使联合劳动根本不同于小生产者所从事的离开了直接社会联系的、孤立的私人劳动。

马克思和恩格斯所论述的社会主义联合劳动的上述特征，不仅体现在社会主义全民所有制企业中，而且在一定程度上也体现在社会主义集体所有制企业中，如农村社会主义集体所有制企业，乃是由部分劳动者联合起来组成的合作社，合作社集体农民的劳动是社会局部范围内的联合劳动，是由合作社集体来组织与调节的劳动，是集体经济范围内的直接社会性的劳动。在实行统一经营的集体经济中，集中劳动的社会主义性质表现得十分鲜明。而一旦实行家庭承包制，农民主要从事分散的家庭劳动，人们就往往将它当作是小私有者的个体劳动。其实，这种劳动仍然体现了社会主义劳动的性质。这是因为：

第一，家庭承包制并不取消一切生产者集体的简单协作，在一定的农活范围内，诸如抢种抢收等季节性很强的农活，诸如兴修水利、植树造林、大中型的农田基本建设，以及抗旱、抢险等需要投入大规模人力的活动，仍然要实行集中劳动。但是，家庭承包责任制不是不分农活性质，不问是否农业生产所必需，不问是否能提高劳动效益，一律实行集中劳动，而只是在简单协作能够表现出它的优越性的场合，利用这种集中劳动形式。因而集中劳动范围虽缩小了，但是却是使用得当、恰如其分，特别是家庭责任制下技术性强的农活，如科学育种、植保、使用新技术等方面的劳动协作发展起来了。这表明集中

---

① 《马克思恩格斯全集》第23卷，人民出版社，1972年，第95页。

劳动协作增添了新的内容和在广度上的发展。

第二，就分散劳动来说，它在基本性质上仍然是社会主义的联合劳动。（1）它是组织在集体经济中、互相合作的社会主义劳动者的共同劳动。承包者均是同一集体所有制的合作社的成员，他们的生产活动是在生产资料的集体所有制的基础上进行的，他们要为国家和集体承担一定的责任，所以这种劳动体现了社会主义的公共利益，是一种社会主义性质的劳动。（2）分散劳动仍然带有有组织的劳动性质。由于承包者承担明确规定了的提留任务及其他集体统一规定的责任，如按照集体的安排与指导进行生产，承担完成国家统购、派购和履行各种商业合同的任务。这种情况意味着由承包者自主地和分散地进行的主要农业生产活动、仍然要在一定程度上受到集体的控制、调节与指导，从而仍然带有一定程度的有组织的性质。当然，也必须看到承包农民在完成上交提留的前提下，有权独立种植，他们分散的家庭生产与经营要更加从属于市场调节，并且要直接地按照农民自身的利益来加以安排的，从而表现出某些个体劳动的特征或痕迹。但是，这种劳动的个体性已经是不完全的，它与合作化前个体农民的劳动已经有根本的不同，因而集体完全可以通过承包内容的调整与责任制的完善，把它控制在局部的范围内，从而保持和发展这种劳动的有组织的性质。（3）分散劳动仍然是具有一定的直接社会性的劳动。分散劳动既然是社会主义的联合劳动，是带有集体范围内的即组织性的劳动，这就决定了它具有一定的直接社会性。通过家庭承包制的完善，国家的计划管理的加强和完善，人们能够使承包者独立自主的和分散进行的劳动被约束在承包合同规定范围内，从而使这部分劳动体现国家计划的要求，成为带有一定程度的直接社会性的劳动。

可见，承包农民的分散劳动，是具有社会主义性质的劳动，它是社会主义联合劳动的一种特殊形式（当然是一种初级的、不成熟的、还带有某些个体劳动因素的形式）。这种分散的家庭劳动不同于个体农民的私人劳动。把这种劳动当作是私有的小生产者的个体劳动，是停留在事物的表象上，而未能深入到这种劳动的社会关系的里层去进行剖析，从而没有能把握住这种以生产资料集体所有制为基础的劳动的新特征。

总之，从劳动的形式，即集中性或分散性，是不能给劳动定性的，这是马克思主义政治经济学早已阐明了的。以劳动形式来区分劳动的社会性质，例如以集中劳动来确定劳动的社会主义性质，只能造成是非颠倒的错误观念。这一点在今天已经容易为人们所理解。

六、家庭承包制的分配形式

家庭承包制（大包干）在产品分配上采用包干分配方式，劳动产品上交提留后（包括上缴国家的公粮、上缴集体的公益金、公积金与管理费）剩余归己，即"保证国家的，留足集体的，剩下都是自己的"。这种分配形式，废除了自合作化以来在农村集体经济中长期实行的工分制分配的传统形式，是社会主义农业集体经济分配形式上的一大革新。

家庭承包制之所以能卓有成效地调动亿万农民的生产积极性，使他们的劳动热情空前高涨，起早贪黑地干活和钻研生产技术，其关键在于这种分配形式的调整和创新。上缴提留后，剩余归己，而且事先规定了一段时期内稳定不变的提留量，农民从生产的增长中得以享有的利益是看得见和摸得着的。他们说"吃了定心丸"，这正是他们的劳动干劲倍增的重要原因。

包干分配下，承包农民表现为一个占有者，它将它独立经营的成果上缴一部分给国家与集体后，其余的统统归自己占有。这种分配形式与历史上的小生产者的占有方式十分类似。因而乍一看来，人们往往很容易将它视为是个体经济中那种对产品的私人占有关系，而看不清它具有的社会主义分配的性质。那种认为实行家庭承包就是倒退到个体经济的错误看法，那种关于家庭承包是否偏离了社会主义方向的忧心忡忡，在很大程度上就是来自对包干分配形式的皮相理解。因此，对包干分配进行深入的理论分析与研究就是十分必要的。

包干分配，乃是与我国现阶段农业集体所有制合作经济的性质相适合的社会主义分配的一种形式。

包干分配中，首先要上缴提留，即"保证国家的，留足集体的"，劳动产品首先要进行社会（国家和集体）扣除，"剩下都是自己的"，然后下一步再实行劳动者个人分配。这里正如马克思所提出的，社会主义个人消费品的分配，劳动者首先要扣除他为社会基金而进行的劳动[1]，然后才实行消费基金在劳动者之间的按劳分配。包干分配的机制中，把社会扣除放在首位，劳动产品首先由社会公共占有，这里就体现了包干分配的社会主义分配的性质。

有些同志不同意上述论证方法。他们说，小农也要向封建国家缴纳赋税，因而交够国家的，留足集体的，不仅不足以证明它的分配的社会主义性质，而恰恰可以说是小农经济的一种分配形式。

马克思主义经典作家在阐明某种分配形式的性质时，从来要全面地分析消费资料的分配关系，并且把消费资料的分配关系与生产条件的分配联系起来。基于这一方法，很显然地，我们就不能把基于产品

---

[1] 《马克思恩格斯选集》第3卷，人民出版社，1972年，第10页。

上交后余额归己这一形式的雷同，而把包干分配与封建制度下承担与履行封建赋税的小农的分配关系混为一谈。因为，谁都知道，这里我们谈的是实现了生产资料公有化的农村集体经济中的分配关系，是社会主义国家和集体经济组织与作为集体经济成员的没有土地私有权的承包农民之间的上缴关系，是社会产品在社会主义经济主体（国家与集体）与社会主义承包经营者之间的分配关系。在这里，承包农民生产的剩余产品，首先要上缴给国家，用于发展与维持全社会的生产事业与其他各种公共事业，即用于满足各种社会的需要。上缴集体的提留，除了用于各种集体经营的生产事业的开支（包括管理费）而外，还要用于文教事业和供养五保户。这种分配体现了对社会产品的社会主义共同分配的性质，它是社会主义全民所有制与社会主义集体所有制的实现，它和小农向封建国家上交赋税的关系在性质上是根本不同的。

包干分配并不削弱产品的公共占有的性质，恰恰相反，它反而维护与巩固了集体对产品的公共占有的关系。包干分配中，不仅将国家的公粮与集体的提留在数量上事先明确规定下来，而且事先将它作为承包任务落实到每一个承包者身上，使每一个直接生产者用以形成社会基金的社会劳动的范围与界限规定得清清楚楚。这样，它既调动了农民为社会劳动的积极性，而且有效地保证了为社会上缴的产品。这可以从我国许多地区实行大包干后，公粮与集体提留任务不仅未受影响反而超额完成中表现出来。十年九荒的安徽凤阳县实行大包干以后，迅速地摘掉了贫困帽子，由连年吃救济粮变成向国家交纳大量公粮和向社队缴纳提留。而且，这种情况不是仅见于凤阳，而是我国农村的普遍现象。事实表明，家庭承包通过承包任务形式，坚持与维护了社员与国家之间的社会主义分配关系。这也是进一步地在集体经济成员之间的分配中去实现和贯彻社会主义按劳分配原则的前提。

同样，对于包干分配中的"剩下都是自己的"，也不能从形式上来认识它，把它说成是个体小生产者对劳动产品的私人占有关系。马克思主义经典作家在论述分配与阐明某种消费品个人分配形式的性质时，首先，是要将它与生产条件的分配即生产资料所有制联系起来。马克思说："消费资料的任何一种分配，都不过是生产条件本身分配的结果。"①其次，是要在考察产品分配中人与人的关系的总和中来阐明某种分配形式，而不是单纯地停留在某种分配形式的特征上，根据这种方法，我们就会看见历史上曾经出现过的那些直接生产者占有自己劳动产品的关系，既可以是个体经济的分配关系，也可以是剥削者与占有生产者剩余产品的一种分配方式。例如封建土地占有制下，依附农民凭借他们对一小块份地的占有权而占有使用在份地上的为自己的劳动的成果，这绝不是独立的小生产者占有自身劳动成果的分配关系，而是封建主为占有封建地租而使农民自己为自己提供生产资料的一种方式。列宁说："因为土地属于耕作者的现象在实际上并非像你所设想的那样孤独地存在着，而不过是当时生产关系中的一个环节。这种生产关系就是：土地为大土地占有者即地主所瓜分；地主把这种土地分一块给农民，以便剥削他们，于是土地好像是实物工资，它为农民提供必需品，使农民能够为地主生产剩余产品；它是一块使农民为地主服劳役的土地。"②

根据上述方法，在阐明包干分配的性质时，联系生产资料的集体所有制关系，联系家庭承包责任制下劳动产品分配中的全部关系，而

---

① 《马克思恩格斯选集》第3卷，人民出版社，1972年，第13页。
② 《列宁选集》第1卷，人民出版社，1960年，第54页。

不是仅仅只停留在农民对扣除提留后的劳动成果的自行占有这一形式上，我们就可以发现，家庭承包制下的扣除提留后的劳动产品归承包者个人占有，基本上体现的是按劳分配关系。

为了进一步阐明包干分配的性质，我们要进一步说明家庭承包制下的分配机制：

第一，按照集体单位的中准产量向承包者提取提留。为了进行土地承包，生产队要从本队的具体条件出发，找出与确定同等面积的土地（丰度不同的土地则换算为平均丰度的土地），在使用平均物质技术条件、平均的熟练程度与强度下，在承包期从事农业生产所获得的产量（如亩产水稻800斤，小麦200斤，合200个劳动日。目前一般采取三年正常年景的产量的平均），这可以称之为中准产量。中准产量乃是集体范围内分摊在单位土地面积上的社会劳动或年平均劳动的体现和结晶，集体单位把这一产量作为联合劳动者必须完成的社会责任，即它向社会承担的劳动义务。在承包经济中，按土地单位计算的中准产量正是计算与规定承包责任的标准。在包产到劳到户的情况下，包产任务就是按中准产量来规定的（如1000斤×10%=100斤）。在家庭大包干中，尽管不再明确规定包产任务，但却对每单位承包地规定了一定的提留数量，社员承包土地面积与上交提留成正比，承包者要达到一般的分配水平，就必须按照平均的劳动耗费来进行生产，使生产达到中准水平，产量达到中准产量。可见，平均的中准产量尽管是作为确定承包条件即作为规定上交提留量的，但是它实际上是对承包人的生产起着约束作用的一个客观经济范畴，它促使承包者按照社会平均劳动来进行生产。比如，每亩上交提留为粮食100斤，人平均自留量为900斤，承包者要达到平均的分配水平，即实现平均的为自己的劳动产品量，他就必须劳动200个劳动日，即向社会提供平均的年必要劳动量，否则他占有的自有产品量将低于社会平均的水平。

第二，承包经济中，土地不论是按人口包、按劳力包，或是按"人劳比例"包，均按面积相对平均的原则进行初始的承包，使每个直接生产者或承包户在农业基本生产条件的占用上处于相对平等地位。

第三，由于承包制下，每个承包人占用的土地是相等的，如果再假定他们使用的生产工具的数量与质量是大体相同的，假定自然因素的作用对每个承包者都是相同的，再假定承包人拥有一个平均的劳动力，即平均的熟练程度与劳动强度和支付平均的年劳动量（例如200个劳动日），即他们都付出平均的社会劳动，这样，各个承包者都会得到一个中准产量，例如1000斤粮食。在扣除相等的提留量100斤粮食后，他们都得到一个形式上不列入社会储存而直接归自己占有的中准的自有产品即粮食900斤。在这里，每一个生产者创造与贡献给社会同样大小的产品，在扣除提留后，又领回同样大小的产品。尽管生产者个人分配不再采取传统农业集体经济的按劳分配模式，如劳动成果上缴集体与列入社会储存，又由社会按劳（工分）分配给生产者，而是采取由承包者直接占有中准自有产品的形式，但是这只不过是事物的形式，而就经济关系的实质来说，仍然是集体农民提供给社会的劳动量，在扣除为社会的劳动量后，又从社会领回来。可见，包干分配使承包人表现为一个独立的经营主体和占有主体，承包者直接占有自己生产的成果（在上缴提留的前提下），但是这里的占有实质是集体范围的社会产品的按劳分配。

以上对包干分配的分析，是假定承包人拥有的客观条件（土地条件、劳动工具的条件、自然条件与主观条件）均是相同的。我们按照科学抽象法的要求，暂时不考虑家庭承包制中的复杂因素而考察纯粹的包干分配，由此来揭示这种分配关系的本质特征。但是，家庭承包制的实际状况要复杂得多，例如承包者进行生产的主、客观条件，如劳动状况，生产过程中自然因素的作用状况，占有与占用的劳动手段的状况，其他经济条件（如市场条件、运输条件等）均不可能完全一样，因而这些因素均可能对包干分配发生影响。我们引入劳动者主观条件来进一步考察包干分配的性质。

如我们实际看到的农村生产队社员的主观条件是不可能一样的，他们的农业生产经验技术熟练与劳动日数均是有差别的，因而单位土地面积上投入的个别劳动量是不等的。一种情况是承包者劳动更熟练、强度更大和劳动日更多，他付出了更多的劳动量，获得更多的产量，可以称为高位产量。高位产量=中准产量+收入增量，在扣除提留后，它就获得一个高位自有产量，其数量=中准自有产量+收获增量。如果将之换算为劳动量就是：归个人的劳动量=平均的归个人劳动量+超额劳动量。

另一种情况的承包者投入劳动量不足，他得到低于中准产量的农产品，可以称之为低位产量。低位产量=中准产量−收获不足量，在扣除提留后，它就获得一个低位自有产量。低位自有产量=中准自有产品量−收获不足量。如果将它换算为劳动量就是：归个人的劳动量=平均劳动量−不足劳动量。

以上两种情况表明，在家庭承包制下，承包者付出的劳动的数量大（熟练劳动换算为简单劳动），归个人占有的自有产品量就大。

在家庭承包制下，人们看见农民占有的消费品因他们分散的家庭生产与经营的成果大小而异，这在表面上是与个体小生产者的占有方式相类似，但实际上在很多场合，或在很大程度上，个人收入的差别乃是由于他们投入的劳动的差别。就以上所论述的两种情况表明，这种分配中通行着的仍然是按劳分配、多劳多得。因为，收获到高位产品的承包农民，他得到的高位自有产品量中的收获增量，乃是来自它投入的超过一般社会平均水准的超额劳动量，而收获少，只得到低位产量的承包农民，它的自有产品量低于平均占有水平，在于它投入的劳动量更少。在这里，依然是"他以一种形式给予社会的劳动量，又以另一种形式全部领回来"。

可见，"保证国家的，留足集体的，剩下都是自己的"这种表现为承包人自己占有产品的包干分配形式，并不是个体农民的对产品的私人占有关系，而是社会主义按劳分配在家庭承包责任制下特殊的转化形式。

我们必须看见，家庭承包制中包干分配，并不是纯粹的按劳分配，而是包孕着某些其他的社会主义性质的分配关系的层次。以上我们对包干分配的关系的分析，是以农民占用的生产资料相同作为前提的。在这种情况下，承包农民获得的产量从而他们个人的收入的差别，完全体现了投入的农业劳动量的差别，因而上述分配关系体现了多劳多得、按劳分配。但是，也必须看到，由于家庭承包制农民以经营主体的地位与职能，他们可以用自己的资金添置拖拉机、农业机具和化肥，增加对土地的投资，由此提高土地的单产，从而承包家庭农业获得的增产中就会体现有追加投资而带来的级差收益的因素。那些投资多的，增产大，从而增收的农民，他们的收入增量中也就包含了一部分由投资带来的级差收益（级差收益Ⅱ），包干分配中，由于农民投资而带来的收入不属于按劳分配，因为按劳分配是按照劳动者在生产中付出的劳动量即活劳动实行分配，按劳分配在个人消费品分配中，以人们在物质生产中付出的劳动为分配的唯一的和统一的尺度，它不承认生产者所拥有的生产资料的数量与质量，以及由此而引起的劳动生产率的差别，它要求不论对于什么条件的劳动者都实行同工同酬。而在包干分配下，劳动者个人的收入中却包括一部分由他人的投资，即它并入物质生产中的物化劳动带来的级差收入，这样就使这种包干分配不是纯粹的按劳分配，而只能说基本上是按劳分配。

把由追加投资带来的级差收益归生产单位占有，是集体所有制本身固有的要求，更是家庭承包制这种合作经济新形式的要求。因为，只有这样，才能鼓励农民向土地投入资金用于改良土壤，平整地块，修筑梯田，才能提高土地肥力和避免掠夺式经营的发生，才能使社会主义农业扩大再生产拥有永不竭的土地资源。如何认识这种投资带来的级差收益归农民占有的性质，是一个值得加以研究和探讨的新课题。

我认为，家庭承包制中集体农民的投资性级差收益，具有下述新的特征：（1）农民的生产资金，主要是来自自身的劳动收入，一般地说，是他的消费基金的节约和结余转化而来的，因而农民的自有资金，基本上是自己的劳动积累，是他自己过去劳动在生产中的再次投入；（2）农民作为生产资金的积累的劳动乃是物化的死劳动，它不创造价值。这种积累的劳动以生产力的物的要素——劳动手段——的形式进入生产，作为劳动手段，它与农民自己的活劳动相结合，成为创造使用价值，从而提高劳动生产率的重要因素。因此，农民积累的劳动进入生产，就通过增强生产过程中的生产力要素，而促进了更多的使用价值的形成。可见，积累的劳动不增加价值，但是却参与使用价值的形成，在农业增产中起了积极作用；（3）马克思曾经指出，在使用更有效率的生产资料的场合，使劳动成为加强的劳动，"生产力特别高的劳动起了自乘的劳动的作用，或者说，在同样的时间内，它所创造的价值比同种社会平均劳动要多。"①在这里，更先进的技术的使用往往是伴随着劳动的熟练与强度的提高，因而直接生产者的活劳动的形成价值的力量也同时提高了。在当前农村实行联产承包的情况下，广大农民为了要更大的增产，他们自觉地钻研生产技术和学习文化科学知识，以提高他们的劳动熟练程度，因此，我们看见农民在土地种植以及其他农活上的劳动智力性的加强。此外，投资与农业新技术、新生产方法的使用是相伴随的，而在实行劳动密集型农业生产的现阶段，这些新的技术的使用往往还伴随着精耕细作的深化。因此，农业生产中积累的劳动的投入，也往往会伴随有一定的新的追加活劳动的投入生产，而这种由于追加了活劳动而引起的增产部分，不属于投资性级差收益的范畴；（4）包干分配中，承包农民占有的投资带来的增产收益，不属于按劳分配——除了上述劳动得到加强带来的增产部分而外——，因为这部分收入不是来自于农民向社会提供了追加劳动，而是由于他的积累的劳动参与使用价值的形成，成为农业增产的要素。在这里，农民用自己积累的劳动，增强了活劳动的生产力，把体现这个新的劳动生产力的一个追加使用价值提供给社会，同时又从社会领回一定的使用价值量（在国家和集体对投资性级差收益采取某种调节措施的情况下），这种家庭承包制中特有的产品分配关系，体现的是社会主义的物质利益关系。

基于以上分析，我认为，包干分配中，农民投资带来的收入，不属于按劳分配，但是在生产资金是自己积累的劳动的场合，投资收益归农民占有，这种分配关系也仍然是带有社会主义的性质，它是家庭承包关系条件下出现的社会主义分配的一个新层次。把这种收入分配

---

① 《马克思恩格斯全集》第23卷，人民出版社，1972年，第354页。

关系不加分析地视为是无酬地占有他人的劳动是不恰当的。①

包干分配，作为社会主义按劳分配的另一特殊形式，它具有下列两个特点：

1. 消费品个人占有的直接性与利益的直接性

包干分配把工分制下由集体对社员进行分配的形式，改变为直接生产者对产品的直接占有，这是包干分配的一个鲜明的特征。众所周知，农村集体经济中传统的按劳分配形式表现为社员生产的产品，作为社会产品列入集体储存（这是经济意义上的集体储存，因为事实上并不是所有的生产物都要集中保管在仓库中），然后由集体这一唯一的占有主体对社员按劳分配。在那里，经济总过程表现为集体经营→统一分配→个人享有消费品。在传统的按劳分配的模式下，直接生产者正常劳动的成果以及他在生产中付出超额劳动带来的生产增量，均要通过集体的统一分配这一机制和中间环节，才能转化为归个人占有的消费品。因而，尽管这种分配形式体现了多劳多得的物质利益关系，但却不是一种最直接的利益关系。而在家庭承包制下，劳动者不仅是一个独立经营者，而且表现为一个占有者，在那里，承包者的劳动成果扣除提留部分后，统统由他个人直接占有，不再需要以集体作为统一分配中介。在这里，在经济总过程中实现了生产与分配的统一，也就是劳动与占有的统一，特别是超出中准产量以上的增产部分全部归个人占有，多劳—多产—多得（全部归自己所得）。这种分配关系，如农民所说的"直来直去不转弯"，体现了一种对直接生产者最直接的利益关系，它使生产中水涨船高的社会主义利益关系表现

---

① 为了揭示投资收益的本质关系，这里我们对商品价格因素（按照大大超过价值的垄断性价格出售）而获得的额外收入来加以讨论。

得更加清楚，看得见、摸得着。这种分配关系体现了更充分的物质鼓励，它完全适合现阶段的集体农民的社会主义劳动的性质。

2. 扣除社会基金以外的产品归劳动者按劳动分配的充分性

在包干分配方式中，由于生产与劳动成果的个人占有之间不存在集体统一分配这一中间环节，它不仅无须再去勉强推行长期以来未能收到良好效果的评工记分制度，也无须去搞那些在测算劳动量上十分烦琐、繁杂和难以搞好的定额记分制度。而且，由于它简化了集体统一分配的机构，节约了诸如农产品的上交集体、保管和统一分配中耗费的劳动，减少了社会劳动支出中的虚费，节约了集体行政管理费的开支，在目前集体经济的生产力水平低，剩余产品少的情况下，这是具有重要意义的。此外，消费品不经过集体分配过程而直接归个人占有，也就免去了个人占有份额被克扣浪费，"走、跑、流、漏"与各种各样的"苛捐杂税"，这样，它就能在不减少社会基金的条件下，最大限度地扩大集体农民为自己劳动的规模，并把为自己的劳动的成果真正地与最充分地归劳动者占有，做到如马克思所论述的，"每一个生产者，在作了各项扣除之后，从社会方面正好领回他给予社会的一切"（重点为引者所加）。正是从这一点来说，包干分配形式是大大有利于按劳分配的贯彻执行。

总之，消费品个人占有的直接性与利益的直接性与物质鼓励的充分性，正是包干分配形式不同于传统的工分制分配形式的特点，可以说，这些特点乃是现阶段社会主义分配关系的重大特征。正是由于这些特点，才使得包干分配一旦实行，就彻底克服了多年来工分制形式下，一直存在和经过各种努力却仍未解决的吃大锅饭与平均主义，它大大有利于贯彻按劳分配，使生产者得到更大实惠，成为促使广大农民进一步去发展社会主义农业生产和完善承包责任制经济的主要动力。

综上所述，家庭承包制在所有制上是以集体所有制为基础，在劳动上是实行社会主义联合劳动，在分配上保持按劳分配的基本性质。这就表明，家庭承包制乃是社会主义集体所有制的合作经济，而不是个体经济，更不是资本主义经济。它是适合于我国生产力发展需要的具有中国特色的社会主义合作经济的具体形式。在党的正确路线指引下和亿万农民的大胆创造下，经过多年的实践与曲折，我国终于找到了这一具有中国特色的社会主义合作经济形式。这是马克思列宁主义、毛泽东思想的巨大胜利，它预示着我国社会主义农业全面高涨与伟大振兴时期的即将到来。

七、家庭承包制基础上的联合化

当前，家庭承包责任制已在我国农村扎下了根，由于这种具有中国特色的集体所有制的合作经济，对我国的生产力有很大的适应性，因而它还要进一步的巩固，还要在不断完善、提高中发展和经历它的盛年。由于人们的观念长期囿于"一大二公"的传统社会主义集体经济模式，对以"小"和"分散"为特征的农村新经营组织形式的意义和作用往往是认识不足。因此，一些人总是把家庭承包作为暂时性的措施，他们不是大力地着眼于维护它、加强它，通过使之提高和完善来巩固它，而总是自觉不自觉地想对它进行"捏合"，匆匆使之向新的联合过渡。这种观点当然是错误的。我们在以上已经指出，家庭承包制把集体所有制与部分的个人占有制因素相结合，把统一的经营与分散经营相结合，这种带有复合性的、双重层次的经济组织结构，具有很大的弹性，它能适合从低到高的诸生产力层次的发展。例如，它不仅仅适合于传统的农业劳动方式的发展，而且也可以适合于现代农业在一定时期内劳动方式的发展。

家庭承包制是一种有效地与充分地发掘劳动密集型的家庭生产潜力的经济形式。我国是一个人多地少的国家，每个农村人口占有的耕地面积很少，平均只有2亩多，这种情况，决定了我国社会主义农业的发展，不可能很快地采取北美等地广人稀的国家那种资金密集型与技术密集型的大农场生产。在我国有着8亿农民，农业劳动资源极其丰富的国家，在我国工业及其他事业的发展还不能大量吸收农村的劳动力的情况下，工业生产能力还不能为农业提供各种必要的与适用的农业机器，而农村又因购买力的限制还不能大量吸收和利用现代化的劳动手段的情况下，采用劳动密集型的家庭农业生产，充分发挥数亿农民的积极性，同时能夺得高产，使我国社会主义农业持续地向前发展。

有的同志认为，家庭生产方式是与当前主要使用人力与畜力进行分散小生产相联系，而容纳不了现代生产力，甚至认为采用家庭生产方式还要延迟农业的现代化，这种观点是十分片面的。固然，当前我国农民的家庭生产方式，是以手工工具与手工劳动为其物质技术基础，但是家庭生产方式也不是注定只与手工工具、落后技术相联系。因为拥有适当规模的家庭农场，完全可以有效地使用某种类型的农业机器和其他现代化技术，何况现代科学与技术革命的深入发展，产生了高效率的劳动手段小型化与廉价化的趋势，这些现代化的劳动的手段，在农民的家庭生产中有着充分的用武的余地。我国农业机械化在联产承包实行以前，步履维艰，进展缓慢，在实行包干到户以后，农村购买的化肥、农药等生产资料比过去成倍增长，越来越多的手扶拖拉机甚至大型拖拉机、载重汽车、小汽车、农用飞机、船舶等均被使用于农民的家庭生产之中。事实表明，实行家庭承包制后，农业现代化的步伐不是比过去更慢而是更快了。此外，大包干后，农民普遍地表现出对学习科学技术知识，使用先进生产方法，采用先进技术前所未有的兴趣与积极性，特别是像雨后春笋一样萌发的专业户，他们采用各种新技术，提高农业种植业和多种经营的劳动生产率取得了卓越的成就，他们成为把农业现代化事业推向前进的中坚力量。此外，家庭承包责任制经济存在集体统一经营与个人家庭经营的双重结构，在家庭责任制的不断完善中，集体的统一经营的规模将逐步扩大，因而将会有更多的现代化的劳动手段运用于统一经营之中，这也是家庭承包制能推动农业生产力持续发展的主要因素。

可见，我国农业的现代化，必须从劳动密集型的家庭农业劳动方式起步。必须在充分发挥劳动密集型的家庭农业生产方式的潜力的基础上，逐步地使用机器与现代技术，逐步增加技术密集度，向着技术密集型大农业生产的方向发展。也就是说，要采取在维护家庭农业生产基础上，对其物质技术加以充实提高，逐步地向现代化农业生产方式推移与演化。

归根到底，在我国不仅在当前的手工工具与手工劳动的技术基础上，要采用这种责任制形式，而且可以设想，即使农业中采用初步的机械化生产，仍然也可以实行家庭责任制的形式，因此，对于家庭责任制必须长期加以稳定，而不能轻易地加以变动。

但是也必须看到，我国初生的家庭承包制也不是十全十美的，它的具体形式也还有不完善之处，特别是随着生产力的发展，它本身也还需要不断地发展和完善，由初期的不成熟的形式向更完善更成熟的形式发展。

大体说来，承包经济将遵循下列的方向发展：

1. 家庭承包制基础上的专业化

在家庭承包制基础上，通过农村商品经济的促进与带动，进一步分工分业，使以家庭为基础的劳动方式沿着专业化和社会化的方向发展。它的第一步是专业户与重点户的产生，即承包土地耕种的农民在进行种植业同时，兼管某一种或几种专业化的农、林、牧、副、渔的生产活动，作为他们从事的生产活动的重点。这时农、林、牧、副、渔各个方面的专业分工有所发展，但大多数承包专业户还未彻底摆脱"兼业"的性质，他们尚未与种植业分离。在种植业的劳动生产率进一步提高，剩余农产品数量进一步增大，从而有可能供应更多的非种植的人口的情况下，在农村各种专业生产，有稳定的市场，进一步巩固的情况下，农业生产社会化将迈上它的第二步，从事林、牧、副、渔业生产的专业户放弃土地耕作的承包，他们多数将成为离土不离乡，主要从事某一种或几种生产活动的专业户。而另一方面主要从事土地种植的承包者也将出现。这种情况下，意味着以家庭承包制下分工与生产社会化的进一步发展。

2. 家庭承包制基础上的联合化

家庭承包经济中生产社会化的发展，会进一步促进集体所有制的合作经济的巩固和发展。

第一，集体经济的集约化。随着承包农户的专业化生产的发展，他们在经营的土地上投下的资金，使用的机械化劳动手段与其他现代化技术将逐步增大，尽管在很长的时期内，我国农业生产仍将以分散劳动为主，并且将继续保持劳动密集的特征，但却是逐步开始增强资金与技术密集，向着分工细、专业化强，劳动效率与商品率高的现代化集约农业发展。

第二，随着农业物质生产力的发展，随着农业机械化和其他现代化农业技术和现代运输工具的推广使用，出现家庭承包制基础上的联合化，如农业生产局部环节的联合，产前与产后某些环节联合将会陆续地出现。但是，这些新联合体具有下列特点：（1）它是适应家庭经营进一步地从事某种专业生产的需要而产生的新经济联合体，如搞好家庭的专业化生产，需要有产前、产后和产中某些环节的社会化服务，因而必须要有这些方面的联合化。这种生产与经营的局部环节上实行联合，是适合于农业生产力发展成熟的需要，它和跑到生产力前面去了的"一大二公"的合作社有根本的不同。（2）实行联合的内容和形式是基于农户的自愿，因而这种经济与那些由长官意志决定的、带有强迫性的合作社有根本的不同。它是农户真正自愿结合的合作经济。（3）这种经济联合体不是又重新回到原先的"集中劳动，集中经营"的传统合作社模式，它仍将是有统有分，并且还要继续发挥家庭经营的积极作用。新联合体的以上特点，特别是它所采取的统分结合的新形式，表明它是家庭承包制的完善和发展，是农村合作经济的巩固和提高，这种集体所有制的合作经济在继承和扬弃家庭经营中逐步完善，完全符合生产关系一定要适合生产力性质的规律的要求。但是，必须指出，农村的各种新经济联合体的出现，是以物质生产力的成熟发展为前提，因而人们切不可以在条件尚未成熟以前，人为地和拔苗助长地去加速这一过渡。

我们也要看到，在上述集体所有制的发展完善中，不仅仅有集体经济组织形式的调整，有集体所有制的合作经济的分化与重建，而且还会出现新的个体经济，如在农业生产专业化、社会化的发展中，原来的承包农户放弃土地及其他集体生产条件的承包，而以个体专业户身份在农村或小集镇从事独立经营，就意味着新的个体经济的产生。当然，一些个体所有制性质的专业户将会重新联合化，但是某一些分散的、需求多变以及需要特殊技巧的项目，则不一定要联合化，它将长期以个体经营的形式存在，并对社会主义公有制经济起补充作用。

从以上所述的集体所有制家庭承包责任制的发展中，我们可以看出，由于实行多种形式的责任制，不搞一刀切，因而，我国社会主义集体所有制的农业合作经济存在着多种经营形式，它实质上是一种成熟程度不等的、多层次的集体所有制。正是这种集体经济的多层次的内在结构，使集体所有制关系最充分地适合于我国农业多层次的生产力的状况。这也正是保证我国社会主义农业生产迅速发展的经济前提。

把东西部地区经济协调
发展问题提到议事日程上来①

一、使地区经济协调发展是宏观调节的一项经常性任务

在搞好生产力合理布局、充分发挥各地区优势的基础上，实现各地区经济的协调发展，即使那些在产业配置上各具特色、各有侧重的地区经济互相配合，互相促进，以我之长，补彼之短，也是很必要的。这是社会主义国家经济获得顺利发展的前提条件。

我国是一个土地幅员广阔的大国。我国不仅土地辽阔，而且生产力在不同地区之间发展极不平衡，地区经济显示出鲜明的差别，沿海地区与内陆地区，黄淮平原地区，中部洞庭湖地区，大西北大西南腹地，等等众多地区各具特色，正确协调这些多样的地区经济，使之组成全国一盘棋的有机格局和有序地运行，不仅关系着我国经济稳定增长，而且关系到社会的安定，民族的团结。1978年以来，我国在实行

---

① 写于1985年5月。

对外开放，建立4个经济特区、14个经济对外开放区以后，随着沿海地区外向型经济的发展，因而近年来在东部地区和西部地区之间表现出较大差别。当然，任何一个不发达国家的地区差别总是存在，而且有的差别还比较大。这个差别来自自然地理的条件，原有工业物质基础的强弱，商品经济发展的水平，劳动者文化科技水平等，因而先进与落后地区的差别是一个客观的存在。但是在社会主义经济中，可以实现有计划地配置生产力，充分发挥各地区的优势与潜力，缩小地区差别。一个生气勃勃的，而又是有序的社会主义经济的发展，地区之间如果处于你追我赶的关系，那么，地区之间的差别就是既存在，而又不很大，更不会有悬殊。这样的地区差别以其优势互补作用，将能有效促进国民经济全局生产力的发展，因而，对商品经济发展中产生的地区差别进行调控，保证东西部经济协调发展，这就是我国国家的宏观调节的一项经常性任务。

二、对西部地区经济的作用应有正确的估量

正确调节和协调东西部经济关系，首先要对各地区经济的现状与作用有一个全面的、正确的估量。在当前首先要对西部地区经济有一个正确的估量。在这方面，要树立全面的、动态的观点，不要采取简单的思维方法，例如，根据少数一两项指标对西部地区的能力与潜力加以低估。

我国东西部地区经济关系有一个历史的发展过程。"一五"时期，在当时国际环境下，着眼于发展西部，在社会主义工业化的发展中，特别是苏联援助的156项工程的建设，使相当先进的工业生产能力被引入西部和引入四川。1962年开始的三线建设，国家更是实行投资

西部倾斜，进一步将大量资金投入西部，用于发展军工生产，四川投入355亿资金，大西南近千亿元。尽管这些三线投资在今天看来，其中带有某些盲目性，一是在军工与民用上，过于突出军工；二是厂址选择不当，在"山、散、洞"原则下，把尖端工厂放在深山老林，造成极大的浪费。但是，应该说，三线建设把现代化大工业生产能力引进于具有自然资源、农业、劳动力等优势的西部和西南腹地，这还是符合我国生产力合理布局的要求的。因而，可以说，三线建设是我国的一次卓有成效的西部运动，它不仅对于推动西南、西北地区的经济开发起了巨大作用，在四川，它奠定了现代化大工业的物质技术基础，而且，对于我国整个国家的经济发展，也起着重要积极作用。

10年改革，西部地区经济获得迅速发展，工业生产能力获得进一步的增强，而且某些方面的发展，走在全国前面，大大超过沿海地区，显示了西部经济的不可替代的作用。西部地区四川经济发展尤为突出，就四川来说，门类比较齐全的有相当规模的工业体系业已形成，工业固定资产仅次于辽宁省；钢铁、建材、化工、机械、电子、食品等工业在全国占有一定地位；重庆、成都已经是拥有100亿元产值以上的大工业城市；在四川驰名全国的嘉陵摩托的生产能力占全国的60%；航天工业更是一枝独秀，商用卫星已在世界领先，军工的科研机构与科研能力，也是居于全国前列。就四川经济状况来看，应该说，已经大体走过了最为艰难的工业化奠基期，即互相配套的基本工业部门的建立时期。现在进入了产业结构合理化与经济效益提高时期，即是解决它的内在的结构失衡：农业与工业失衡，能源、交通发展的薄弱，工业内加工生产与初级产品生产的失衡，并在产业结构合理化基础上，进行技术革新，加强经营管理，提高经济效益。这一产业结构调整，将把现有工业基础中蕴含的十分强大的生产能力释放出来，四川的经济将获得一个加速度和得到稳定的协调的增长，不仅仅是7.5%的增长率，可以是8%～9%。

这是因为，（1）制约四川经济的能源短缺，一旦获得解决，现有工业生产能力每年工业产值将获得200亿元～300亿元的产值增量。（2）四川工业生产能力中占有重要地位和拥有群体优势的军工产业固定资产原值60亿元，如能实现军转民，更好地实行军民兼容，以民为主，它的效益的充分发挥，有可能获得100亿元以上的产值增量（目前还不到30亿元）。（3）制约四川经济发展的交通落后获得解决，每年进出川的500万吨物资积压得到解决，那么，产值产量有可能进一步增长。（4）这里还没有谈到四川的拥有优势的投资类机械行业和电子行业的发展，在全国居于前列的重型机械厂、汽轮机厂、化工等生产，不仅拥有出口能力而且其产品附加值都是很高的，它说得上是在未来的中国的经济起飞所必要的，出口替代升级中，将会派上用场，这肯定能使沿海地区的劳动密集型产品生产（如制鞋、制衣、运动裤等加工值低的产品），无法与之比拟。再以四川电子行业来说，也是极有希望的，成都无线电一厂1989年产51万台电视机，创造2亿多产值，创汇达3千万美元，产品销到加拿大、东欧、非洲。"八五"期间估计如能安排新投资25亿，产值将由1989年的35亿元增至100亿元。

我还没有谈到拥有巨大潜力的农产品加工工业，如轻工、纺织、丝织、食品的发展。就丝织品来说，天然丝的优势天然地在中国，中国的优势则天然地在四川，这些业已为国际丝织业人士所公认。问题在于，我们自己认识不够，政策甚至没有向这些优势的省份倾斜。例如，1吨丝出口销价28万元，广东换汇成本比四川高（广东4.7元，四川3.7元），外汇定额广东上交不到收汇的50%，而四川则75%上交中央，以致广州来四川大量收购出价达16万元以上（每吨），从而使四川现有优势未能发挥。四川丝绸1988年创汇2亿多美元，为四川出口创汇8亿多美元的1/4，如果采取有效措施，解决蚕茧不足的问题，改进品质与改进丝织技术，四川丝织业的生产、出口创汇均完全有可能上新的台阶，并有能力在世界市场上一决雌雄。

由此我们可以看到，四川地区经济或者西部地区经济，以其农业优势、原料优势、能源优势、军工优势，因而它的现实生产力不弱，待发挥的、被桎梏着的生产力很大，它的潜在生产能力更大，某些生产为不少东部省份所不能比拟。这个地区经济已走出艰难的工业化奠基阶段，使其顺理成章地向结构调整与优化阶段推移，将带来很大国民经济效益。延误它的发展，对我国全局不利。不发掘与利用四川西部的现实的生产力，而基于某种未经证实的理论，或是从某种先入为主的主观见解出发，在沿海地区投资，另起炉灶，不仅目前这是多费而少益的，从长远的国民经济效益看，更将是不合算的。

归结起来，我认为，观察地区经济，具体说四川经济，或更概括地说，西部地区经济应该有一个正确的方法论：这就是应该从当前四川经济的现状，从它在工业化过程中所处的阶段，从它的近期和远期发展将带来生产力发展的可能性与潜力，来加以认识和估计其作用。而不能从静态的角度，用一两个指标——比如平均的经济效益指标，特别不能用地区每年对中央财政上交额——来判定地区的作用。

三、当前东西部地区经济不协调，摩擦与矛盾越来越尖锐，双方不是互补而是相克

随着改革、开放、搞活的方针的提出，和由旧体制向新体制的转换，拥有进入国际商品市场便利的我国沿海地区的商品经济获得迅

速发展，市场化使乡镇企业在这里异军突起。在新形势下，政府克服多年来对沿海地区扶持不足的政策偏向，对上海、天津等城市着意加以扶持，此后，随着经济特区的发展和沿海14个地区相继对外开放，以及实行政策与投资的倾斜，特别是1988年以来的沿海地区的发展战略的执行，我国东部地区经济获得了新的发展势头，外资特别是港、台地区资金的迅速引进，短短数年中，兴办起几千上万个"三资企业"，继深圳的高速建成之后，又有广东珠江三角洲的崛起，福建、山东、大连等地也紧紧追上，而上海在1988年也大力直追迎头赶上。无疑地，东部地区的加速发展，表明了改革的威力和取得巨大成就，它不仅意味着我国经济中的"阳光地带"的生产力开始得到释放，而且意味着我国地区经济发展中的一个具有强大启动作用的新环节的机制：沿海向内地进行技术传递和商品化扩散的机制的形成。

但是我国经济发展中不平衡总是要鲜明地表现出来，在东部经济戏剧性的高速或超高速发展中，例如广东工业1987、1988年均以25%的超高速增长——而西部地区的经济发展却出现了相对落后的现象，1985年与1982年相比，西部九个省工农业总产值增长42.7%，沿海地区（辽宁、河北、天津、山东、上海、浙江、福建、广东9个省市）增长54.88%，西部地区工农业总产值由1982年占全国14.69%，下降到1985年只占全国的12.75%，沿海地区则从1982年占全国50.01%，上升到1985年占全国55%。"六五"期间，人均工农业总产值，东部地区为1611元，西部地区为718元，高出1.2倍；农民人均收入，东部地区463元，西部地区322元，高出141元；未解决温饱的人口，东部不足12%，西部为65.8%。"六五"期间东西部在发展中差距扩大了一倍，"七五"期间将再扩大一倍。

就四川来说，社会总产值1987年为1385亿，占全国第五位，1990

年将被辽宁超过，占第六位。农业总产值将被河南超过。根据计委预测，四川的26项产品中，1990年有12项将降位，其中油料、水果、发电由8位降为9位，水泥由4位降为6位，小型拖拉机由11位降为15位，罐头由3位降为9位，1990年粮食全国人平占有量较1985年增加24公斤，四川增长2.2公斤，棉花、油料四川人平增长小于全国，只肉类将由1988年人平的32公斤增长为1990年39公斤，增长7公斤，增幅大于全国。上述经济增长滞后，表现在人平总产值上是，1987年四川人平877元，较之全国人平1418元，相差541元，预计1990年四川人平1120元，较之全国人平1897元，相差777元。农民人均收入，1987年四川369元，较之全国463元，相差94元，预计1990年，农民人平收入四川为500元，而全国将为675元，相差175元。

可见，近年来尽管四川经济也是在向前发展之中，但是在东部地区发展加快的形势下，作为西部地区的四川经济，却表现出发展速度滞后，经济地位下滑，收入水平降低的趋势。这不是四川一省的状况，而且可以说是西部地区经济的共同状况，这种趋势不仅是近期的，它甚至可能在20世纪90年代持续下去。

在社会主义商品经济条件下，地区经济发展的不平衡和差距的存在，是不可避免的，在经济发展中各地区的总产值，以及具体生产将展示此起彼伏的波浪式发展的格局，"七五"期间总产值江苏超过了上海，某些方面广东突上去，今后亦将如此。但是近年来我国经济发展中出现了地区差别过度扩大化的趋势，而且带来一定的消极作用。这种消极作用，除了表现在区域间贫富差别的扩大而外，更主要的是，它抑制了西部地区的业已起势的工业化的势头，不利于西部的生产能力的发挥，潜力的发掘，以发挥"东西互补""互促"的作用。

四、实行双向战略，协调东西部经济

我国经济生活的矛盾表明：我们应该充分重视西部经济的作用，加强西部的发展，以保证东西部经济发展的协调，发挥东西互补的作用。在大力实行沿海地区发展战略同时，要放松对西部经济开发的扶持，这可称之为"双向战略"。

加强西部经济的发展，在当前国际形势下尤其重要。

第一，20世纪90年代国际形势的鲜明特征是：各地区局部战争正在相继获得和平解决，如两伊、安哥拉走向谈判，美苏、中苏会谈进一步改变战后长期的大国对抗格局，打开了世界和平前景，世界形势进一步趋向缓和，发展和经济竞争越来越成为世界的主要趋势。上述形势，给我们实行对外开放、发展对外贸易、引进资金、引进技术以新的机遇，对外开放将有可能范围更大、程度更深，向沿海地区开放，逐步发展到沿江（长江）开放，由东部开放，发展到东西两极开放，或者是由南方开放，发展到南北开放，实行全面开放的可能性正在打开，因而西大门或西南小门户的开放，已经是时间上的问题。

国际形势的新变化，使西部地区有了进入国际市场的可能。拥有引进国外资金、技术设备用于发展内地经济，特别是发展西部民族经济的条件。也就是说，历史上西北方向的"丝绸之路"，以及历史上南方的滇缅、藏印、藏尼的贸易道路，开始有了现实的意义。尽管现在这个道路还未走通，还未成为一个具有现实经济意义的通道，尽管四川地理上就西北、西南的门户来说，处在不太有利的扇柄的地位，但是借助于长江黄金水道在对外开放上的有效利用，在西北、西南其他省份的打开边贸下，四川也将得到新的发展机遇。而对于西部地区来说，进行必要的交通建设，把铁路、公路加以接通，和进行生产与外贸的组织，特别是对外开放政策的优惠，创造更加宽厚的（比东部）边贸环境，人们完全可能开拓出西部（北部，中南部）的新的国际市场，并从中获得发展的推动力。这就表明，西部已经面临着新的国际条件，人们应该抛弃西部等于封闭性，是与世界隔绝之区的陈旧观念，而谋求、规划与这一新形势相适应的新发展，充分地利用这一新机遇。

第二，在世界进入20世纪90年代的新的国际条件下，竞争日益激烈。在新的技术革命迅速发展之下，各国都致力于发展高产业部门，进行产业升级，支持西太平洋地区的一些国家经济发展的劳动密集型产业的优势已经在逐步消失之中，新的现代化的生产方法（成本更低，特别是劳动成本低）使纺织品等行业的劳动密集型产业失去优势，中国台湾和香港正将这些产业转移到泰国及大陆沿海的广东、福建。我们在发展我国国民经济时，应该站到21世纪的世界经济的高度，高瞻远瞩，做好对付这一新挑战的对策。我们应该有一个长远的东部地区的发展战略。要看到这些地区面临的引进外资，大办三资小企业的机遇，而加以抓住大力执行沿海地区发展战略，使这些地区经济上一个新台阶。但是又要看到劳动密集型企业会遇到的困难与局限性，要着眼于在这块居于全国经济、技术领先的地区，培育和发展新兴产业、高科技产业以应付21世纪的挑战，因此，我们需要有一个充分发挥各地区优势，使之互补的总体的经济发展战略。基于中国生产力更好发展的需要，东部地区经济或者是其他大城市，应该是向高、精、尖发展，实行以高精尖产业为主的结构，东部在总体上应带有"高层次"特色和性质，如美国的西部加州、南部得克萨斯州是硅谷，第一硅谷是加州，第二是得克萨斯州的达拉斯一样。基于西部地区的有利条件和不利条件，考虑到总的经济发展水平较低，以及文化教育水平低等制约因素，西部地区一般可以大力发展粗加工与现代化农牧业，但是也应该充分运用现有大工业能力，大力发展具有效益的深加工和某些西部有优势的高科技——航天、电子、光学制造等——产品。因而，西部不全都是低产业结构，能充分发挥西部地区特别是四川的优势的产业结构，是高中低层次并举的，这样我国产业地区层次结构，不是倾斜型，而是波纹型的。这样的一个生产力的合理布局和优化的产业地区层次结构的形成，意味着地区间有了合理生产分工，有了一个能保障各个地区的经济利益的合理的总体利益格局。这样的产品结构、产业结构的地区配置方式，不仅将能大大加快发展，大大提高我国的出口总产品的综合竞争能力，而且，它意味着各地区经济的协调。当然，地区间发展中的速度快慢，收入高低，仍将客观存在，但是贫困区与富裕区的差距将不会越来越大，收入悬殊化的发展趋势将得到控制。

五、产业地区结构合理化与经济协作化

以上所述的东西部经济关系的协调和产业互补作用的形成，有赖于三个方面的任务。

第一，东西部地区产业结构的调整。当前我们有必要基于发挥东西部产业的互补，发挥东西部地区经济的互促原则来对东西部地区的产业结构进行调整。东部以发展高科技、高产值的新兴产业部门为目标，而将一部分深加工转移到西部，如西部省份没有条件的部门、行业不要勉强去上；从东部地区长期来看，没有优势的部门、行业，不要舍不得割爱，仍然用很大气力去扶持值不得的产业，如食品加工业、罐头、香烟等，从长远来看，这些应该主要交给四川和云南。这

样，地区产业的发展实现对号入座，避免目前的很大的盲目性与重复建设。另外，在产业有计划调整与让位中，实现西部产业结构升级，和东部共同升级并行发展，这将是一个可取的国民经济总体发展战略，它会大大有利于东部和西部，有利于全国，也符合国家总体生产力的提高和在世界市场上竞争力量的增强。

第二，大力发展地区产业之间的联合化和地区经济之间的协作。产业的地区间合理配置是以地区的经济协作发展为前提。为此应该大力发展东西部地区企业之间的横向经济联合，组织跨省区、地区的各种形式的企业集团，把形成发达的统一的商品、资金、技术、劳动力市场作为目标。但是基于我国地方辽阔、各地区经济条件差别很大的特点，也基于我国统一的大市场发育具有阶段性的规律，我国可以在西部某些地区实行较为紧密的具有半经济实体性的经济协作区与开发区，例如成立大西南开发区，较为有计划地利用国家财政资金，更有计划地利用能源、原材料，实行自由的区内贸易和发展更为顺利的区内的企业横向联合。

第三，加强国家对西部经济的扶持。为了推动当前东西部经济的协调发展，加强国家对西部地区的扶持是有必要的。但是这并不是说要采取过去对西部省份（少数民族地区）的输血式的财政投入的方式，而是要改变优惠政策与投资的地区倾斜为产业倾斜，要把那些适宜配置于西部的产业放归西部，对于能源、交通等基础产业还应加强国家的投入，特别是在东部地区今后越加国际化，商品经济深度发展和越加转上市场化发展轨道后，将形成资金自我供给机制，而国家为了协调东西部经济发展，更有必要把投资重点放在市场化滞后的西部。

论社会主义初级阶段的经济特征[①]

中国共产党从十一届三中全会以来，在深入总结我国社会主义建设中正反两方面经验的基础上，指出了我国当前还处在"社会主义的初级阶段"，这是一个具有重大理论意义与实践意义的论断。它以关于社会主义发展阶段性的新原理，进一步发展了马克思主义关于共产主义两阶段的学说，使科学社会主义的理论更加丰富了。深入研究社会主义发展的阶段性，切实弄清社会主义初级阶段的特征，对于当前正确地和全面地贯彻党的十一届三中全会的路线和坚持改革、开放搞活的总方针，进一步深化我国的体制改革都有着头等重要的意义。

一、社会主义初级阶段物质基础的特点：生产力水平低

社会主义初级阶段，不是适合任何一个社会主义国家的泛指的概念，而是有其特殊含义的。这就是：中国这样的原先经济不发达的，生产力水平十分低下的半殖民地半封建国家，在经历了对生产资料私

---

① 写于1987年。

有制的社会主义改造，产生的幼年期的社会主义。社会主义初级阶段的基本经济特征，简括地说，就是生产力水平低和社会主义经济的不成熟。生产力水平低是社会主义的这一发展阶段的物质基础方面的特色，社会主义经济的不成熟性则是这一阶段的经济结构的特征。社会发展阶段的标志，首先是生产力的水平。社会主义初级阶段的标志，首先表现为生产力的发展水平较低，与社会主义相适应的充分的物质技术基础尚未形成。

社会主义是以现代化大生产为物质基础的。这种以机器大生产为标志的现代社会大生产，使社会生产力超越了资本主义生产关系的狭窄的界限，它要求生产力实行社会的占有和社会管理，从而"在事实上承认现代生产力的本性。"①社会主义的这种物质基础是在资本主义生产方式有长期发展的发达的资本主义国家首先形成的。因此，马克思恩格斯合乎逻辑地设想了社会主义产生的典型的形式，这就是社会主义首先诞生于资本主义经济高度发展的国家。在这样的国家，由于新社会的物质技术基础业已形成，因而经过不太长的从资本主义到社会主义的过渡时期，人们将建立起一个生产资料归全社会占有，和消费品统一地按劳分配为基本特征的社会主义。

20世纪的生气勃勃的世界社会主义运动开拓了向社会主义过渡的广阔道路，现实的社会主义超出了马克思和恩格斯的设想，首先出现于那些经济不发达的国家，而我国社会主义的起点则更低，是在一个生产力极其落后的半殖民地半封建国家的地基上开始社会主义建设的。旧中国的资本主义经济极不发达，还未经历一个完整的工业化，现代工业生产集中在某些城市，特别是沿海大城市，它在国民经济中

---

① 《马克思恩格斯选集》第3卷，人民出版社，1972年，第319页。

的比重也很低，在国民经济中占主要地位的农业则是以落后的手工工具、畜力动力、手工劳动为基础，在那些经济最落后的地区还存在刀耕火种的原始生产。我国社会生产力的总的特征是：由机器大生产、手工小生产、原始生产组成的多层次劳动方式的存在；由现代的、中世纪的、原始的物质技术组成的多层次的生产力结构的存在；由最发达的、一般的、落后的经济地区组成的多层次地区生产力结构的存在。上述情况表明，由前资本主义的劳动方式和物质技术基础，向现代的以机器大生产方式和现代物质技术基础的转化尚未完成。我国社会生产力的多层次结构，体现了现代物质技术基础发展的不足和十分薄弱，体现了一个很低的生产力发展水平，这种生产力的性质与状况远未能适应一个成熟的和完善的社会主义的要求。但是，在世界资本主义日益没落的时代条件下，在社会主义运动日益高涨的条件下，社会主义意识很强和革命觉悟很高的我国亿万人民，在共产党的领导下，接受和自觉地选择了社会主义，从而在很低的生产力和不发达的二元结构的基础上，实现了对生产资料私有制的社会主义改造，建立起以公有制为基础的社会主义社会。

在组建社会主义新经济结构时，人们必须严格地按照生产关系一定要适应生产力性质的客观规律的要求，根据社会劳动方式的结构的性质，来选择社会主义经济结构的具体形式，建立起与本国的国情相适应的社会主义。我国生产力水平很低，落后于发达的资本主义国家数十年。过渡时期基本结束后，我国社会主义制度就是建立在发育十分不充分的物质基础之上，而社会主义物质技术基础形成的滞后——落后于社会主义生产关系的形成——就是我国社会主义社会产生、发展中的一个特点，这也是中国的社会主义建设所面对着的和必须承认的历史现实。社会主义生产关系是为现代大生产所呼唤的，而社会主义生产关系以什么形式结合，则是取决于现实的生产力的性质和状况，它是绝不能超越现实生产力的本性的。我国社会主义社会确立之初，发育得极不充分的物质技术基础，就规定了与之相适应的社会主义生产关系的不成熟性与不完善性。

由于我国改变当前社会生产力的多层次结构，建立起与社会主义相适应的充分的物质基础不能一蹴而成，而需要有一个工业化和现代化的很长过程；由于当代世界范围的科学技术革命的迅速发展和资本主义国家生产力水平的进一步提高，因而在我国建成与社会主义相适应的充分的物质技术基础，缩短它与发达的资本主义国家生产力水平之间的差距，就需要经历一个更长的历史过程。例如，要在我国建成小康的社会主义，需要有从20世纪80年代迄至20世纪末的20多年的努力，而为了建成与初级阶段的社会主义充分相适的、发育成熟的物质技术基础，则需要迄至21世纪中叶的更长的时间。正如邓小平同志在会见捷克斯洛伐克总理什特劳加尔时说：我们应当坚持社会主义。但要进一步建设对资本主义具有优越性的社会主义，首先必须摆脱贫困的社会主义。现在虽说我们也在搞社会主义，但只有到下世纪中叶，达到中等发达国家的水平，才能理直气壮地说社会主义优越于资本主义，才能说真正搞了社会主义。

可见，基于我国生产力水平十分低下这一事实，基于我国社会主义物质技术基础形成落后于社会主义制度形成的这一历史特点，也基于社会主义充分的物质技术基础育成的长期性这一历史规律，我国社会主义社会的一个很长的历史阶段，都将在生产关系上保持着不成熟的不完善的特征，这种公有制生产关系的发育不成熟，也必将反映在政治、文化、思想意识等领域，因而，我国这一整个社会主义历史阶段就表现为社会主义初级阶段。

二、社会主义初级阶段经济结构的特点：社会主义经济的不成熟

划分社会发展阶段的最根本的标志，是社会经济结构（即生产关系的总和）的性质和特点。社会主义初级阶段最根本的特征，表现在这一阶段的经济结构的不成熟和不完备上。如前所述，我们指出了社会主义的初级阶段是一种初生的、幼年期的社会主义，它在经济上带有社会主义发育不成熟的特点，即一方面，它还没有摆脱资本主义的因素、传统与痕迹，从而具有不纯性，另一方面，社会主义尚未发育成熟，还具有不完全性。

（一）社会主义初级阶段经济的不纯性

社会主义经济的不纯性，是指社会经济结构不是由单一的纯粹的社会主义生产关系组成，而是存在着旧社会的残余、因素和痕迹。它表现在：在所有制上，一方面有占据主导地位的社会主义所有制，另一方面有作为补充的非社会主义所有制；在分配上，一方面有占主导地位的按劳分配，另一方面有作为补充的非劳动的分配要素；在经济的商品性上，一方面有占主导地位的社会主义商品经济，另一方面有作为补充的非社会主义商品经济；在消费上，一方面有占主导地位的社会主义的共同消费和收入差别，另一方面也存在一定领域中的非社会主义性质的富裕程度的差别。总之，社会主义的初级阶段，无论是在生产、分配、流通与消费等关系上，也就是它的全部经济结构都表现出既有占主导地位的社会主义关系，又有旧社会生产关系的残余，从而存在着社会主义的不纯现象。

马克思主义经典作家，在分析社会主义时，论述了这一阶段还

不是充分成熟的，还不能完全摆脱资本主义的传统与痕迹。但是必须指出，我们这里提到的是作为社会主义初级阶段经济的不纯性，它与马克思主义经典作家论述社会主义阶段经济中的不成熟在含义上是有区别的。（1）马克思主义经典作家所论述的是一种典型的、纯粹的社会主义经济结构中所体现的旧经济的"痕迹"，因为，他们设想的社会主义，是完全的生产资料公有制+完全按劳分配，他们谈到社会主义经济中的旧社会痕迹时，仅仅限制于消费品分配关系领域，但是他们认为，在其他领域特别是在生产资料所有制领域，旧社会的传统痕迹就不再存在。而社会主义初级阶段的经济不成熟，则不是一个局部的现象，而是社会经济全部领域的特征，首先是所有制领域中的特征。（2）马克思主义经典作家论述的社会主义阶段经济的不成熟，是指社会主义生产关系的某种区别于共产主义生产关系的规定性。具体地说，是指按劳分配在实现消费品共同分享中的某些局限性，即对体力、智力不可能一律的人们来说，按劳分配会带来的事实上的不平等。对这种性质马克思审慎地使用了"旧痕迹"一词，指出了它只不过是包含与体现在社会主义新质中的东西。而社会主义初级阶段经济的不成熟，则是指经济结构中的非社会主义因素与成分。如个体经济、私人经济、中外合资经营，以及与这些经济成分相适应的非社会主义的收入形式，等等。总之，马克思主义经典作家论述的社会主义经济中的"旧痕迹""旧传统"，是一个属于"社会主义一般"的东西，而不是我们在这里所提到的社会主义初级阶段经济中的旧残余，后者乃是社会主义发展的幼年时期的一种规定性，是属于社会主义的"特殊"的东西。如我们业已指出，这种经济中的旧残余，既表现为所有制领域的私有制要素，又表现为分配领域非劳动收入，也体现在交换领域和消费领域的非社会主义性质的活动残余。总之，前社会主义的特别是私有制生产关系的残余、因素的继续存在，是社会主义初级阶段的特殊现象，而这一阶段的社会主义经济结构也就由此具有不纯粹的特点。

社会主义初级阶段经济的不纯，不同于从资本主义到社会主义的过渡时期。社会主义经济刚刚产生，尚未成长壮大条件下的经济不纯，这是社会主义经济已经成为社会主义经济结构的主体条件下的经济不纯，尽管旧社会的因素仍然存在，但是总的说来，它毕竟只是局部的东西，它不能任意的泛滥和膨胀，更不能影响社会主义经济的主体地位。但是我们也不能简单地和机械地规定一个在一切经济领域和一切地区都适用的经济不纯结构。例如，我们不能简单地把社会主义经济为主体，当作是一个国营经济（70%）+集体经济（20%）+个体经济（10%）的结构。中国是一个土地辽阔、人口众多、情况复杂、地区经济差别大的国家。因而，社会主义经济的不纯，将因各个领域、各个地区的具体条件的不同具有不同的表现。例如，农村经济的不纯状况将不同于城市，经济落后的地区的经济不纯的状况将不同于经济发达的地区。不顾各个领域、各个地区的具体条件，一味推行某种社会主义主体结构模式搞一刀切，这就是不正确的。

既然已经是社会主义社会，为什么又会存在这种社会主义的不纯呢？按照传统的思路，人们会这样地去寻找答案：这是由于所有制和经济领域中的社会主义革命的不彻底。这种传统的思维方式显然是错误的。我们说，社会主义经济关系上所表现出来的不纯性，体现了初级阶段的社会主义不成熟性，是由于物质生产力水平低所决定的。因为，既然社会主义国家在进行所有制的社会主义改造和组建社会主义经济结构时，人们面对着的是一个发育不充分的物质基础，因而，人们只能使社会主义生产关系的状况适合于生产力的性质。这就是说，要在那些物质技术业已相当现代化的大工业领域，建立社会主义全民所有制经济，在那些现代物质技术基础发展还不充分的领域，就有必要建立社会主义集体所有制经济，在那些仍然是属于手工技术和长期实行个体家庭手工劳动的领域，就应该允许个体的家庭经济的存在。此外，还应该在某些领域允许私人企业和中外合资经营等经济形式的存在。可见，按照生产关系一定要适应生产力的性质规律的要求，人们一方面应该使社会主义经济在总体上实现社会主义公有化，但是另一方面在局部领域、局部环节，则应允许某些前社会主义经济形式的存在。这样，在所有制结构上就必然会具有多样性（在公有制为主体的前提下），即不纯性。可见，承认和自觉地维护一个不纯的社会主义经济结构的存在，并不是人们的过错，更不是"右了""搞倒退"，而是坚持了立足于现实的生产力之上的社会主义。

（二）社会主义初级阶段经济的不完全性

社会主义经济发展的不成熟性，除了表现为旧社会生产关系的残存，即社会主义社会经济结构所具有多样性质这一特点而外，另一方面它还表现在社会主义生产关系本身发育的不成熟，从而具有某种不完全性上。

马克思主义经典作家把社会主义设想为一个由社会全体成员共同地和平等地占有全部生产资料，和在全社会范围内按照付出劳动来平等地分配消费品，因而，这是一个在同等劳动基础上的占有平等和利益一律的大自由人联合体。他们设想的这种完全的生产资料公有化和完全的分配按劳化的社会主义，可以说是一种高度成熟的和完全的社会主义。按照马克思的分析发展高度成熟的客体为对象的科学抽象法，他们也并不是把上述规定性作为初生期社会主义生产关系的特征，至于社会主义初级阶段社会主义生产关系的特征，则更不是他的考察对象了。

如果我们把马克思主义唯物辩证法的发展观，用于分析社会主义生产关系，那么，我们就会看见，社会主义生产关系本身就是处在发育成长过程中，它的形式也就不是凝固不变的，它会随着社会物质生产力水平和性质的变化，而采取新的形式和在性质上具有新的特征。而在中国社会主义初级阶段，适应社会主义物质基础发展的不充分，社会主义生产关系也将发育不充分，从而在公共占有上具有不完全的性质。其具体表现是社会主义全民所有制的不完全。

如果从高度发达的现代生产社会化——它包括以当代最先进的科学技术来武装的机器大生产体系和高度发达的生产专业化和企业劳动群众之间的协作——必然会产生全社会公有制这一见地来说，那么，现阶段的以全民所有制、集体所有制，以及联合所有制并存为内容的社会主义公有制结构，表明全民所有制尚未能获得充分的发展，在某些经济领域，公共占有还是被限制在局部劳动者范围内。这种情况，是现实生产力的水平所决定的。因此，在社会主义初级阶段，全民所有制的发展有其界限，不顾客观条件，实行所有制的"升级"和"拔高"，只能带来不良的后果。

论价格改革①

　　我国体制改革的目标是建立一个以国家调节市场、市场引导企业为特征的社会主义商品经济模式，为了建造这样的新体制，除了进行企业经营方式与所有制关系的改革而外，必须进行以价格改革为核心的市场机制的构建，以改革和完善经济调节和经济运行机制。而一旦企业改革起步，人们有必要相应配合以价格改革，通过价格体系的合理化，以不断地启动与强化市场机制来促进企业改革，由此顺利地推进新体制和削弱旧体制。因而，在整个体制改革中，起步于企业改革，但后续改革应该以企业制度改革为基础，以价格改革为中心。在关于改革的总体设计中，人们应该把彻底改革价格体制，即把"过价格关"及早地提上日程。我认为，这应该是推进我国改革的一个基本思路。

　　十一届三中全会以来的九年，我国价格改革有了很大进展，大幅度提高了农产品价格；对多数商品价格实行放开，缩小了指令性计划价格的范围，废弃了农产品的统购统销；拉开了一些工业品价格的

---

① 写于1988年7月。

质量差距、地区差距，等等。但是在改革实践中，由于考虑和顾虑大的价格改革要引起大幅涨价，价格改革的必要步子没有迈出去，"六五"计划预定的价格改革任务没有完成，在整个体制改革过程中，表现出某种改革滞后的现象。价格改革的决定性步子跨不出去，市场机制的作用发挥不出来，而企业经营机制的改革和加强政府宏观调节功能的改革所追求的目标也无法实现。正是由于进一步的价格改革起步维艰，几度攻关的意图都因宏观环境不佳而终未能付诸实践。价格理不顺，市场机制作用发挥不了，经济机构的内在机制摩擦和运行的无序就愈演愈烈，在这种情况下，国营企业中全面推行承包制，完善企业经营机制的改革的成效也受到限制。当前改革走入低谷，处于进退维艰的困难境地，在这改革的关键时期，能不能选准目标，跨出决定性意义的步子，这是关系到改革命运的问题。价格改革就是这一决定性的步骤，在宏观环境不太好，业已出现双位数通货膨胀的情况下，这也是要冒很大风险的步骤。但是因此犹豫不决，因循苟且，再次失去良机，无疑是迎着风险上，去大胆闯关。这就是中央所以毅然在最近做出加速过价格关的决策的原因之所在。

价格改革有两个方面的内容：一是理顺商品价格和各种生产要素的价格，做到价格体系的合理化。就工业品价格来说，重点是解决初级产品价格偏低的问题，这是解决企业能位于一个相同的起跑线上以进行公平的竞争的条件问题。完善价格体系，还要解决农产品价格、运输价格、服务价格以及知识产品价格等问题。二是确立价格形成的方式，以发挥市场机制的作用。这就是做到价格管理体制的合理化。要建立少数重要商品和劳务价格由国家管理，即价格形成于政府行政机制，多数商品和劳务价格形成于市场力量的制度，这就是价格决定与变动或价格运行机制的转换。而以上两个方面，核心是后者，通过一个适应于市场供求而自动地确定与调整价格的价格运行机制，发挥市场机制的调节作用，①这是解决社会主义商品经济运行的内在杠杆，是新体制的心脏。

一、宽松环境与价格改革

为了顺利地进行价格改革，人们必须形成用以指导价格改革的正确的理论，我国理论界对于价格改革在体制改革中的重要性，认识并不一致。一种是认为价格改革是经济体制改革唯一主线，低估企业改革（包括所有制改革）的意义。另一种是认为强调企业所有制改革的意义，认为所有制改革成功了，价格改革也就完成了。这种观点认为，在出现通货膨胀后，只有改革所有制，放慢价格改革，主张绕开价格走。

如我们已经指出，价格改革以所有制改革起步，后续改革以价格改革为中心，同时以企业所有制改革为基础，用价格改革来推动所有制改革，以所有制改革来构筑"过价格关"的基础。

价格改革怎样改，人们认识不一，何时起步，采取什么步骤，是走大步、中步还是走碎步，众说纷纭。对价格改革的流行观念是强调改革要首先形成宽松的经济环境。具体地说，必须先要有总供给大于总需求，这样才能进行价格改革，才能实现价格有升有降的结构性调整，从而保证物价总水平的基本稳定（即不超过3%～5%）。基于这种观念，从当前物价出现连续3年（从1985年开始）7%的全面增长出发，较多的人认为，当前更须着眼于治理环境，首要任务是稳定物

---

① 这就是使价值规律得以充分地发挥密切的调节作用。

价，经过几年将每年零售物价指数降到3％以下，然后再改革，主张先用1~2年控制货币发行，1988年控制在13％以下，1990年后出现相对宽松环境。以上这些理论观点，是着眼于考虑群众对于价格改革的承受能力和政治的安定，"求稳""怕乱"，期望有一种有条不紊的、很少有震荡的、社会主义的价格改革。但是这种政治经济学教科书式的价格改革是不可能实现的。

关于价格改革的另一种观点，主张在当前立即主动出击，争取5年内过价格关，同时把物价上涨和工资提高挂钩，以增加群众承受能力。这种观点是小平同志倡导的。

经过几年来改革的实践和当前国内经济的具体情况，我们今天可以较为清楚地看出：价格不改革，即实行放开，价格扭曲（价格大于或小于价值）的状态就不能改变，定价低的企业的成本补偿和平均利润就不能保证，价格的导向功能、动力功能、约束与调整功能、生产要素合理配置功能，就不能发挥作用。而在进行"开放、搞活"的改革，企业的活力增长，地方的权限扩大，出现了新的运行的条件下，一个长期扭曲的价格，只能顿挫生产者积极性，导致结构失衡，恶化物资短缺，在经济增长速度不降低到正常速度以下的情况下，它还会点燃轮番涨价风，造成流通的障碍，使企业陷于困境。

就我国当前的物价来说，出现下述几种情况：（1）农产品价格偏低，比价不合理。三中全会以来，大幅度调高农产品价格，而农产品价格的提高引起工业品价格的提高，又要求第二轮农产品价格提高。由于农产品价格仍然偏低，以致农民对生产粮食和油料作物等不积极，而从事商业贩运或经营其他工业生产，城市郊区农民不愿意种蔬菜，热衷于搞工副业和经商。（2）能源、交通价格扭曲，已经严重影响能源、交通、工业原料上不去，大量进口原材料，出口的增加不能弥补进口，造成外贸逆差。（3）价格不合理，结构失衡愈发严重，造成供求不平衡，机械工业盲目发展，资金争相投入价高利大的家用电器和机电产品，西装生产线成百条地上，去年又开始进口乳胶手套生产线上百条。（4）1985年价格部分放开后，又产生新的扭曲：不同商品放开价高的商品，而不放低价商品；同种商品计划外价格高，计划内价格低；加工工业价格上升幅度大于能源，原材料价格上升。（5）双轨价格的弊端日益严重。（6）怕价格改革，并不因怕价格改革物价就不上涨，20世纪70年代末80年代初，原料价格实行浮动，年上升率为2%以上，1985年农产品取消统购统销后上升9%，1986年上升6%，食品两位数上升，1985~1987年平均为7.3%，1988年1季度为10%。物价全面大幅度上涨，呈现出愈演愈烈的严重势态，表明1985年以放为主，放调结合，并未解决问题，价格远未理顺，"剪不断，理还乱"。因而近年来的情况是，越理越无序，表明价值规律作用被长期"卡住"的消极后果，也表明修修补补，拖延改革已经是行不通，价格关难过但却也绕不过。

二、货币超额发行与物价改革

货币发行近几年来很快，超额发行成为价格上升的导火线。价格改革迟迟不推进的另一理由是：人们认为应先把货币发行控制住，然后再改革，因为票子多和放开，更要猛涨。

在体制转换时期，存在着来自企业的、增加货币发行的压力与机制，人们想等货币发行控制下来，再改价格，固然是有道理的，可以说，应该是一种没有通货膨胀的理想的价格改革模式，但是这未必现实。因为我们控制货币发行已多年，而鲜有成效。如果等待人们把通货膨胀控制住，环境治理好，那么，很难期望能在近期实现，不知要何年何月才能实现，要是这样，就只能推迟价格改革。

三、在经济体制与机制不完善的条件下，经济增长中的通货膨胀是难以避免的

可以说，我们面临一个抉择：拖延价格改革，主要着眼于治理环境，在总需求超过总供给的情况下，采取压基建，压消费基金，压货币发行，以便使总供给与总需求相一致。但是新旧体制并存，决定了来自旧体制的需求膨胀冲动继续存在，此外又添加了来自改革后，但改革不彻底，新体制未形成所导致的新的需求膨胀冲动，在经济体制中还缺乏需求自我抑制机制。在这样的体制、机制下，政府强化宏观控制，尽管以运用经济手段为目标，但实际上只能是主要借助行政手段。在两种机制并存的转换期中，这种借助行政手段的强制性调控，显然是软弱的，它无力从根本上解决需求过度膨胀的问题。这是因为：（1）增强了有活力的企业的扩展冲动。改革使企业拥有责、权、利，承包制经营形式的改革，强化了企业自身利益，有了自我扩展的内在冲动，企业自有资金是这种自我扩张的经济基础，企业还要通过银行贷款和自筹资金，上基建，求扩张，因而在旧的投资饥饿动因之外，又添加了新的投资膨胀动因。（2）市场竞争的缺乏和破产的威胁，使负盈不负亏的国营企业存在着通过轻松的手段——涨价去谋取自身利益的冲动，企业将利润用于消费基金，在工资上互相攀比的短期行为。为了刺激职工的积极性，竞相增加消费基金；通过涨价来弥补它的工资成本和取得利润，不仅经营得差的企业提高价格，经营得好的企业也提价，价格低的产品涨价，价格适宜的产品也涨价，出

现了由攀比引起的工资成本增长推动的涨价风。人们可以越来越清楚
地看见，旧的吃大锅饭的体制不彻底打破，新的市场竞争的机制不建
立，企业不真正自负盈亏，就不能形成自我约束的机制，工资攀比的
短期行为和消费基金的过度膨胀就不可能避免。这就是几年来消费基
金的过快增长刹不住的原因。（3）财政分灶吃饭和目前实行的地方包
干，强化地方的扩张冲动。地方将日增的财政收入，用于兴办企业，
新建国营企业，扶持集体企业和新盖楼堂馆所。在价格上涨情况下，
地方将财政收入用于贴补职工，这方面出现了地区攀比，因而，在旧
体制下来自中央层次的需求扩张（基本建设需求）之外，又添加了来
自地方的需求扩张（基本建设需求+消费需求）的冲动。

可见，新旧体制转换期具有经济失衡的旧机制继续存在，新机制
的自我调节自我均衡功能尚未充分发生作用的特征。在这种情况下，
不可避免产生了微观上的短期行为。

四、加速价格改革与新体制的建立

我国经济体制改革的模式是建立起"国家调节市场，市场引导企
业"的新的社会主义有计划商品经济模式，这个模式由三个重要结构
组成：（1）有活力的，以公有制为主体的企业。（2）充分发育的社
会主义市场体系和充分起作用的市场机制。（3）高效、灵活的宏观调
控体系。这三者是互相依存的"连环套"，三者的形成将出现一个国
家调控市场，市场引导企业的有计划的商品经济运行机制。如何建立
这一新的机制？这是一个尚在进行的探索。我们实际的做法是：以企
业扩权起步，1984年城市体制改革全面铺开，1985年放调结合，开始
着眼于市场机制的形成，但价格改革的步子很小。与此同时，1985年

"加强，改善宏观控制"，想用行政手段进行控制，但是效果甚微，又诉诸行政方法，银行实行信贷资金切块分配。此后，在通货膨胀7%的威胁下，着眼于微观经营机制的完善，而没有进行及时的价格改革。1985年北戴河会议提出对钢铁和一部分生产资料价格进行改革，将钢材计划价格由800元提高到1100元，然后放开，国家将掌握的钢材投放市场，再给企业一定的补贴。当时价格改革有走碎步，走中步，走大步（价格一步到位，实行联动）三种意见。1986年各地都进行了一些讨论，但是由于企业改革还刚开始，活力差，效益低，财政紧，赤字有60亿，有人说可能达到150亿，怕企业缺乏消化力，点燃一轮新的通货膨胀。政治局会议后，原先的打算也未实施，而对于争议很多的双轨制则是继续实行。

1987年抓普遍推行承包制，以增强活力提高效益，还是走的微观基础的建设。价格改革只是：高档产品适当放开，地区差价适当拉开，未涉及农产品和原材料，步子很小。这一年，由于大大减少和停止进口原料，许多靠国外原料的电子、电视企业效益下降，国内原料进一步短缺，各地互相封锁，某些缺原料的大城市如上海等经济发展放慢，国营企业效益低。看来经济运行无序，互相打架和紊乱现象较之1986年更为严重，两种机制摩擦得更烈，消极面更鲜明地暴露出来。1987年下半年开始的副食品涨价为各年之冠，1988年，七届人大提出：稳定经济，稳定物价，继续深化企业改革。在这样发展的背景下，基本实行的是绕开物价走的改革战略。

从以上对几年来的改革的回顾可见，改革的滞后，既限制了微观基础的改革的深入，使企业不能真正活起来，又制约了宏观调节体系的建立的过程，使政府的直接调控逐步放弃，但经济手段的调控处在无力状态。其结果是，改革有某些停顿，由旧体制向新体制的转换放慢，进入底谷，国家—市场—企业机制没能形成。

事实表明，改革在走出扩权和企业放活这一步后，应该是以市场机制的建造为中心，以价格改革为突破点。这个价格改革，如果具备以下条件：经济稳定增长，国家有一定的供给保证补偿居民消费水平的财力（包括外汇），政治安定，那么即使有一定的通胀，也应该闯价格关，而且宜早不宜迟。世界银行代表团团长1984年4~5月在北京有一个关于中国价格改革的意见，提到不下水着了凉，这是有意思的。价格改革未放在中心地位，这是失误之所在。

此外，宏观环境治理好再进行改革的理论，不能说没有道理。它着眼于避免价格改革引起社会关系的紧张和触发政治动乱。但是正如理论和实际表明，"治理好"是很难达到的，这样只能是推迟改革。而价格改革的滞后，将其带来的两种机制摩擦造成的紊乱无序，进一步强化改革的"阵痛"和困难。例如设想1985年逐步开始价格大调整和放开，其风险较之当前或许要小一些。当然，这样说绝不是说当前的物价改革缺乏良好的前景。

五、社会主义价格改革的两种方法——逐步发展和较为集中地、连续地进行改革奠定不同的体制基础

各社会主义国家都将价格改革作为主要改革课题，东欧国家、匈牙利价格改革开始很早，实行计划价、浮动价、自由价，但迄今未完成而价格又涨了起来。波兰价格改革引出一个瓦文萨领导的，与党对立分庭抗礼的团结工会，因此放慢价格改革步伐，现在又进行新一轮价格改革，大幅度提高消费物价与生产资料价格，但是1988年5月又出现一轮团结工会与政府的冲突。原先体制高度集中，实行主要产品国

家定价的价格体制的国家，为了避免社会的动荡采用渐进的价格改革方法，即逐步提高农产品、食品、原材料价格，逐步调整比价，逐步减少指令性计划价格。但是由于上述原因，价格理还乱，迄今价格尚未理顺，反而使通胀加剧了。

采取连续、较短时期过价格关，在我国就是从现在起用5年左右时间，完成绝大部分价格改革和实行市场调节，这是一种连续，不排斥几步，但却是集中的价格改革，这在我国是一个最大胆的、有风险的探索。苏联迄今尚未对价格改革提出较大力度的改革措施，对此，国外有评价是"戈式改革"的"失误"。

我国价格改革，不是旷日持久的、渐进式的改革，也不是一下子"一步到位"，而是连续几步，短期完成，这是一次集中的价格改革，是一次即时推进的价格改革。它将避免其滞后性，因而这样的改革将伴有"阵痛"，但较之滞后的、拖延性的价格改革，其阵痛是较短的。如上述，价格改革拖得久，将会出现以下情况：

第一，旧的扭曲未解决，新的扭曲又产生，价格越紊乱，越难以理顺。

第二，价格越紊乱，企业短期行为，利润的消费倾斜更加发展。由于收入与利益刚性，群众收入水平将居高不下，加之工资攀比机制诱发消费基金恶性膨胀，而在抬高了的收入台阶下再来进行价格改革（包括破产的企业改革），群众将更加缺乏承受力。

第三，价格不合理，流通领域中会为"倒爷"等不法分子留下更多可钻的空子，从而可能促使一个借助流通领域投机行为而致富的群体的产生。

第四，价格不理顺，将促使某些行业因为价格高而职工能享有更多的收入，使收入差距拉大。原材料、能源等价格低的行业职工收入低下，科技与某些智力服务产品价格未理顺，是公务员和一部分脑力劳动者收入低下的原因。

可见，价格的扭曲和比价的不合理，不仅不利于利益关系的调整，而且将诱发和产生不合理的经营行为，形成与扩大不合理的收入差距。在利益具有刚性，只能增长而难以减少的运行机制下，延迟的价格改革将会遇到更大的、来自各个利益群体的阻力，群众的承受能力将不是更为增大，反而对改革的抵制可能增强。以上情况表明，及时进行的和较为集中地加以完成的价格改革，尽管目前可能有不小风险，但却是具有更大成功的可能性，因而我国实行这一价格改革，乃是一个明智的选择。上述价格改革的成功，将缩短我国从旧体制到新体制的转换时间。

市场体制与社会主义公有制[①]

20世纪80年代以来在中国进行的市场取向改革，启动了当代一场意义重大的社会主义实践，也推动了科学社会主义的新发展。以实践来检验真理，以实践新经验来发展真理，这一科学的思维方式的重新确立，使中国经济理论界，充满生气，硕果累累，其集中表现是十四大以小平同志的经济思想为依据，确立了社会主义市场经济的新命题，这一关于社会主义的新概念，其实践的和理论的意义，都是极其重大的，可以说人们在今天还很难充分估量它对人类进步正在发生和将要发生的积极影响。

我国日益深化的体制改革，特别是近年来所有制的多元化，国有企业建立公有制，实行法人与职工持股，企业联合，合资，股份合作，组织母子公司的企业集团等多形式的企业改革，已经使改革越过了一般的分配关系的领域，而进入了财产关系的深层次领域，并且大大改变了国家、企业、个人的关系。当前以建立现代企业制度为目标

---

① 写于1988年。

的国有企业改革，还在进一步深化，国有经济的内在占有形式、运作方式不断发生变化，加之，乡镇和集体企业因而公有制经济产权制度改革的发展的结构更加多样化，可以说，我国公有制经济正处在大调整之中，人们在当前已经难以用以产品经济为前提的传统公有制概念来说明当前现实公有制的丰富的具体形式。以市场体制作为理论前提，进一步研究社会主义公有制，看清它的内涵、组织结构、运作方式，在国民经济中的地位作用是十分必要的。

一、财产公有制的性质

（一）从主体产权角度来考察社会主义公有制

财产公有制是人类历史上最早的财产制度，众所周知，远古人类社会，就是实行原始公社制度，在社会进入私有制的发展阶段后，在某些时期和某些领域，也仍然存在着公有财产形式，例如在欧洲中世纪的农村，财产的村社共同体所有制，而在近代和现代，一些国家则存在着合作社群体所有制，诞生于20世纪的社会主义国家更是以社会主义公有制为其经济基础。

对于作为财产组织形式的社会主义公有制，许多思想家曾经从不同的角度来探讨公有制的合理性，小资产阶级的"空想"社会主义从"公正"平等抽象的道德原则出发，论述公有制的合理性，马克思主义基于辩证唯物主义与历史唯物主义的方法论，从生产关系一定要适应生产力的性质的经济规律，揭示了人类社会由私有财产制度转变为公有财产制度的历史必然性。在19世纪中末期，马克思主义创始人原则地考察了社会主义公有制的一般特征及其产生和取代资本主义私有制的历史必然性，但是马克思主义经典作家从来不曾想要超越实践而先行给未来社会的公有制的具体形式和机制加以细致的说明。

当代社会主义国家把关于公有制社会的理论付诸实践，但由于社会经济条件的限制，经验的缺乏，创造公有制社会的伟大历史实践经历了曲折，而人们对公有制的理论认识也曾经发生偏差，主要问题在于把社会主义公有制当成：（1）抽空个人、企业集体利益的企业化；（2）脱离现实条件超前公有化，即"一大二公"；（3）实行产品和要素全面调拨的国有化。当代社会主义的根本转折是实行社会主义市场经济，20世纪80年代的中国，在小平同志中国特色社会主义理论指引下，经历了一场十分艰巨的，但取得了巨大胜利的历史性的转轨，由实行计划经济的社会主义，转变到实行市场经济的社会主义。以社会主义市场体制为内容的中国改革与制度创新，不是要抛弃公有制，而是要改革传统公有制模式，寻找与市场经济相兼容的公有制模式，为了完成创新和重构公有制实现形式的任务，要求人们革新传统体制下形成的关于公有制的陈旧观念与扭曲的认识，要合乎实际地、科学地阐明，结合历史经验，特别是当代公有制发展的正反经验，客观考察的基点应该是社会主义市场经济，而什么是与市场经济有机结合的社会主义公有制，则是主题。由于企业、个人及一切经营单位均是市场经济的微观主体，而这一市场主体是以拥有产权，拥有资产——资本营运主体的权、益、责——为前提条件，因此，我们应该从保证社会主义的市场主体的性质和确立它们的市场行为的角度来重新认识和分析公有制的性质和矛盾，探索重构公有制新实现形式，以巩固和完善社会主义公有制的方法和途径。

（二）大群体主体下微观主体产权的"空泛化"

我们考察的出发点是：社会主义实行一种社会群体所有，经营单位是市场主体和产权主体的社会公有制模式。首先要对社会主义公有制下的主体产权的特征加以论述。

公有制实行群体主体，在那里所有者不是一个个的个人，而是许多个人的总和，在历史上曾经出现的这种所有者的群体有大有小，原始公社所有制和合作社所有制，是小群体，我国曾经实行的人民公社所有制是大群体；社会主义全民所有制是以全社会成员为财产主体，是极大化群体主体，以社会群体所有者取代私人所有者，这就：（1）克服了私有制下财产主体范围的局限性，全民所有制的建立意味着广大直接生产者处于财产主人的地位，广大劳动者有着占有财产的平等权利。（2）克服了产益的私人独占，实现了财产利益享有的共同化。全民所有制意味着产益不再是由占社会人口极少数的私人享有，而是归全体社会成员共同享有。可见，对于社会化的生产资料实行公有化建立社会主义全民所有制，由社会（通过它的代表）来加以支配，由全体成员来占有和享有利益，显然地，这就实现了生产社会化，占有社会化，利益共同化的统一，较之私有财产制度来说，社会所有制不仅是物质生产力的解放，而且也是劳动的解放，是劳动者不竭的积极性得以调动的制度根源。

二、实行财产公有制度和主体产权并非没有矛盾

（一）生产活动支配权力的外移与微观主体产权的矛盾

市场经济的微观主体，是一个拥有生产决策权的市场主体和法人实体，这个市场主体和法人实体是由享有法人财产支配权的产权主体来保障的，而一旦实行全民所有，财产所有权属于全民，并由代表全民的国家来支配，由于生产者个人不具有所有主体资格发生了最高支

配权"外移"，由生产者转归生产者之外的或之上的所有者手中，如果说，借助国家对社会化的生产资料支配，统一指挥，形成了新的生产力，但是市场经济要求发扬企业自主，而在生产者丧失了生产自主权的场合，那么就不可能有灵活，主动的市场行为。可见权力的"外移"（或上收），往往会削弱微观单位的主体产权，并带来负面效应。

（二）利益共同化与激励机制的弱化

市场经济，借助市场价格→企业盈利→主体产益的机制，对生产者实行强的经济利益激励，强利益激励是市场经济具有活力的重要原因，而强利益激励则是以主体产权为基础。而一旦实行公有化，占有主体扩大化，原来资产利益归个人，转变为归一群人，往往带来利益由群体分占和的"泛化"，在实行小集体的场合，资产利益和个人之间的联系还是比较明晰的，一旦实行全社会公有化，要确认和界定主体产权，占有主体极大地扩大化、群体化、社会化，每个微观单位都成为平等的利益主体，如果它们均要求均等的产益，人人有份，在分配中的平均主义就会"应运而生"，使有差别的劳动表现为无差别的利益，这种情况不仅表明市场主体的"产益"机制受到破坏，而且，它是劳动利益关系的空泛化和"劳动""疏远化"。

可见，公有化主体的群体化，带有财产支配权"外移"产益的"泛化"的性质，这种财产权益的变化，一方面是国家权力的扩大，另一方面则是企业产权主体地位的削弱。正因如此，历来的社会主义思想均认为公有制将导向商品交换经济的消灭和产品经济时期的到来。

特别是当代社会主义国家实行了一种国有国营企业模式，这一模式把微观活动的支配、决定权集中于国家，企业权力被"收"；把企业间的"职工收入拉平"，实行利益平均，企业被降为政府管理机构的行政附属物，不再有产权，也不具有市场主体的地位，从而不会有市场行为，显然地，这种传统国有制——作为公有制的一种历史形式——和市场经济格格不入。

传统国有制经济体制，不仅与市场经济不能有机结合，"相兼容"，而且基层生产单位缺乏决策权，从而难以发挥劳动者当家作主的主人翁精神，特别是企业吃国家大锅饭和平均主义分配，破坏了物质利益机制，从而抑阻了劳动者积极性的发挥。全民均是主人，体现了社会公正和十分激进的公有制，必须借助于革命激情和行政强制来支持其运作，由于内在动力的缺乏，必然带来劳动积极性的降低，微观单位缺乏活力和生产缺乏效率。这就表明：并不是任何方式的财产公有都是天然优越的，实际上任何公有化往往是正负效应并存，在公有化初始时期，可能表现出更大正效应，但是负效应也会随之产生和表现出来，并且越到后来越明显化。

三、在市场经济的基础上重塑公有制实现形式

社会主义国家曾经长期实行的传统的公有制模式存在局限性和缺陷，这种情况的产生，既有其历史条件的原因，又有认识上的原因。就认识原因来说，最根本的是关于社会主义是产品经济的传统信条，人们是在社会主义实行产品生产和产品调拨并以此作为前提和基于上述需要构建高度集权的国家所有制。

关于社会主义实行市场经济的命题，具有十分重大的意义，它使人们走出了长期停留其中的理论误区，大大深化了人们对社会主义的

认识，也启迪了关于社会主义公有制的新思维，这就是：社会主义要适应市场经济的性质与需要来构筑它的公有制基础，由于主体产权是市场经济的基本权力构架，因而社会主义就要建立一种维护主体产权的社会公有制，也就是说，要建立一种适应市场经济的需要以公有制为主体的多元社会主义所有制结构；要建立一种两权相分离的国有制结构，通过权、益、责在国家企业间的合理划分与界定，一方面有效维护全社会所有权，另一方面又保证生产与经营者的实际支配权及其利益。

就理论认识来说，这就是要把主体产权视为社会主义所有制的必要内容，要根本改变那种关于公有化理所当然要取消企业微观主体的地位和取消企业主体产权的传统观念，要把公有化这一生产关系的变革和市场体制和机制的维护权结合，要把社会公有制度和主体（企业、个人）产权制度相结合。归根到底，科学社会主义既是要适应生产力的需要而对国民经济进行公有化的改造，又要适应市场经济的需要而在国家、企业（及其他主体）间恰当地进行权益的配置，保持合理的主体产权结构，也就是说，不仅要坚持公有制，更主要的是要探索一个能切实解放生产力的公有制的实现形式。

经济转型与总量失衡①

一、我国经济紧缩、调整的特征与达到总量平衡的困难

（一）总量失衡与结构失衡经常同时发生，我国近10年，二者更是交织在一起，并互相促进

20世纪80年代初的调整（1981~1983），主要解决投资需求过大的总量失衡和重工业过重，轻工业过轻，农业发展不足问题。1984年后，一方面农业徘徊，另一方面，市场调节作用增大，分配向企业个人倾斜条件下，加工工业（特别是高消费工业）膨胀，基础原材料、能源、交通落后，结构矛盾尖锐化，使总量失衡激化。

在发达市场经济下，借助需求管理政策调整总量，执行产业政策或短或长也将引起结构调整，但在我国现行体制下，结构具有刚性，难以调整。因而，我国宏观紧缩政策会出现总量矛盾缓和化，结构矛盾无法解决，仍然尖锐的矛盾，正是因此，我国的调整，应该是紧缩即压缩总量加上调整结构，二者相联系，但又相区别。

---

① 写于1990年。

基于结构失衡的多年积累且十分尖锐，总量失衡问题严重，结构调整应具实现总量均衡的主要条件。由于后者需要较长时间，因而，紧缩阶段可以较早完成，调整阶段则要更长。而在结构失衡未能根本解决前，总量的矛盾可以缓解，达到某种相对均衡，但是毕竟不能巩固。

总需求与总供给：总量分析方法。

作为宏观经济的概念，总供给是总供给者上市销售的商品，总需求=总需求。

以再生产一段时间通常是一年来考虑，这一年总需求大于总供给，称之为需求过旺，但实际上可能有上半年的需求小于供给，而出现需求不足而下半年则是实现总需求等于总供给，也就是说：存在市场需求小于或等于（大于）供给的经常变化，并且在这变化中实现再生产年度的总量均衡的。

（二）过度需求与不足需求

过度需求=需求−供给为负值，或供给不足。

不足需求是需求−供给为正值，或供给过剩。

总量均衡当然不是指个别企业，个别短的时点的上述供需均衡，而是指一个再生产期间的均衡状况、格局、走向、势态。

紧缩中的市场：（1）不适销的结构性"供给过剩"——原有供给，一下子40%过剩。（2）出现市场需求不足性的"供给过剩"。（3）出现"摩擦性"的，市场需求与供给不能对应，引起的供给过剩。

传统经济运行的特征是经济不断扩张，资源短缺不断积累，其表现是结构失衡经济达到资源供应的极限，即结构失衡尖锐化，在进一步扩张难以为继地步——包括消费品黑市的出现——然后出现调整，即普遍的下马，在强制性的调整后，资源供应缓解，然后又开始新的经济扩张和又一轮资源短缺的积累。更具体地加以说明如下：

第一，随着经济普遍的扩张，一系列基本生产资料出现卖方市场，即出现了产品结构的失衡，此后发展为行业结构与产业结构的失衡，在我国20世纪50年代以来的经济发展中，其表现形式是基本原材料，如钢铁、建材、电力、交通失衡，与此同时，基本消费品也出现供应不足。

第二，在传统体制下，政府借助强制性的计划机制，来维持"三平"，即供求平衡、城乡物资平衡、信贷收支平衡，因而，资源短缺化和结构失衡首先是在总量大体均衡框架下进行的，就宏观经济来说，总生产与总需求是大体平衡的，但是它却孕育着局部领域的结构失衡。

第三，由于经济中缺乏自我调整机制，即使是有经常的年度计划调整也难以对上述失衡进行校正，因而，强劲的微观的扩张冲动，终于会使上述失衡不断发展，并造成总量的失衡，即生产扩张对基本生产资料的需求和群众收入增长后对基本消费品的需求超过了总产出，以及信贷的不均衡。这种总量失衡是物资短缺化的顶点，它表现为扩张的经济因物资短缺而难以为继，出现了普遍的黑市交易，即通货膨胀造成总量均衡，政府过量的投资行为往往起着关键作用。从我国几度经济过热的发展中，人们看到，在物资短缺化的渐进发展中，由于政府在急于求成心理下追求大发展"大跃进""洋冒进"，加剧了经济短缺，造成经济大失调。

（三）短缺的持续化

第一，由于（1）社会主义经济不发达，争取速度始终是经济的内在趋势——中央采取高速度，表现"急于求成"，是这种内在要求的表现。（2）计划的主观主义。（3）短缺根源在微观经济：软预算约束下的企业行为。科尔奈分析基本上是微观的，关键是企业的软预算约束，即国家—企业的关系，因而短缺的产生不可避免。

第二，缺乏有效的自我调节机制。（1）计划机构采取调整，——暂时压低速度。（2）企业的内在的"数量冲动"不会消失。（3）消费者在"短缺"下的高"消费倾向"导致不能抑制消费品购买。（4）由于（2）（3）缺乏自我调节机制，产品产业结构失衡，效率下降等，不能达到"较长"即使是大体恢复宏观的均衡，微观的结构均衡难以实现。因而，本质上"整顿""调整"基本只能使"短缺"得到某种缓解，一定时期后，即紧张状态"松弛"后，又开始新一轮膨胀。

（四）短缺经济——抑制性的通货膨胀

既然存在普遍短缺——或者总需求大于总供给——因而这是一种通货膨胀的运行势态，只不过依靠行政权力的物资分配和消费品配给制，使市场经济中需求对价格的拉动效应得不到表现，从而是一种抑制性的通货膨胀。

社会总需求与总供给的平衡机制，强制性的平衡，正常的平衡，必须看到国家的宏观调控作用下，对再生产机制可以发生很大的影响，借助国家的干预与调节可以改变总量关系的状态，社会主义国家的宏观调控，在采用紧缩政策时，可以人为地改变总量关系的状态，甚至有可能在短期内把不均衡结构转变成某种强制性的暂时均衡。

（五）强制性平衡下，存在需求强降，供给强增

需求强降指由于种种经济非正常性运行或非常规性行为而产生的需求下降。例如：（1）储蓄过度——分流过度。（2）消费不足（持

币太多）——消费乏力或抑制。（3）待业过多，部分阶层收入增长放慢或下降——收入，货币购买力不足，但是这种人为的，借助不正常的经济力，特别是借助于行政手段强制力形成的供求关系，必然是不牢固的和不能持久的。因而，上述均衡只能作为一种应急措施，人们在治理整顿中的目标必须是，由即期短期平衡，到持续的中期或长期平衡，由暂时的平稳到经常性的平衡，由强制性平衡到正常的平衡。何况，紧缩中出现的是一种即期的不均衡。因而，总量控制，要持之以恒，根据实践，把即期需求压下来往往可以短期生效，但较稳定的总量均衡形成却非短期能有效。

二、治理整顿与市场需求不足

（一）即期需求不足的性质

我国紧缩过程中出现了一种矛盾现象：多年来供不应求，总需求超过总供给，而短时期内一下子变成供过于求。人们说"万种商品无俏货"，一些同志认为：总需求大于总供给问题业已解决，治理整顿业已到位。还有些同志认为，多年形成的总需求大于总供给格局，怎么能一夜之间解决呢？当前仍然是总需求大于总供给，但是他们不能解释我们面对的"市场需求不足"的问题。

对十分复杂的经济生活和市场需求状况进行理论分析，要求我们区分总需求供给格局与即期需求与供给概念。我们这里提出的即期需求，是指再生产一个年度内（甚至半年）现实的市场需求，它表现为实现了的货币购买力，即总购买行为和总供给的均衡。但是总量均衡，可以作为动态的均衡，即一个再生产时期（3~5年或更长）的均衡，在社会主义计划经济中总量均衡，是指中期的甚至是长期的均衡，以形成国民经济稳定、协调、持续发展的条件，因而作为指导计划经济长期运行的总量均衡，乃是指这一中长期的、运动中的均衡，是分析这一均衡的格局、势态，这样，即期需求就可以说是总需求——总供给较长格局中，在一个时点——例如一个年度——的表现，这样，在总需求大于总供给格局下，就可以出现即期需求一下子下降，甚至表现为不足的状况和现象。

（二）收入形成现实购买力，未使用购买力的存在

如我们指出，即期需求不等于已形成的有货币购买能力的全部社会需求。这就要弄清收入（货币）形成、现实购买力形成和未使用、未实现的购买力等几个概念。在商品经济中，国家、企业、个人的货币收入当然是购买力的基础和前提，但并不是所有收入都转化为现实的市场购买。

我们采用这样的概念：ε 货币收入M（居民收入之和）用于即期购买部分C=储蓄S+手持现金H（未使用购买力），而不用结余购买力概念。未使用购买力是潜在购买力，它包括：（1）近期将使用的，（2）中期才使用的，（3）或是至少很长期才使用的，从而可视为储财手段而长期不使用的。

在一般情况下，S、H是较为稳定的，因而C与M成正比，取决于居民货币收入，但C，又受制于（1）产品供给Z^1，（2）消费品质量Z^2。若消费品不足Z^1小，则C小，从而K大；若消费品质差Z^2小，则C小，从而K大。

在一个生产过剩、需求不足经济中，Z^1和Z^2的情况可排除，因而，在短缺经济，则存在以上两种原因引起的K大，即未使用购买力多的现象。

（三）1983～1988 五年购买力平均增加 30.5%

我国出现的即期需求不足，是与可回归（流）的近期或中期需求并存的。即期需求乃是总需求中分化出来，在即期，该年度表现、实现的需求，1989年迄今，它是高的总需求的一个被抑制的表现形式。（1）随着用以紧缩的高利率逐步降低，储蓄倾向将会下降。（2）产品结构改善，消费倾向将会强化。（3）随着松动，需求将增长，结构未改善，涨价倾向呈现出来。（4）货币大量流入，——原先回流了的又复流出，并在市场转旺中，出现转化，沉淀为货币的购买力。（5）消费由过热（购买过量）到不足，又转化为增长，是一个规律性的，能吸引基本消费购买力，由于新一代消费品的开发，消费又会有新的增长，目前放慢的被压抑的消费，不会持久。

目前是：居民的货币收入仍然增长，手持现金近年年增加500亿以上，（1）流通中货币不少。1988年投放680亿，1989年210亿，两年平均445亿，平均增加27%，数量不少。一种估计，1989年吸收一批多余票子，但1989年市场仍多300亿元。一种分析：1984~1988年，共发行货币1604亿元，需要增加的588.5亿，物价调用所需的134.2亿，超经济发行911.3亿；1988年底2134亿市场货币流通量，其中有600亿是多发的。（2）手持现金多。手持现金=居民手持现金（a）+企事业单位库存现金（b）+信用社库存现金（c），a占80%。b、c是用于结算，其增大，是结算需要而不是购买力，a=现实购买力。1988年a=1693亿，比1983年大9.7倍，评价正常与否的指标：市场流通现金：社商零售总额，此比1988年为1∶5或4，1989年9月为1∶4.78。

还应考虑到，有效供给状况是疲软与紧缺并存，供给强制增长，成本推动，企业效益恶化等。

供给强增指非正常性经济因素造成的供给增长：例如，（1）物价大量补贴，而增加的供给。（2）强制性手段下，生产一时增长，而价格远低于价值，或是拼设备而带来的生产增长。以上强降或强增，发生在紧缩时期，由于所依靠的是不稳固的因素，因而是不能持久的，甚至是注定要发生反弹的。例如，物价由财政外补贴难以为继；财政支出，银行透支，货币增发的连锁，又会引起物价上升，从而会发生反弹。

可见，强制性平衡是不稳的，这种需求下降，没有稳固的基础。

（四）总需求大于总供给的格局没有根本变化

第一，成本推动因素没有消除。市场供求矛盾趋缓，但工业产品价格涨势很旺盛。造成工业产品成本居高不下的原因：一是交通运输、能源及部分原材料工业供给仍然紧张；二是一些过度扩张的加工工业在治理整顿过程中并未明显收缩和转移，许多企业只是暂时停产或半停产；三是产出减少，但工资成本及其他固定费用并未相应下降，因此导致工业生产回落，产品滞销，价格上扬。

第二，产业结构没有改观。1989年工业生产明显回落。但应当看到，工业生产增幅下降乃是采取行政手段，紧急制动而产生的效果，并非落实保压方针调整结构而出现的变化。

第三，企业经济效益恶化。据统计，从1984年到1989年国民经济物耗率由57.8%上升到62.7%，投资系数由1.59上升到3.09，百元工业总产值占用全部流动资金由42元上升到62元。而国营工业企业资金利税率由25.1%下降到22.6%。上述情况表明，我国经济运行没有摆脱速度效益型的模式。在治理整顿过程中，经济效益低的状况不但没有改善，反而呈下降趋势。

第四，市场供求关系不平衡。许多商品的供求仍然偏紧。目前出现的市场疲软，从深层分析，结构性矛盾很突出，市场存在许多不稳定因素。（1）全社会商品库存同市场流通量的比例下降。（2）当前生活资料物价平稳是由巨额财政补贴支撑，总额在400亿元以上，使财政承受极大压力。（3）市场销售有疲有旺，实质上疲软的是耐用消费品和生产过剩以及不适销的产品，而真正适销对路的工业品又供给不足。（4）货币回笼下降，而储蓄存款中3年以下的占绝大多数，表明并非是购买力减弱，而是储币选购增加。

第五，信贷扩张因素并未消除。紧缩银根是宏观紧缩的重要目标，由于以下几方面原因，实际情况是银根紧而不缩。一是过热经济惯性的拉动；二是物价因素使企业资金需求增长。1989年生产资料价格平均上涨19.9%，也就是说，企业要维持相同生产规模需补充营运资金总量的20%。三是企业自有流动资金逐年递减，加深了对信贷资金严重的依赖性。四是企业亏损吃掉一块资金。巨额的资金在经营中消失，财政无力弥补，留下了一个大窟窿，由银行信贷资金垫付，不仅影响企业资金周转，银行信贷资金的回笼也受牵制。资金供求必然出现紧张局面。

因此，即期需求的陡降，在于种种临时性因素，带有总需求被压抑性质，是暂时的，而非常规的，这种即期需求下降乃是总需求大于总供给的结构下发生的，如果考虑到被过量推迟的消费需求，即期需求不足可以视为是一个"假象"，而不是事物本质。

三、市场疲软现象与紧缺并存

匈牙利经济学家科尔奈分析了社会主义经济中短缺与生产性带存（存货策略可能售出的存货）并存，疲软是指非生产性存货，即销售不出去的太多的存货。

在体制不健全情况下，生产者由于信息不通，或软预算约束，一部分产品不能适销，因而会成为存货，但短缺性增强下，这种存货可以逐步销售，因而这是"生产性带存"以区别于完全无销路的残次废品——"非生产性带存"。

市场发育不足，机制不健全，调节压力，即"摩擦"，是"生产性带存"不能缩小和消除的原因。短缺越强——生产性带存越小。短缺改善——带存越多（因为流通机制不健全）。在出现商品缺乏市场情况下，出现"非生产性带存"，即因无销路而引起的库存。

治理整顿，当前的中心问题是市场问题。我国经济紧缩中出现了市场需求或销售量的过度下降，出现了即期市场需求的不足，销售量低于供给量，也就是出现消费的相对不足和某种供给的"相对过剩现象"。

紧缩中的需要缩减效应激化表现为即期需求不足，或购买不足，生活生产消费购买不足。

1990年1~6月，社会商品零售总额4039亿，比去年同期减少1.9%；物资部门生资销售1132亿，减少5.3%；农村市场销售下降，县及县以下消费品零售减少6.2%；工业企业产成品库存，5月末比年初增加225亿元；同期银行全部新增工业流动资金增加贷款72.3%。

1990年5月，现实购买量增大，市场回升。1990年社会商品零售总额2月份减少5.6%，3月份减少4.9%，4月份减少3.3%，5月份减少0.5%，6月份增加1.4%。生资市场销售，5、6月份也开始回升。

需求不足，在我国是一个罕见的现象。它仅仅出现于调整时期，1962年，曾出现社会商品零售总额的下降，1979~1988年间的两次调整，不曾发生消费需求不足现象。在我国的"短缺经济"中，通常是需求过旺，1982年调整中，曾经一度出现了买方市场，因而，人们对于需求不足，它产生的效应，对再生产进程的影响，可以说是不甚了了。而1989年以后出现的需求不足，给我们带来困难，也逐步使我们研究和加深对需求不足的认识。

四、如何认识紧缩过程中的市场需求缩减现象

紧缩过程中的需求缩减是紧缩阶段性效应的一般市场需求缩减，是作为紧缩，负效应的需求缩减的激化形式。

（一）即期需求不足的原因分析

即期需求不足原因：（1）需求增长的压缩效应，包括个人现实消费的，某些不足。（2）紧缩环境中的产品结构失衡的暴露，货不对路，它是消费者心理变化所引发。（3）紧缩的银行储蓄政策下，储蓄、消费关系的调整，特别是紧缩环境中的储蓄意识强化及其对消费心理的抑制作用。（4）疲软——市场分割的负效应，因而，在货币购买力充足的情况下，却产生一个暂时的非购买机制，产生即期购买力的不足，从而引发市场疲软紧缩阶段性效应。

宏观紧缩政策，应该产生需求缩减效应，这是紧缩的必然，也是紧缩的目的，是正常的紧缩效应。一个温和的宏观紧缩，也要引起消费需求增长的放慢。首先，工资增长放慢，1989年银行工资性支出增加15.8%为近年最低。其次，它表现为社会商品零售总额增长的放慢，例如，1988年10月至1989年6月的情况。这不是现实市场需求缩小，而是相对不足，即增量放慢，它起着抑制经济过热的作用。但是过热经济，是靠过旺需求来支持，用以刺激消费，如果不调整结构，把应淘

汰的企业淘汰，使企业生产适销，而需求增量减少过多，将会引起产品滞销，经济就会难以运转。

（二）紧缩需求的激化表现是供不应求转化为"供大于求"

即期需求不足原因是总量失衡，在总需求超过总供给的总量失衡结构或格局下，由于实行需求压缩+需求摊迟（分流），即需求的调节，会出现现实的市场需求的缩小，对这个宏观经济紧缩和调控效应的现实市场需求的缩小，人们很少进行理论的考察。

这个现实市场需求的缩小，是与潜在需求的增加并存。就货币购买力的形成来说，属于"相对的"需求缩减。它甚至可以发生在居民消费收入绝对增长的条件下。（1）由于储蓄比较利益增大，吸引和扩大了收入中用于消费的被推迟部分。尽管这一被推迟的需求中，有一部分可能是长期被推迟的，不会用于现实购买的，即是出现稳定储蓄倾向提高，如保障需要强化，但这中间总有一部分是暂时被推迟，基于各种经济因素，它可以在一定时间重新投入市场，成为现实的市场需求，在1990年的1334亿元储蓄增量中就有这种情况，因而不能否认，我国储蓄中一部分的"结余购买力"的性质。可见，储蓄转化为潜在的，即未来的需求。（2）现实购买力过度转化为手持现金。手持现金，即现实需求转化为货币沉淀，成为不流通部分，由于其中一部分人是持币待购，而这部分一有条件，就会转化为购买，因而，这也是一种潜在需求。（3）因产品即需求客体的缺陷而发生的消费需求的强制抑制。在产品质量差，或缺乏新的可供替代的、有普遍吸引力的消费对象时，人们不买，而储币或持币。特别是一个低收入水平的国家，一个具有普遍吸引力的消费对象或兴起一个消费热潮，而在替代产品未出来之前，人们少花多攒，可以说消费需求的正常扩大因消费对象推出障碍而发生抑阻，这种消费的强制性抑制，即强制储蓄，表现为1989~1990年需求紧缩效应的另一激化形式——部分居民阶层消费收入总量的下降，即绝对有支付能力的需求的缩减，并引起现实市场需求缩小。我们这里指的消费主体的收入下降，如农民收入的下降情况，在社会主义国家紧缩中很少发生，纯属负效应，但是它有可能发生，是应该予以避免的，要使紧缩不超出可以承受的范围。

我国不曾出现居民总收入的下降，紧缩期中消费不足，主要是增长相对放慢。不能忽视体制性的消费增长趋势，消费基金过度增长控制不住，始终是我国经济的一大问题，现实是：有购买力的总需求仍然增长很快。手持现金，1988年，1493亿元（新增532亿元在内）；1982~1988年年均增长188亿元；1989年货币收入2936亿元，1989年储蓄增量减少1345亿元，为1591亿元。

1989年储蓄增长很快，尽管有虚假部分，但是不能否认居民存在某种消费需求的强制性抑制或自觉性抑制。产品质量差，成为一种强制性抑制，保障需要增大，是自觉性抑制。

我国出现消费需求的缩减激化形态即期需求不足的原因：（1）集团购买力控制。1989年1~9月，521亿元，全年可能600多亿元，增长6.2%（1~9月），扣除物价为负增长，这是正常的紧缩，集团购买力亢进乃是我国经济的一大弊病。（2）价格过高，抢购风起，趁机抬价，全面上涨，服装、搪铝、塑料制品、钢铁、家具尤凸出，耐用消费品几次调价，彩电（包括消费税+国产化基金900元）价格上调一倍。（3）紧缩需求效应下的"抢购"转化为"适销才购"，从而多年累积的结构性矛盾暴露出来。（4）高利率政策+物价涨幅下降的储蓄比较利益强化，购买力转化为储蓄。（5）"买涨不买落"——消费心理，消费选择强化，使现实消费受到抑制。

结构性滞销，会因即期需求不足而强化。在物价涨幅下降中，即期需求会缩小，而使结构性滞销表现出来。

即期需求量的进一步下降，人们的消费选择更是加强，供给刚性，结构变化慢，因而应该及时调整结构，但实际上，下降的总需求，面对着大量的，甚至是更多的不适销的产品，其结果必然是结构性滞销的更加强化。由于（1）结构刚性，调整困难；（2）信息不畅；（3）资金紧缺；（4）软预算约束等原因，不适销产品，照样生产，增大积压。需求量和结构疲软之间存在某种关联：结构性疲软程度会因需求量下降而增加，即期需求量下降→激化市场滞销。具体而言，第一步，严峻紧缩的需求紧缩效应：（1）居收入增长放慢。（2）消费需求的推迟，转化即期的消费需求的向储蓄转化。（3）消费需求的推迟，转化即期的消费需求的沉淀为手持现金，引起需求增长放慢和出现结构性疲软。第二步，结构性疲软未及时缓解→钝挫再生产机制，引起生产低速持续化，产生由于生产弱化进一步引起的有效需求的缩减。一方面，由于生产停滞，收入增长放慢。另一方面，存在现实需求的转化率高——高储蓄率，其结果是又发生即期需求的下降，在这种背景下，就会有正常的宏观紧缩政策产生的阶段性效应——市场疲软和紧缩负效应深化的需求不足性市场疲软的并存。

（三）即期需求不足进一步发展为流通机制紊乱与滞流

1. 滞流性市场不足

我国的商品滞流，是一个存在多年的现象。它表现于商品积压，生产者库存积压，不易保存的商品因不能销售而被破坏等形式上。商品滞流，在农村更是表现得突出，农村自然经济传统体制的缺陷，使市场发育不成熟，在一个过热的经济中，使滞流被掩盖，而一旦经济紧缩，这一问题凸显出来。一方面农村远未形成工业消费品的竞争性市场，而成为推销次品场所，是商品经济的"后院"。

2. "滞流性"疲软的产生及其治理措施

疏通流通渠道，加强主渠道，利用辅渠道，实行多渠道，少环节，使货畅其流，使商品此地无销，它地得销，以强化实现供给与需求的"对接"，这是治理市场疲软的主要措施。

我国长期存在因流通不畅的滞流性销售不旺问题，例如农产品进不了城，工业品下不了乡，产品地区封锁，造成许多商品缺乏销路，增大了库存。冷背残次品，也因未采取措施，销不出去，成为库存。在市场疲软条件下，滞流性疲软问题凸出来了，滞流性疲软，在需求不足下，进一步强化了结构性疲软市场疲软，人们消费选择增强，原有的产品更缺乏吸引力，更需要产品流动，商品更新，但流不动，消费者面对着是多年一贯老产品，更是惜购、拒购。因此，应该以搞活流通，疏通渠道，货畅其流，作为缓解市场疲软的一项重要措施来抓。

畅流的促销潜力：畅流的供销潜力很大，对此人们往往认识不足。各地的商品下乡，促销成果一再表明，中国潜在的市场需求很大。市场疲软的原因在于流通的阻滞、不畅，流通半径的狭小，机构的购销功能薄弱，一方面供给到不了市场最佳位置，一方面需求不能与供给接通，这样的"不到位"，使前者表现为"过剩"，使后者表现为不足，即需求相对不足。这种相对不足，是市场未开发，流通不畅所引起，是"滞流"，引起的需求不足。

在社会主义制度下，"滞流性"的需求不足是一个长时期现象，它在产品经济中表现为积压。在改革过程中，会改善"滞流"引起的疲软。

在经济紧缩过程中，在出现市场疲软现象后，市场疲→流通困难→市场更疲，甚至引起市场分割。市场分割始于1990年，在中央采取启动市场措施后，地方政府也采取措施，今春南方某省命令禁止外地产品在本地销售，6、7、8月地方市场分割愈烈。

市场疲软加重了流通环节的困难，流通困难又加深市场疲软的程度。打破这种恶性循环，需要减轻商业企业负担，保护和调动流通部门的积极性，通过推进商业流通体制的改革，理顺方方面面的关系，千方百计扩销。地方保护主义抬头，地区封锁阻碍了商品流通，保护了落后，严重干扰了产业、产品结构的调整。

市场分割，意味着统一市场转化为地方市场；流通受限于地域范围，供给不能与全国范围的需求相对接，而只能与地方范围内的需求相对接，因而，产生“滞流性”的不适销和引起“强迫储蓄”，从而市场需求不足，使市场需求不足强化。

五、传统的计划经济体制下的社会主义经济运行特征

社会主义制度下国民经济运行，要而言之，是政府行为，以及受政府行为制约的企业行为的总和，企业是国民经济的基本单位，或经济机体的细胞，企业的活动机制或行为，对于经济运行，起着重要作用，即使是在高度集中的传统体制下，企业行为特征对于经济运行的作用，也是不可低估的，可以说是起基本的制约作用。而要阐明传统国民经济运行特征，只有从企业行为的分析开始，从企业中去寻找其原因。

传统的计划经济下的国民经济运行，大体说来具有以下特征：（1）国家按照计划用行政手段驱动企业运行，用行政手段根据调整后

的计划，调整企业活动，是政府推动、制动企业，是外在力量不是内在力量推动下的经济运行；（2）是行政手段——指令性计划——驱动经济活动，不是利益吸引与驱动；（3）（企业的扩产冲动+政府的高指标）→无价格调节机制，直线推进的扩产——资源约束的紧运行；（4）缺乏自觉调节下的结构失衡→加深了与资源短缺经济紧运行；（5）是高成本低效益经济运行。上述经济运行，科尔奈称之为"短缺经济"。短缺性的经济运行的确是改革以前各个社会主义国家，包括中国长时期的经济运行的特征。

出现短缺，其微观的原因在于企业存在内生的盲目扩张机制，后者又是在于企业缺乏健全的运行机制，特别是缺乏使其行为合理化的约束机制。

企业的运行机制包括自身激励的动力机制，自主经营机制，自行发展机制，自身约束机制，自身调整机制等，传统的企业是产品经济中的企业。

企业的生产活动，总存在经济约束，即制约其生产活动的因素。（1）原材料与中间产品（投入品）的约束，即企业的生产活动是与它能获得的原材料与其他投入品的量成正比和以之为界限。（2）产出品的需求约束，即企业的生产活动是与它的产品所能获得的市场需求量（包括调拨形式的非市场形式的需求）成正比。（3）生产的预算（财务与信贷）约束，即生产活动与企业所能获得的预算与信贷资金量成正比。（4）就传统体制下的企业来说，十分明显的是投入品约束是经常性的硬约束，企业所能进行的扩大生产活动的状况与限界，就是它所能分配得到的（或其他方式得到）投入品量。产出品的需求约束是软的，这是因为一部分产出品以滞存形态保持于企业之中，经常性的大量滞存的存在，正是传统产品经济的特征，而在产品出现严重过剩情况下，政府借助于重新修改计划，而使企业产出品获得市场。就预算与信贷约束，即收入上缴财政和再生产资金下拨，以及获得信贷资金的状况来说，这在传统企业却是软的约束。因而企业的上述三项经济约束，表现为一硬两软。（5）软预算约束无疑是传统企业的重要特征，也是支配企业经营行为的决定因素。社会主义企业实行经济核算制，这一管理国营企业的体制，把企业的支出与收入联系起来，要求企业实行独立核算，以收抵支，并获得盈利。这样就使企业行为受企业收支状况的约束，这种管理体制最早实行于新经济政策时期，按照列宁的思想，企业要实行严格的经济核算制，要对其使用国有资金承担严格的责任，也就是要使企业活动受到较硬的预算约束。列宁这一国营企业实行严格的经济核算制的思想，是基于对商品经济中的企业营运规律的深刻认识，因为商品经济中的企业，只有使其生产活动受自身的收入的制约，依靠企业自身资金，才是自负盈亏、独立经营的商品生产者。企业只有使它的支出严格受收入制约，遵循以收抵支和取得盈利原则，企业才会产生提高盈利率的强烈动机，对合理开支——包括投资支出与消费支出——和节约支出的关心，才会有不断完善经营管理，实现技术进步和生产效率提高的内在动力。一句话，企业行为才因适应于商品生产经营的规律而成为合理的行为。

但是由于种种原因，社会主义国家并未能按照列宁的上述观点来建立和形成国营企业的经营机制。恰恰相反，实行了企业吃国家大锅饭的体制，即国有国营，统负盈亏。尽管企业实行独立核算，对企业规定有预算上缴的责任（包括偿还银行贷款的责任），但是国家却不严格执行对企业的预算要求，而是以优惠税率、优惠信贷、财政补贴来"扶持"企业，这种"父爱主义"的国家与企业的关系，使企业行为失去内在的经济约束，收不抵支（包括经营不善）对企业不起作用，预算制约软化，企业的行为不再受以收抵支、取得盈利制约，从而产生"数量冲动"，即追求产值，为此不断地扩大生产，产生投入品缺乏"自我抑制"的"贪婪需求"，即"投资饥渴"。此外，企业实行多目标，承担着多种社会职能，如安排就业，发展地方经济，等等，也促使企业不断扩产。加之企业如果不扩大生产，纯收入又被政府调走，用于其他部门，这也促使企业不断扩产，特别是政府采取用产值考评企业领导人实绩的方式，这种机制更强化了企业追求产值的冲动。

软预算约束还使平均利润率对企业行为失去规范作用。企业收入在减除成本后的利润和利润率，不仅是起激励企业的作用，而且利润率是衡量企业效率的重要尺度，因而还起着规范经济行为的重要作用。

在实行软预算约束条件下，利大利小并不影响企业营运，造成企业对成本、效率、利润率观念淡漠，人们不是按照这些指标的要求来组织企业的生产与经营，从而造成企业在投资等行为上失去制约和违反效益原则。

追求数量的强烈冲动，在软预算约束下，使企业制订更高产值的计划从而造成越来越多的物资的要求，引起各种生产资料供应的紧张。

政府的投资行为进一步加剧物资紧张。社会主义国家在经济不发达条件下有着强烈的追求高速度的愿望。高度集中的体制，使政府既是所有者和经营者，又几乎是唯一的投资者，政府享有集中企业纯收入的权力，在财政银行一体化的机制下，成为有不竭财源的投资主体。高度集中的投资体制是社会主义国家往往出现超国力的投资膨胀的原因，这种超限度的投资大大扩大了物资供应的缺口，引起物资短缺。

从上所述，我们看见，传统的企业体制下的经济运行，造成一个企业扩产的冲动和政府过度扩大投资的行为相结合，并在二者互相推动下，产生一个直线向前推进的生产扩张，并由此造成消费品与物资的匮乏和供应紧张，其结果是经济超过限度的紧运行，表现为物资、市场紧张，这即是短缺经济。具体地说：（1）生产者面对的是卖方市场；（2）计划的物资供应紧张——经常靠其他渠道来"补充"；（3）消费者面对消费品不足；（4）经济在"短缺"下运行——资源紧动用和紧约束、紧运行的非正常状态。这是传统经济体制下经济运行的特征。科尔奈的功绩在于分析了这一特征。

六、发达的市场的形成：充分完备的市场体系，全面放开的市场价格

现代商品经济的特征是：（1）具有高度市场经营积极性的微观组织（主体）；（2）全面的、势能高度强化的市场调节。（1）与（2）是互相关联的，是市场经济组织与机制的微观与宏观两个方面，微观：主体的行为特征体现了市场作用；另一方面，市场的作用状况又体现了主体的行为。

大体说来，一方面，越是存在一个有着高度积极市场经营行为的主体，越是会产生作为总的主体行为的市场组织及其机制。另一方面，越是存在一个有着高度的势能的市场调节机制，就越是能形成具有高度市场经营积极性的主体。因而构建市场经济的基本组织或体制，其任务是双重的，即：上述市场主体的组建，上述市场组织与市场机制的形成。

（一）市场建设首先是社会主义市场体系的形成

现代市场经济的市场体系：

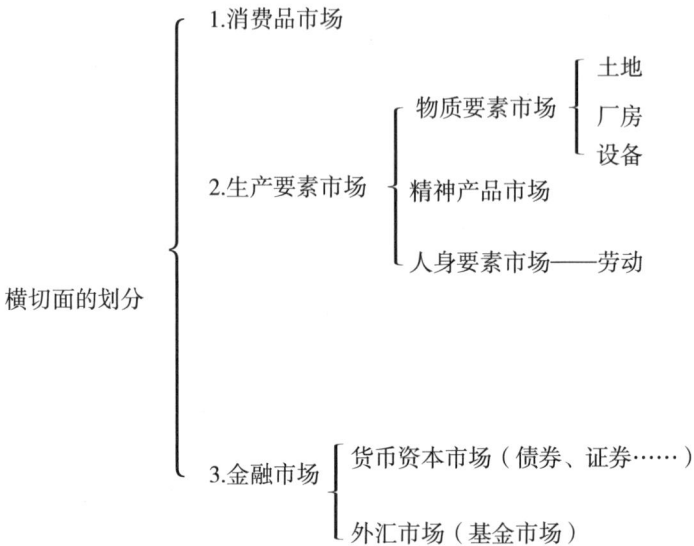

$$
横切面的划分
\begin{cases}
1.消费品市场 \\
2.生产要素市场
\begin{cases}
物质要素市场
\begin{cases}
土地 \\
厂房 \\
设备
\end{cases} \\
精神产品市场 \\
人身要素市场——劳动
\end{cases} \\
3.金融市场
\begin{cases}
货币资本市场（债券、证券……） \\
外汇市场（基金市场）
\end{cases}
\end{cases}
$$

纵向的划分：

由于商品经济中生产的始发要素是货币资金，$m-c\left\langle{\substack{P\\c}}\cdots c'-m'\right.$，在其他的生产要素成为既定的条件下，货币资金成为生产的决定要素，因而金融市场就十分重要，它与货币资金的筹集、转换、积累、集中，有着十分密切的关系，金融市场组织的发育完备与市场功能的强化，就能筹集、集中、融通大量的货币资金，就能有一个高扩张能力的生产。

因而，可以说：基础性的市场是消费品市场+生产要素市场，枢纽性与核心性的市场是金融市场。在发达的市场经济中，金融市场极其灵敏的市场调节作用而引人注目。

市场体系的结构：物质要素市场、人身要素市场、资金要素市

190

场、产权市场（财产占有权，有价证券）。近代商品经济的发展，表现为一个市场化的过程。（1）消费品的市场化。人们不再为自己生产消费品，而是为市场交换而生产商品和生活用品。（2）随着资本主义大生产的发展，一方面有物质生产要素的市场化，一方面有劳动力的市场化，资本主义企业家从市场获得各种生产手段与劳动对象，另一方面，从市场获得劳动力。（3）货币资金的市场借贷，即作为资金商品而在市场售卖，这是发达的商品经济的现象。资本家由此不再依靠自己的资金，而是通过各种金融工具去融通（借与贷），筹集资金，扩大自己占用的资金规模，同时在股票等投资形式上，借助财产的资金化与市场流动化，大大促进了企业的联合，以及资金在不同部门中的转移，可见，资金市场，所引起的资金流动大大增强了企业自我扩张与自我调整的能力。由于货币发行及资金信贷的状况关系总需求，国家通过金融的宏观控制——通过金融市场的公开政策活动——外汇政策——就可以控制有购买力的需求，从而调节宏观经济的节奏。因而，资金市场成为国家发挥调节作用的一个重要结构。可见资金市场，在发达的市场经济中，特别是国家进行调节的市场经济中，占有枢纽的地位。

金融市场的渗透其他市场。现代商品经济资金信贷关系，已经渗透一些消费品、生产资料、劳动力的买卖之中，依靠资金信贷活动来从事生产经营，乃是现代市场经济的特征，因而，物质商品生产，劳动力市场化的需求，供给的形成都是借助资金市场状况。发达的金融市场，才有发达的消费品市场流通，才有发达的其他生产要素的流通，才有灵活的供给、需求变动，才有现代十分灵活的市场经济。

价格变动机制依托于金融市场的供给变动，依托于金融市场的需求变动。

可见，金融市场与市场组织的发展与市场机制的作用，密切相关，越来越成为后者发展的重要决定因素，而市场的发育不成熟，集中地表现为资金市场发育的不成熟。

劳动力市场的作用。马克思主义经济学着重分析研究了劳动力作为商品的本质，但是对于劳动力作为商品，以及它的运行机制则缺乏论述。劳动力市场流通化是发达的商品经济的特征，在小商品经济中，只存在局部劳动产品和局部生产手段的市场化，小商品经济，基本上依靠家庭劳动力的小生产，它只有少许帮工和学徒，劳动力的市场化尚处在襁褓之中，发达的商品生产，是以生产资料的社会化和劳动的社会化为特征，劳动的社会化，首先表现在这一生产打破了家庭劳动力的局限性，而使用多数劳动者群体，后者是通过劳动力市场交换，即"雇用"而集中于企业之中的。

劳动力商品的市场交换，和一切商品交换一样，要从属于商品市场交换的机制，这就是说它也存在着价格→供求效应，劳动力价格的波动，调节着劳动力的流动和在不同企业、部门、地区之间的分配，一句话调节着劳动力的需求结构与供给结构和使二者建立起均衡的关系。资本主义商品经济中，劳动力市场交换的机制，使工资＝劳动力的价值，即资本规定的劳动力再生产费用，由此体现了资本对劳动的剥削，但是另一方面，劳动力的市场交换机制，以其十分灵活的对劳动力分配的调节作用，成为整个市场调节品中的一个重要环节，它补充和加强了生产要素的市场调节作用，成为强化市场调节的一个重要契机。

人们可以看见，发达的劳动力市场，以其劳动力适应价格的灵敏的流动化，以及适应供给变化的价格变动，大大地促进了生产的调整与发展，从而增强了市场价格—供给效应。另一方面，人们也可以看见，我国尚未形成劳动力市场，造成企业劳动力或者拥塞过剩，或者匮乏不足，从而造成劳动效率的低下和劳动资源的严重浪费，劳动者工资的刚性及由此产生的攀比。因此，一定的劳动力市场机制的形成，乃是社会主义有效的市场调节的一个必要条件。

以上情况表明，顺利运行社会主义市场经济，要求有十分发达的和完备的市场体系。而就目前情况来看，我国的市场体系则尚处在发育的初期，要素市场还很不完备，市场组织亟须发展。

全面放开的市场价格，乃是市场发挥有效调节作用的前提。我们业已说明，价格的均衡供求的功能，不能使用国家"试错法"，即国家定价，而必须是由市场形成，因而，必须是实行"放开"，即取消价格形成的行政干预，由市场力量发挥作用。

价格"放开"到什么程度？对一种商品来说，是有限的放开，还是彻底的放开？对多种商品来说，是全部放开，还是部分领域放开？这些都是社会主义价格改革中人们遇到的问题。大体说来，人们对此的认识是一步步地向前发展的，有一个过程。即：（1）传统计划经济理论的国家定价论。（2）粗疏的改革理论的局部放开论，即计划经济为主，市场调节为辅，主张多数产品计划价格（包括部分浮动价格），少数产品市场价格，多数社会主义国家的价格理论，尚未超出这一理论。（3）完备的改革理论，主要放开论，除了铁路、航空等少数产品仍然要国家定价外，其他一律放开。

主要放开论是针对特定历史条件来说的，实质上是市场经济中的价格全面放开论，这就是：（1）对同一商品，要实行彻底放开，使它一市一价。商品在同一市场上，以一个价格出售，这是价格规律作用即市场原则的表现和要求。同一价格，表明了市场的统一性，它是竞争的结果，竞争总使任何想保持其商品有特权的高价出售者不得不降价，最后同一价格出售，从而使商品真正成为"平等派"，在价格上

（商品人格，即价格）没有高低贵贱。这样的一个价格，乃是竞争价格的特点，价格起信号调节作用，也在于一个中准价格。双渠制及其恶果是，它不仅违反价格统一性，而且造成物资由计划内转计划外，滋长腐化现象与开后门行贿等行为，严重破坏社会主义商品经济的秩序。

（2）对大多数商品要一齐放开，而不能有限放开论。大多数商品的价格同时放开，才能形成一种基于消费者自主选择，体现消费者主权的比价关系，这就是一种基于消费者需要的商品之间的替代，这样形成的各类商品的价格，才能一方面反映社会消费需要的状况，另一方面反映资源的稀缺程度，而这样也才能形成一种适合于消费需要的资源合理配置。

部分产品放开，部分产品计划定价。这是一定时期的客观必要，但是理想的价格体系，应是全面放开的价格体系。因为各类产品统一市场价格的形成，使它们全面从属于消费者自主选择之下，从而形成各种产品间的合理的自主替代关系，实现消费者主权的要求，这样价格才真正发挥了全面调节社会生产的作用。

（二）价格调节市场，关键在于划定计划调节的范围

计划调节限制于享有自然垄断的产品（自然因素不能进行竞争的），或是必须由国家来办，而一时不能由竞争的企业共同来生产的产品（铁道、航空、邮政），等等。但是这种情况，其理论依据不能是：社会主义经济可以有商品经济、半商品经济、产品经济的层次性，计划价格可以达到均衡，恰恰相反是社会主义商品经济的统一性。

市场经济的一元性质。社会主义商品经济是否具有多层次性：市场经济、半商品经济、产品经济。社会主义经济的商品性，是一元的商品性，还是多元的商品性？

这个问题本质上是，微观组织是否具有商品生产者的性质，首先是所有制是否具有统一的商品性。就个体、私营、集体、企业其所有制，是商品性的；就全民所有制，也是有企业特殊利益，具责、权、利的实体性。不论是小型企业还是大型企业，如首钢，承认企业的自身利益也是十分必要的，因而，就其内在的基础所有制来说，其特殊利益关系，决定了它们的产品都是等价交换的商品，可见，就所有制来看，不可能有商品、半商品产品所有制，问题在于定价方式。在某些产品供求严重失衡的情况下，为了保证重点企业的基本生产要素的供应，有必要采取国家定价、计划调拨方式，但是这种定价方式与交换方式（调拨），是一个基于国家行政力量对企业活动的一种管理方式，是国家的价格管理方式，而不是出于企业经济的本性。后者，所有制与联合劳动者的性质，仍然是要求有利益特殊性、财产相对性、经营自主性、经济实体性。而且，上述企业中客观存在着国家定价与企业自主经营的矛盾：存在价格不符合价值的扭曲现象——国营交通、铁路、石油、电力均存在价格严重扭曲——存在价格僵硬带来的缺乏信息、激励、调整功能。可见，由于企业的经济本性，要求交换的商品性与定价的市场性的，因而企业经济本性是商品经济。而采取国家定价，乃是基于一定时期的经济任务（国家保证重点的职能），而国家对企业的特殊管理方式，使企业在生产、交换行为上采取了特殊的方式、形式。而且，可以说，随着生产力提高，基础工业力量加强，供求的均衡化，这些行业企业中的指令性计划价格形式将进一步缩小，而更多地采取市场价格形成的方式。

可见，不能以定价方式来划分经济性质，划分经济性质的应是基本生产关系，即所有制的性质；而决定社会主义统一的市场经济性质的是社会主义所有制。

正是如此，尽管目前甚至很长时期将部分重要物质采取国家定价，但是这个领域其发展趋势将是价格形成的市场化。因而这也是我们努力的方向，可见，将社会主义商品经济一分为三，即商品经济、半商品经济、产品经济是不必要的，这种方法，只是从价格管理的表象出发，而不是基于事物的经济本质。

（三）统一的市场的形成

1. 发达的商品经济的市场，是统一的市场

商品经济的发达程度，可以表现出市场的性质：其交换参与者范围（市场半径）从而市场机制作用范围是地方市场、全国市场，或是与世界市场连通的统一国内市场。

把一国的经济活动纳入一个统一的国内市场之中，并由这个统一市场来调节，从而实现全国性的统一市场经济，是发达的市场经济的特征。发达的资本主义国家，这一阶段在19世纪末业已完成。

市场发育程度的重要标志，纵向是市场体系的完备性；功能是市场调节的势能（即价格开放的范围）；横向是市场的统一性。而上述三者又是互为条件的。一个发达的市场经济，意味着全国范围内主体参与市场竞争而形成的市场价格，上述市场价格所调节的全国范围内的供求动力，或者统一全国市场上的畅通无阻的价格—供求效应，或作为其结果的，全国范围内的资源合理配置。

例如肉、奶、蛋——全国市场一个价格（各地有地区差价）。这一市场价格基准，调节全国各地的生产量，形成各地的生产地区分工，从而资源在全国范围内进行合理配置。如果甲地市场价格在基准之上，则会有乙地的增量（资源优势地区）远距离进入市场，从而将价格压到基准之下。因而，发达的市场经济的特征不仅是市场组织结

构的完整性，即复杂、多样，不仅是价格调节的单一性，即价格全面开放，一切听任价格调节，而且是市场的统一性一元性，价格形成于一个国内（外）主体，平等参加的大市场，价格调节作用贯通市场全部领域，作用于全国各主体。

不发达的商品经济是以市场的割裂性、价格的多元性为特征。它存在着许多地方市场，这些市场之间存在着地区的流通阻隔或是行政权力形成的流通阻隔，商品、生产要素不能自由流通，因而，各个地区内部有在市场竞争中形成的一个基准价格，这个价格对该地区内部的各生产主体发挥调节作用，这个价格调节资源在该地区内的合理配置，但是以上的统一市场只是局限于一定的范围内，而对其他地区对同一产品，则又有另一个由该地区各主体竞争参与形成的基准价格，并在该地区内进行调节，使资源在该地区内合理配置。

在商品经济发展中，存在多元市场。一种是以地域和国家行政、区域为基准的地方市场，在社会主义商品经济中，则是由（1）自然经济条件（交通条件）割裂开来的地域性市场。例如西部地区、某些落后省区，因文化经济落后造成的经济活动的阻隔。（2）由行政区域与不合理体制、地方行政区域造成的如"地方封锁"，即行政性割裂，即用行政手段阻塞正常的商品流通。（3）对于同一商品或不同的商品的行政性割裂，即部门垂直管理造成的市场割裂。

诸消费需求相互依存的商品，不能置于同一市场上在购销中互相竞争，从而形成一种相互替代的关系。

2. 同一商品的平等竞争和价格形成

不同商品，互相替代的竞争和由此形成的成本，又体现消费者多元商品中造成的比价的形成，是市场价格形成的内在机制。

社会主义传统体制下，这种互相割裂的非竞争性的不同商品的价格由行政决定。石油、煤炭、机械、轻工、重工等部门，各自孤立地定价，因而各项商品价格不反映在多样商品中进行选择的社会需求，各个商品的价格不反映消费者自动的替代关系，这乃是传统的市场割裂的一个重要表现。

可见，我国市场的发育与完善，实现市场多元化到一元化，解决市场割裂，是一个重要的课题。为此，要解决地方割据、行政紧缩等体制上的问题。另外，还有生产力落后，经济文化不发达，交通阻塞造成的自然经济区域阻隔——自然经济割裂，这也是我国社会主义初级阶段固有的特征，为此，要从大力发展生产力、发展交通、提高文化着手。

七、市场经济的产品层次结构

任何一个社会都要进行基础性的物质生产（食、衣）活动和各种服务活动。商品经济发展表现为基本物质生产的商品化和私人服务活动的商品化，以及部分文化产品的商品化。

（一）现代商品经济形态的几种产品生产

第一，竞争性经营的基本的物质生产。

第二，政府经营的"公共产品"的生产。某些基本的生产部门要求投资集中、计划性，追求长远利益，而不是短期盈利的部门，如环保部门、城市供水、铁道、邮电，因而这些部门可称为半商品，或"政府公共产品"。这些部门，也要适应市场经济，采用企业自负盈亏原则，如承包而不能吃大锅饭，但是却不能追求短期的最大盈利。

第三，基本的文教、医卫、基本的科技等部门，它们提供"社会服务""社会服务产品"或"福利产品"。幼儿园、（财政补助的）敬老院、学校、公园，这些部门是借助国家资金，免费或低价提供，是福利性服务，而不是商业性服务，因而尽管它具有商品形式，要交一些费，但是它原则上不是等价交换，因而可以说实质上或主要是产品，是为了社会效益，例如医院，为了救死扶伤，应该主要地遵从"服务"，属"福利商品"系列，重大科研机构、骨干学校，均应如此。因而，这些可以说是一种"政府文教机关提供的福利性产品，或半商品"，尽管它们具有商品形式，但这些部门实际上是非经济部门，提供社会文教服务、科技服务，这种有组织的文化、教育、医卫、科技服务，是任何社会群体生活所必需的，它表现为政府的文教职能，是一种上层建筑性活动，是为经济生活服务的。

第四，国家经济组织职能，组织、调节社会化大生产，它是经济管理上层建筑性职能，也是提供"政府产品"。

第五，国家政权职能，警察、法官、政治家、军队等从事的是社会政治生活的组织活动，可以说是提供"政府产品"，它是非经济活动，是政权性上层建筑的活动。

综上所述，经济活动有如下层次：（1）竞争性、商品生产。（2）垄断性产品生产或半产品生产；文教医卫上层建筑性活动（社会服务）；组织管理性上层建筑活动（税收、调控）；政权性上层建筑活动。可见，市场经济不意味着全部社会活动均是市场商品生产，它只是意味着其中的，绝大部分生产要置于竞争性的商品生产的基础之上。

（二）公共产品、市场竞争，社会服务产品的范围及其演变

公共产品：邮电、交通、供水、煤气、环境，是为企业提供各种条件，如基础设施或者是生产、经营、生活环境，它的产品是有形的物质产品，有投资大，见效迟的特点，或是它的产品的特点，如环保，清理过的污水，它的使用价值如何让渡，出售、收费，如何补偿其价值，是十分困难的。因而，它是适宜于由一个代表社会的公共机构，如通常是政府来经营的。

公共产品的范围是变动的。在经济危机、经济困难的情况下，一些"跛鸭"企业被国有化。公共产品是为独立的市场性企业提供条件。外围物质条件如交通，信息条件如邮政、电信，环境条件如建厂、生产的环境，商业环境，居住环境；生产动力条件如电力，生活物质条件。

上述有一大批企业为居民提供物质产品、动力等，这些产品，往往适合政府承担。但是市场经济下，上述的越来越多项目立足于竞争性市场经营的基础之上。这也导致20世纪70年代以来的"私有化"的通货膨胀。

公共服务（或产品）：文教服务，公园，历史古迹展出，医卫服务，科技服务，国防，警察（在维持公共秩序来说，也是一种治安服务），社会福利（幼儿园，敬老院），社会保障（失业保险），等等，即为老、幼、孤、失业、伤残提供上述服务，是一个发达的经济结构所必须承担的。

上述服务的提供不是建立在企业化经营的基础之上，而是要依赖国库资金。这种服务，可以说，为企业、居民提供满足文化生活智力发展需要；为恢复劳动力的需要；维持政治，社会秩序，即生活的社会政治条件的需要；孤老、幼、寡、丧失劳动，这是维持社会的安定的需要。随着市场经济的发展，上述的某些满足将采取企业化经营的方式，通过市场经济的买卖方式，例如教育公办收费，医卫公办收费，科技公办收费（或是私人的服务企业的形式）。除了警察、国家机关、政治机关等的活动采取非经济的组织和运行方式而外，越来越多的内容广泛的社会服务均是按照市场原则和企业化经营方式来加以组织，具有一种半市场性，在它成为完全市场性的经济活动的场合，它就失去社会公共服务产品的特征，而成为纯粹的市场产品，这个服务部门，就由此并入了商品性的服务部门（如理发、洗澡、电影院等）。

以上情况表明，无论是"公共产品"或是"服务产品"均是日益立足于企业化经营的基础之上和采用市场化的运行方式，市场机制也会对这些产品的提供发生影响，这就是市场经济对于社会文教科技活动、医卫活动等非物质生产领域或者上层建筑领域的活动的渗透。从而给社会广大活动领域打下了市场的烙印。

这些产品生产，一方面体现了非市场性运行的特征，例如公费医疗活动，即其提供的服务产品的数量与质量，是直接受财政的调节的。但另一方面，部分个人付费的制度，使这种活动不能不受到对医卫商品的购买力的影响。

具体地说，市场经济的发展，具有将相当大的公共产品，社会公共服务产品纳入市场经营与市场运行轨道的趋势，例如医卫经营的适当商品化，文化活动、科技活动的商品化等将会进一步促进这些活动的组织与经营的合理化，做到节约开支，从而大大提高服务的社会效益。

综上所述可见，市场经济也不是纯粹的。（1）物质生产部门的一部分，也是要由政府或其他社会机构和按照非市场性方式来组织和运行。（2）一些社会公共服务部门是按非市场性的，或半市场性的方式来组织和运行。因而，社会的各种活动的组织，存在着以市场性经济活动为主体，以非市场性、半市场性经济活动为补充的多层次性。

上述市场经济中的产品层次结构表明：无论是物质生产，基本服务产品生产，还是社会公共服务产品的生产，市场性的组织与经营方式都是一个十分有效率的方式。行政性的组织与管理方式，由于生产单位作为政府管理机关的行政附庸的性质，由于它的大锅饭和平均主义，而带有"官办"所固有的"官僚作风""文牍主义"，办事拖拉，缺乏效益。为了提高生产与经营的效益，原来的非商品性组织，也要采用商品性组织形式，将产品作为商品，实行有偿单价交换，将企业经济效益与个人收入联系起来。因而，许多原来要由政府来直接办理的非营利性的组织形式，也逐步转为市场经营，成为市场性或半产物性的组织。

论经济紧缩时期对需求的宏观调控①

一、即期需求与潜在需求

（一）社会总需求与即期需求

如果舍弃出口，总需求就是政府、企业和个人的现金收入中的用于购买商品部分，或者说是政府实现的集团购买力，加上企业实现的购买力，再加上个人实现的购买力，以上三者构成社会即期的需求。即期需求是一个再生产年度内得到实现的总需求，也称之为有效需求。

但是主体持有的货币和购买力不完全用于消费，一部分收入还会用之于储蓄，还有一部分个人收入表现为手持现金，以上两者是被推迟的或潜在的需求。就分析社会再生产来说，有必要使用动态概念的社会总需求概念，后者包括推迟的和潜在的需求。因为，后两者中一部分可能是第二年度的即期需求，特别是当宏观经济形势发生变化，例如出现通胀，潜在的需求往往会迅速浮出水面，转化为现实的有效需求。

---

① 写于1990年8月。

（二）即期需求与潜在需求

既然动态的总需求除即期需求而外，还应考虑到潜在的需求，那么，总需求与总供给相均衡势态，就静态来说，意味着即期需求和总供给相适应；就动态来说，意味着包括潜在的需求在内的总需求和总供给相适应。例如在经济过热、通货膨胀情况下，业已出现的需求过旺可以借助各种刺激储蓄措施，以高储蓄来抑制人们的即期需求；但是考虑到潜在的需求，那么，人们应该看到现实经济运行中已经处在总需求过旺增长的势态，过度的潜在需求或迟或早终究会打破即期总量均衡的虚假形式而突然表现出来。

（三）经济过热中的需求过旺

经济过热，多半是由于货币发行过量，货币扩张带来需求膨胀。经济轻度过热，表现为即期需求一般的膨胀和温和的通胀；如果出现货币过度扩张，例如20%以上的现金增量，就会呈现经济过热的激化形态，这种情况下会有即期需求过量膨胀，特别是即期消费需求的超常增长。物价的超常规增长，除了是由于货币超量发行外，还由于通胀条件下居民储蓄倾向弱化和消费倾向的增强，出现潜在购买力向现实购买力的迅疾、有力转化，这是即期消费需求陡升的重要原因，而其结果则是消费品供不应求和物价上涨的激化形态。

高通胀条件下，居民消费心理变化是物价急剧上涨的重要因素，"买涨不买落"的心态引起抢购行为，抢购意味着潜在的购买力在短时间的释放和消费需求的急剧增长，多年积累的通货膨胀爆发式地表现出来。

（四）把握中长期总量均衡势态

市场抢购，作为积累的潜在需求的爆发形式，表明评判总量均衡不能停留在即期需求和即期供求均衡上，还应该深入研究潜在的需求及其向现实需求转化的可能性和条件。为组织好社会再生产，要求人们考察中长期总量均衡势态，保持即期和此后一个运行阶段供求的协调，要看到即期的某种均衡现象可能是实际上的不均衡，即期的需求有限度的增长，可能是储蓄分流了的或是政府行政手段抑制住的现实的需求膨胀。可见，人们应把握真正的总量均衡势态，而不能停留在即期均衡的表象上。

（五）促进和保持持续性的均衡势态

顺利而持续的再生产所要求的总量均衡，不是年度的均衡，应该是持续的均衡势态，它体现了经济运行中保持着主体的正常的内生需求与社会的商品供给相协调的趋势。政府的宏观经济调控的主要任务在于引导，促进和保持经济运行中的持续性的均衡势态。高增长的经济运行中还存在另一种情况：在政府采取的某种严厉的宏观调控措施下，即期需求猛降下来，甚至出现了现实的市场需求小于供给的势态，1989年春以来逐步明显的市场疲软，就是体现了这种即期需求猛烈下降，但是它不表明社会总需求膨胀势态的已得到根本治理。这是因为：

（1）1989年春以来的市场疲软，是因为政府采取严厉的措施压缩总需求，特别是对短缺产品的需求，而实际上产业结构中长线与短线的矛盾并未得到解决。它表明结构性需求不足问题仍然存在。（2）用行政手段对地方、企业的投资和消费膨胀强制加以抑制，但转轨期经济体制内生的膨胀机制并未得到改变，一旦放松紧缩，将再次引起需求膨胀。（3）用行政手段和财政补贴等方式强制控制价格，并不是流通中的发行过多的货币已经被吸收完，1989年货币供应量^①为210亿元，加上居民存款增长1334亿元，总共为1543亿元，超过需求膨胀的1988年，而1989年国民收入增长3.5%（1988年为11.1%），经济运行中仍然存在货币超经济发行的状况和过大的潜在需求的压力。

总之，治理整顿一年半后出现市场疲软，表明即期需求被压下来，但潜在的需求还很大，总需求仍然大于总供给的格局和势态仍未根本改变。

二、紧缩期即期供求状态的变化及其调控

（一）紧缩与即期需求的缩减效应

在稳定的增长和顺利的经济运行中，总需求与总供给以一定的合理的幅度增长，呈现出经济增长的总量均衡势态。当然，这是一种理论模式，较少出现于现实经济生活中。

在经济过热运行中，总需求与总供给两者均快速增长，而总需求增长更高于总供给的增长，这是经济过热中的需求膨胀和总量不均衡势态，这种势态出现在我国近十年来，特别是1985年以来的经济发展中。在经济运行中，还有可能出现总需求与总供给都沉滞不起，特别是需求增长缓慢的经济过剩的总量不均衡势态。政府采取某种宏观控制措施，必然发生需求紧缩效应，也会导致总需求和对生产资料的需求放慢下来，出现市场疲软。

如果采用过于温和的紧缩措施，可能出现需求的缩减效应不明

---

① 货币供应量指现金+个人活期+定期存款，即M2。

显，生产增长却又受到影响，从而不能收到把物价降下来的效果；如果采用一种严峻的"双紧"措施，通过从紧的财政、信贷手段，以及强化储蓄、抑制消费等多种措施，可以取得显著的需求紧缩效应，使消费需求与投资需求迅速降下来，价格涨势可以较快地被刹住。但在市场变冷的新形势下，出现"买涨不买落"的消费行为，市场疲软就会表现出来，甚至会引起生产下滑和衰退。由于转轨经济机制不健全，政府调控手段缺乏，在出现经济过热、物价陡升的严峻情况下，人们需要使用猛药。因而，紧缩过度也往往难以避免，关键在于要及时调节紧缩力度不使负效应增长和激化，造成需求"陡降"，造成对生产过度的冲击。

1988年在物价陡涨、出现抢购风条件下，实行"急刹车"式的严峻的紧缩，由于信贷紧缩力度过猛，抑制即期消费的手段使用过头，全面紧缩的负效应十分明显，出现了两梗阻：资金循环的梗阻与商品流通的梗阻，经济运行机制出现障碍，使企业的生产和经营弱化，居民收入增长放慢，其结果是消费需求的进一步缩减。

（二）即期需求下降的内在机制

紧缩过程中即期需求下降的内在机制是：

第一，紧缩引起生产下滑，企业效益下降，由此导致投资需求与消费需求的缩减。

第二，消费需求的下降，进一步引起消费品生产部门减少，导致对生产资料需求的过度缩减。

第三，消费品和生产资料两大生产部门生产下滑，职工收入减少，使消费品市场需求进一步下降。

可见，紧缩经过上述连锁式反应层层传递，表现出一种需求缩减的乘数效应，其结果是社会有效需求缩减，市场疲软就是其表现形式。如果紧缩力度过大，会出现即期有效需求的陡然和过度的下降，从而造成市场急剧萎缩，并导致生产全面萎缩。较为稳健的宏观紧缩所要追求的目标是：需求增长的放慢，而避免出现即期需求的过度下降；一旦出现即期需求过度下降后，要及时采取措施防止其持续化带来的更多的消极影响。但是从我国转型期的体制的现实出发，人们也不必将1988年实行的急刹车式的紧缩及其带来的即期需求猛降视为是工作失误，市场全面疲软未尝不可以作为有力促进结构调整的契机。

（三）即时调整紧缩力度

市场经济的再生产中总需求与总供给，总是由不均衡经过供求双方的此落彼涨的起伏后走向大体的均衡。在出现需求大于供给后，需要实行紧缩，通过对需求的抑制来给过热经济降温，但是紧缩后也往往出现有效需求不足和萧条，要经历一个经济复苏阶段，通过投资和消费需求的增长，逐步恢复需求与供给的均衡。可见，出现即期需求的不足即市场疲软，是市场经济中实现总需求与总供给均衡的经济调整（紧缩）过程中的必经阶段与必然现象。这一情况，在社会主义市场经济治理经济过热和通胀中也会出现。

在出现上述情况下，人们不能采取全面刺激需求和实行通货膨胀的政策，而只能采取调整紧缩力度，适当地增加即期需求，并且利用市场不旺的宏观环境，大力推进结构调整和深化改革。在当前，我们应该实行适当松动，但不搞通货膨胀，实行"开闸"。为此，要采取以下措施：

第一，适当松动银根，启动生产。在加快增长基础上，提高群众收入，满足消费需求。

第二，调节储蓄与消费关系。降低银行储蓄利率，以回流部分消费购买力，在储蓄出现超常增长条件下，发挥利率杠杆作用有重要意义。

第三，大力调整产品结构，提高品质，通过增大有效供给来启动和吸引消费，调动居民手持现金和吸引储蓄。在居民消费心理不正常的条件下，通过提高产品品质来刺激消费尤有重要意义。启动消费，还需要提倡适度消费。

第四，在国有企业体制不健全，企业自我约束力差，存在消费亢进条件下，不可以采取滥发奖金，任意提高工资来刺激消费需求。

第五，加强商贸和营销，消除流通梗阻，在当前十分重要。要通过商业网点扩大、购销供能发挥、渠道的拓宽、经营的改善等多种措施，大力扩大市场销售。

我国当前正处在新旧模式转轨时期，经济体制尚不健全，内生的膨胀机制还客观存在，双紧措施一定程度抑制了内生的膨胀机制，如果政策调整走极端，"全面开闸"，经济体制内生的膨胀机制将会重新启动，出现"一放又涨"。因而，在实行松动中要注意掌握力度，警惕出现新的需求膨胀。可见，在宏观政策上应进行调整，而不能"翻烧饼"。

（四）大力调整经济结构

当前的市场疲软现象，除了体现需求不足而外，相当程度上是由于货不对路，质次价高，供给结构不适应于需求结构。人们可以看到市场疲软中，粮、油等一部分基本生活必需品还是定量供应；名、优、新产品不疲，不少名牌仍然销售旺盛，当前的市场疲软是需求不足和结构失调结合症。尽管目前即期需求不足是经济生活的主要矛盾，但产品结构问题也是影响消费需求的重要原因，因而对市场疲软的治理就不能单是诉诸需求量的调节，而要通过调整产品结构，增大有效供给，以开拓市场销路。人们应该眼睛向内，要在产品结构上，质量、价格、服务上下功夫，做好以优质产品激励消费需求这篇大文章。

有关市场疲软若干问题[①]

一、经济紧缩与市场疲软的出现

一年多以来，以严格双紧为特征的治理整顿取得了比较明显的成效。压缩了基本建设500亿，控制了消费基金的膨胀，特别是工资外收入的快速增长。银行信贷实行抽紧，保值储蓄回笼货币收到意想不到的成效。严厉的紧缩措施迅速平息了抢购风，煞住了物价涨势。

我国物价1978~1984年平均上涨2.4%，1985~1987年上涨为7.1%，1988年跃上双位数台阶，达到18.5%，1989年物价涨幅降至17.8%，1990年夏，价格涨幅已降至5%左右。需要指出，通货膨胀有着加速、恶变趋势，会出现由个位数→两位数→三位数不断升级。南斯拉夫1982年物价涨幅为31%，1988年为199%，1989年10月比上年同期上涨1470.6%。我国以一年左右时间煞住了物价奔腾涨势，稳住了市场，1989年在经济迅速降温中，工业保持8.6%的增幅，国民生产总值增长3.9%，这是来之不易的。

---

① 写于1990年10月。

但是紧缩也带来了新问题与新困难，这就是：资金短缺市场疲软，工业生产1988年9月迄今两个季度急剧滑坡，待业人数增加，产品积压增大，经济效益下降，经济运行呈现出不景气，突出的矛盾是资金短缺和市场疲软。

实行治理整顿，首先出现资金紧问题。1988年9月后，随着紧缩银根，严格执行信贷计划，收回逾期贷款，由此出现了资金短缺。厂长最头痛的是没钱买原材料，支付运价，发工资。农产品收购出现普遍打白条，银行占用企业资金、汇款，导致汇路中断。企业流动资金流不回，只有互相拖欠，三角债就发展为"债务链"，其结果是资金周转失灵，企业流动资金更加不足。

继而出现的是市场问题。1989年出现了意想不到的市场疲软，不久前还是竞相抢购，一下子商店无人问津，商品堆积如山，电视机积压200万台，电冰箱积压300万台。社会商品零售总额一季度比去年同期增长22.6%，4月份增长20.5%，5月份增长17.2%，7月份，增幅大幅度下降为7%，比5月份低10.2百分点，8月份出现负增长，下降0.7%，比7月份下降6.2%。市场疲软迅速扩大，由高档耐用消费品波及一般日用品，由消费品波及生产资料。1989年全年社会商品零售总额，比去年同期增长10%左右，增长幅度是1983年来最低的，扣除物价上涨因素，实际下降7%~8%，为近10年所罕见。

1989年10月开始，政府适当松动信贷，投放点贷资金以启动生产，但无明显成效。1990年1、2月份社会商品零售总额比去年同期下降2.1%，其中消费品零售下降20%，农业生产资料零售额下降3.1%。适当松动银根，并未能取得显著效果，1990年春国民经济仍在低谷徘徊。

二、资金紧、市场疲软导致生产滑坡

严厉的紧缩中出现市场疲软与资金短缺的相互交织。一方面，流动资金紧张的持续化，使债务链扩大，资金循环梗阻，导致生产和商业活动的萎谢，其结果是市场疲软的加剧。另一方面，市场疲软，销售困难，库存增加挤占流动资金，引起对流动资金的需要量增大，其结果是：资金更紧。

1989年企业库存大量增加，产成品资金直线上升，在途资金和应收资金迅速增大，对流动资金的大量挤占，成为十分瞩目的现象。1989年1月至11月，全国预算内国营工业企业产成品资金占用比上年同期增加360亿元，占同期工业流动资金货款的6.7%。流动资金为产成品资金挤占，正是尽管银行在1989年增加信贷规模，而企业仍然普遍感到资金不足的原因。

在市场疲软、销售困难持续的条件下，人民银行不得不增加流动资金贷款，由于企业的产品因缺乏销路大量保持在库存状态，新的资金投入停留在产成品资金形态，而不能转化为货币资金。这样，又需要银行增加新的流动资金投入，从而形成恶性循环，即流动资金"黑洞"。

如果说，宏观紧缩一开始，出现了资金紧，继之出现市场疲软，而在此后，市场疲软则促使资金更紧。

市场疲软，产品难以销售，企业流动资金收不回，再生产难以为继，出现了停产、半停产，其结果是工业生产滑坡，1989年9月出现生产负增长，迄至1990年2月出现了两个季度的工业低速增长。工业生产滑坡不仅影响到就业、财政收入，而且影响到再生产的正常运行与社会安定。

可见，在严峻的紧缩煞住了物价上涨势头后，总供求矛盾已有所缓解，市场疲软已经成为制约经济生活的关键问题，人们必须认真加以对待，采取有效措施，改变销售疲软的状况。而为此，首先要弄清市场疲软的成因和性质。

三、紧缩的正负效应并存

对市场疲软，人们认识不一。有的同志认为，这是"双紧"的恶果，即宏观紧缩政策搞糟了；一些同志说，应实行"软着陆"。不少同志为市场疲软、产品积压、生产滑坡而忧心忡忡，对于如何启动市场，缺乏信心。

对于市场疲软，应该用辩证唯物主义的观点，从我国经济的实际出发，来加以科学地分析和认识。市场销售疲软的出现，从根本上说，它是我国现行不完善经济体制和不完善经济机制下，实行大力度的宏观紧缩政策难以避免的现象。

对高度过热经济必须实行有效的、大力度的紧缩，这是宏观经济学的基本原理。我国十年改革，赋予经济很大活力，出现了热气腾腾的社会主义建设的可喜场面。但是多年来经济工作中存在急于求成、建设规模过大等问题，导致投资和消费双膨胀，从而经济运行中货币发行过多，造成总供给超过总需求，其结果是明显的通货膨胀。

我国转型经济的另一突出问题是结构失衡，其表现是：农业发展缓慢，原材料、能源、交通运输能力增长不足，而加工工业则发展过快。结构失衡，使基本产品供应紧张，成为加剧通胀的重要因素。

在我国这样的人口多、收入低、缺乏生活保障机制的国家，人们对涨价承受能力低，在出现双位数通胀时，必须实行大力度的紧缩，货币、信贷、财政等杠杆多管齐下，有效地压缩总需求，特别是要从压缩银行信贷着手。实行紧缩既要达到降温，又要防止生产滑坡和经济衰退。由于宏观紧缩措施的作用均是双重的，表现为正负效应并存：实行收紧信贷，压缩财政支出，在收到控制需求、抑制物价涨势的积极成效的同时，难以避免地会带来市场疲、资金紧、生产下降的消极作用。因而在经济紧缩过程中争取正效应最大，负效应最小，人们就必须使紧缩的方法、步骤适应经济紧缩期的经济机制，做到能主动驾驭紧缩全过程，有条不紊地和及时解决紧缩中出现的矛盾、困难、问题，因势利导地推动紧缩与调整的逐步深入和顺利发展。

但是事物总是在矛盾中发展，现实的经济紧缩，不可能按照宏观经济学教科书的理论模式和人们的主观愿望来发展，何况在20世纪80年代改革新条件下实行紧缩，人们还缺乏经验。特别是我国还处在改革的初始阶段，体制和机制还不完善，还缺乏实行有效紧缩的经济条件，我国现实的经济紧缩进程，不可能十全十美，因此，对于我国当前面对经济运行中的新矛盾、新问题，人们用不着大惊小怪，也不必怨天尤人，那种关于宏观紧缩措施既要能稳定价格又要不产生任何副作用，不伤到任何一部分经济机体的想法，只是一种书生之见。正确的态度是认真对待，及时采取措施，在巩固紧缩成果中启动市场。

四、紧缩的内在机制剖析

为了更好地进行治理整顿，我们有必要对我国实行紧缩一年来的经济内在进行分析。

（一）紧缩与资金短缺

我国实行宏观紧缩，首先出现的新矛盾是资金短缺。流动资金不足，是紧缩时期经济的特征，它既是实行宏观紧缩的手段，借此对过热的经济施加抑制作用，但是也可能因资金过度短缺而产生诸多副作用。

严峻的紧缩措施即"急刹车"，开始于1988年9月猛烈收紧银根，迄至1989年10月，中央银行严格控制信贷规模和货币发行，流动资金供应开始紧张，出现了企业难以进行正常营运，企业间债务拖欠增长和收购农副产品中的欠款——打白条。1989年以来，企业对流动资金需要不能得到满足，"资金短缺"面越大，短缺程度日增，企业经理一致疾呼"资金紧"。中央银行对重点企业实行"点贷"，但无助于资金紧的缓解。"资金畸紧"是我国改革以来的膨胀经济在进行紧缩中的必然现象。

1. 固定资产投资的不断扩张的"急刹车"带来惯性的投资饥饿与运行障碍

我国经济经过十年改革，当前仍处在模式转换过程之中，经济体制还很不完善，机制还很不健全，存在着基本建设膨胀和经济过热的内在趋势：

第一，由于工作中急于求成，造成经济过热，投资失控，基建规模很大，再建项目很多，需继续完成的基建量大。

第二，结构失衡，需要进一步扩大短线投资，经济才能正常运行，从而出现水多和面，面多加水中的持续短缺现象。

第三，投资主体多元化，预算外资金占基建支出的半数以上，特别是财政包干体制，形成地方投资欲望亢进。

第四，集体、个体、私营，特别是三资企业处在迅速增长期，这是基本建设膨胀的一个重要原因。

一方面，存在多种主体"一齐上"的强烈势头；另一方面又存在不健全的、缺乏约束力的银行金融体制，从而导致投资信贷规模的急剧增大，固定资产投资贷款由1978年的55亿元，增加到1989年的1700亿元，加上带有固定资产投资性质的科技、农业贷款，共达2700亿元，依靠固定资产扩张而加快增长的经济，在"急刹车"中自然会出现惯性的投资饥饿和由此带来的运行障碍。

2. 具有流动资金不断膨胀性质的经济难以适应急剧紧缩的形势

第一，每年竣工项目大，投入生产营运的新企业需要新增流动资金达数百亿元。

第二，原有企业追求产值，造成定额流动资金膨胀（30%），银行信用难以满足。

第三，多种成分的企业在大量兴办中，需要新增营运资金。

第四，物价上涨，使每年流动资金出现缺口，加之以企业怕原材料涨价，物资普遍超储，因而对流动资金的需求增大。

第五，流动资金供应体制的缺陷：1983年后，财政不再承担流动资金供应，而国家财力薄弱，在国民收入中比重下降，财政无力承担拨给流动资金的任务；企业不补充流动资金，自有资金用于消费。为此，银行在1983年后背上沉重包袱，难以充分满足经济正常增长对流动资金的需要。

第六，财政金融体制未理顺，各种亏损补贴大（占财政收入30%），财政无力加以弥补，转嫁给银行，由贷款来解决。

可见，由于我国经济体制不健全，造成企业不是留足自有流动资金，而是依靠银行贷款，从而造成企业生产越增长，所需要的流动资金越多，银行信贷膨胀压力越大。在我国转型中的经济体制条件下，过热的经济总是以银行扩张性的货币、信贷供应来维持的。1985年以来，每年货币增量在20%左右，像狂奔后鹿需要喝水一样，我国持续高增长的经济，需要日益增长的、大量增长的资金供应，而一旦人们采取严厉的信贷紧缩，经济就像缺氧的机体一样，出现资金紧的效应。

可见，我国的宏观紧缩，既要通过紧缩信贷，形成资金的有限供应和昂贵供应，来对过热的经济起抑制作用，又要防止紧缩力度过度。在紧缩银根中应大力争取做到保证总体再生产运行必要的资金供应，保证效益好的重点企业的资金需要，把资金紧缺限制在那些效益差的、长线的、不符合产业政策要求的企业领域，做到"有压有保"，紧中有活，紧中能活，紧一小片，活一大片，这就是金融宏观紧缩的主要任务。显然，这是一个艰难课题。

（二）三角债加深了资金短缺

企业相互间在商品购销中发生的债务，应通过结算进行互偿。企业经营不善，不能偿付债务，由此发生破产，是商品经济中的正常现象。我国的"三角债"，不是企业营运中正常发生的负债，而是一种不正常的互相拖欠，是我国经济紧缩期，在市场疲软条件下出现的一种特殊的拖欠经营。由于企业间普遍的拖欠，资金回流中断，要维持再生产只有依靠追加资金，具体地说依靠银行贷款，而一旦银行收紧银根，债务和拖欠经营就会出现。

三角债的制度原因是软预算约束的国有企业体制下，人们认为资金反正是国家所有，企业可以不为偿付债务承担刚性责任，一旦出现市场销售困难和资金供应紧张，企业就会采取拖欠债款手段，来转嫁困难。

可见，银根收紧和销售困难，使企业间的债务链问题凸出来，由此对紧缩期的经济运行带来障碍。

（三）宏观紧缩中的新矛盾：市场疲软

实行严峻的宏观紧缩，猛压总需求，包括投资需求与消费需求，出现部分产品需求不足与销售困难即市场疲软现象，这是难以避免的。1989年紧缩财政支出，压缩基建投资，控制工资增长和集团购买力，同时，实行紧缩银根，严格控制信贷规模，这一切引起社会总需求增长的放慢，它不能不引起市场降温，出现某些产品销售的由旺转平或转滞。此外，在紧缩时期，采取增强信用回笼的措施，例如，银行调高利率，保值储蓄，加强了信用回笼，也起到抑制即期需求的作用。

1989年底，城乡储蓄净增1334亿，其中80%来自保值储蓄，创历史最高纪录。储蓄高速度增长，支持了银行贷款，使货币投放猛降，年末市场货币流通量2344亿元，比上年仅增9.8%，是1979年来增长最低的一年。储蓄增长过度，会导致即期消费不足，增大市场销售困难。1990年出现了储蓄继续超常增长，1、2两月居民储蓄存款增长势头很猛，超过上年，2月末城乡居民储蓄存款余额比年初增长462亿元，1、2两个月，储蓄增长额为上年同期的2.12倍，相当于去年全年储蓄增长额的1/3，银行储蓄回笼比上年同期增长26.7%，占现金回笼比重42.8%，这比上年同期增4.8个百分点。商品销售回笼仅比上年同期增长0.2%，在银行现金回笼中所占比重降为32.4%，比去年同期下降4个百分点。

可见，为抑制通胀而调高利率以提高储蓄倾向，只能是金融调控的第一阶段的措施。继此之后，在价格下降和生产下滑形势下，要及时采取措施制止储蓄倾向超常上升，防止即期购买力的分流过度。归根到底，正确地运用储蓄与信用回笼的功能，恰当处理好增加储蓄与保持即期的消费的关系，成为经济紧缩期的一项重要任务和艰难课题。

（四）市场疲软与消费心理的变化

市场的迅速疲软还与人们的消费心理密切相关。群众消费心理的"过敏"，消费行为的反常，是通货膨胀时期的现象，它表现在：价格越涨，人们的涨价预期增强，人们消费倾向越是增大，由此引发抢购和涨价。而一旦市场逐步平稳和价格下降，人们降价预期增强，消费倾向下降，竞相储币待购，由此使价格越下降。

我国1989年春以来的市场迅疾疲软，虽然是由于紧缩带来总量状况的变化，但是群众"买涨不买落"的心理也起着重要的推波助澜的作用。

（五）企业应变能力的缺乏与销售困难

在存在完善的市场体制与机制条件下，企业具有适应市场变化及时进行自我调整应变能力，只要市场销售前景不佳，企业就会自主地和及时地进行产品结构调整和产业结构调整。然而，在我国模式转换期，企业缺乏自我调整能力。在市场出现滞销时，企业反应迟钝，新产品开发不力，转产不快，甚至即使产品积压企业仍然盲目地为库存而生产。可见，企业不能适应紧缩过程中市场的变化，及时进行结构调整，经济活动的僵化，不能促优淘汰，促进有效供给的增长和促使需求量与供给是相均衡的，以及需求结构与供给结构相均衡，是1989年春市场疲软的重要原因。

以上五点表明在当前我国的转型期的经济体制与经济机制下，实行宏观紧缩措施，在发生抑制总需求效应同时，不可能不出现新的矛盾和问题，特别是实行严峻的紧缩，在取得猛刹价格涨势的效果后，即期消费需求不足又会随之出现。

五、市场疲软的性质及其治理的方法

1988年10月至1989年10月，在把总需求迅疾增长势头压下来以后，人们应当适时调整紧缩力度，治理市场疲软，要大力进行结构调整，改革体制，完善机制，保证适度发展。治理市场疲软已经是一个不容忽视的中心课题，为此，对于市场销售疲软的性质，还需要做一些分析。

市场疲软去年春业已开始，主要出现于耐用消费品中，积压规模越来越大。此后，衣服、呢绒、毛线等日用品也开始疲软、滞销，9、10月份后，由于工业生产下滑过猛，一些基本生产资料如钢材、水泥等也出现滞销，应该说是大面积的产品滞销与部分产品匮乏并存。如日用消费品粮、油、肉、蛋等基本食品，不存在疲软问题，许多农副产品价格仍居高不下。上述情况表明：我国市场的势态是有效需求不足与供给结构失衡并存。

还应该看到一些基本生活必需品的生产不足状况尚未得到根本改变。例如，不少地区日用副食品价格的下降，基本上是靠财政补贴和行政性价格管制，特别是一些生产资料价格仍然偏高。

因此，当前状况是总量控制初见成效，总需求与总供给的矛盾有所缓和，但是多年积累起来的总量失衡（总需求大于总供给）和结构失衡（需求结构与供给结构的不适应），尚未根本解决。特别是我国现阶段经济紧缩的特点是：总量控制见效快，结构调整步子小，产业结构是否能调整好，关系到有效供给的增长和供给结构的优化；关系到今后经济的协调发展和保持价格的稳定；关系到我国经济是否能避免再次地一放就过热，就膨胀，一管又变冷；关系到我国经济是否能真正走上稳定、协调的"良性发展"的轨道。可见，我国当前应该致力于：在调整紧缩力度中，逐步实现总量均衡，特别要切实地推进产业结构的调整。

总之，市场疲软，表明1988年狂热的市场降了温，物价涨幅已经得到控制，治理整顿取得第一步效果。人们不必为市场疲软而惊慌，更不能将市场疲软视为是发生了"真正的经济萧条"，更不能认为"双紧"搞糟了。而且，市场疲软，尽管给经济带来新困难，但同时也为进一步进行结构调整提供了机遇。只要人们善于及时发现问题，调整政策力度，着力解决新问题，负效果可以转化为正效应。可见，在认识市场疲软这一新问题时，我们需要确立起全面的、辩证的观点。

学习小平讲话[①]

　　坚持党的基本路线，加快改革开放步伐，加快经济发展，建设有中国特色社会主义的一系列重大思想，具有针对性，具有重大现实意义，又具有重大理论意义，是有中国特色社会主义理论的进一步阐发。理论是管长远的，小平同志的讲话对我国整个现代化事业将起深远影响。

一、巩固与发展社会主义最根本之途在于大力发展生产力

（一）小平同志讲话开宗明义从解放生产力讲起

　　整个讲话贯穿着社会主义制度下要以大力发展生产力为首要任务的红线，讲话中提出"社会主义的本质是发展生产力"，提出了要坚持以经济建设为中心，要加快发展，要有一定增长速度，把发展生产力的重要性提得更高，可以说，小平同志进一步阐发了巩固与发展社会主义的根本之途、主要环节、发展生产力的理论。

---

① 　写于1992年。

（二）小平同志讲话提出了当今世界社会主义建设的一个根本问题，即生产力发展和加快发展问题

小平同志将这一问题提到关系社会主义兴衰成败的重要地位。世界社会主义国家经济发展取得巨大成就，但是客观地说，发展不理想，相当一个时期发展不快，科技进步总的是落后，国防技术、航天某些尖端工艺、一般工艺水平大大落后于西方。

经济发展，生活提高，未取得"比较"（与资本主义比）优势，东德不如西德，朝鲜不如韩国，苏联不如西方发达国家，上海不如香港。苏联建设社会主义70多年，20世纪60、70年代增长缓慢，GNP增速仅4%、5%，不是社会主义没有优越性，而是其潜力未能发挥，生产力的束缚未加以消除，人民积极性未充分调动。

世界社会主义建设过程中，社会主义与资本主义相较量，社会主义高潮（二战前后）以后低潮，20世纪80年代末的挫败，无不归结为生产力发展问题，但是对此人们不是认识得很清楚。对社会主义条件下，加速发展生产力的意义、必要性、紧迫性，缺乏提到在理论高度来认识。发展生产力与建设、发展、巩固社会主义这一问题。列宁阐述过，小平同志则是在新的条件，结合当代，结合我国社会主义的实际，从理论高度，十分彻底地解决了这一问题。

（三）小平同志关于生产力的论述有现实的针对性

讲话是针对一种无视生产力作用的建设社会主义的思潮。我国以及其他社会主义国家长期流行的思潮认为，巩固与发展社会主义主要依靠进行阶级斗争，进行生产关系的超前变革——在苏联是社会主义改造结束"社会主义建成论"，1961年后"二十年建成共产主义"或"发达社会主义"论，在我国是20世纪50年代的搞"一大二公"的社

会主义，"无产阶级条件下继续革命的理论"，及其在当前条件下变种的"另立中心论"，等等。这些思潮，认识不仅使建设社会主义失去中心，而且，造成生产关系变革"超前"，其结果，阻碍生产力发展，造成工农业生产发展缓慢，科技进步迟缓，经济搞不上去。

（四）小平同志生产力论具有重要理论意义

1. 坚持科学社会主义关于社会主义是立足于社会化大生产之上的学说

2. 坚持把马列基本原理应用于中国社会主义建设的实际

对于像中国这样在落后物质基础上建立起的社会主义形态来说，其主要矛盾决定了必须把发展生产力作为首要任务，只要人们在谈社会主义时，立足我国实际，人们就容易看清楚，无产阶级在实行第一轮向旧制度冲击——政治革命胜利与经济改造的胜利——之后，其第二轮的冲击，其主要目标就应该是发展生产力，而不是其他。

3. 小平同志把社会主义放在当今世界的实际之中，从社会主义与资本主义现实的状况对比，来认识社会主义的主要任务

小平同志站得高，把社会主义与资本主义世界相联系，来考察它的优势、劣势，来找出建设社会主义的主要任务，提出要达到发达的资本主义的劳动生产率的目标，以"赢得与资本主义相比较的优势"，而不是闭起眼睛，不看世界，抽掉物质生产力状况来谈论社会主义的优越性。列宁对革命后的社会主义认识很清醒，基于俄国落后面貌，提出实现超过资本主义劳动生产率的任务。斯大林在20世纪30年代，面对1929~1933年世界资本主义危机，鉴于苏联社会主义取得的成就，不能正确把握苏联与资本主义的经济差距，以为社会主义不仅有制度上的优势，而且在物质技术上也很容易取得优势，提出"社会

主义建成论"。

我国在20世纪50年代、60年代搞阶级斗争，放弃以经济建设为中心，认为资本主义仍是我们的大敌，关起门来斗，这是由于没有看清世界资本主义也在发展，科技技术革命还在兴起和转化为生产力，看不清在物质技术上与资本主义相比较差距还在拉大，"优势"建立不易。而小平同志对我国社会主义做了清醒的估量，强调发展经济，"科技是第一生产力""发展高科技"，形成新产业，小平同志清楚地估计着东南亚四小龙高速发展和新加坡经济，提出中国社会主义与资本主义要在经济上、综合国力上进行竞赛，赢得"比较优势"的宏伟的、跨世纪的任务，而且把这一竞赛，提到社会主义生死存亡的高度，这些论述有重要的意义。

4. 体现了对历史新经验教训的正确总结

20世纪80年代末90年代初，国际风云变幻，社会主义遭受严重挫败。经济原因是根本的，社会主义只有在物质上不断增强，才能增强其凝聚力，社会主义好，不仅仅是公正，而且还在于它能"普遍富裕"。"穷社会主义"，公正有之，富裕缺乏，优越性一不完全——物质上未表现出来，二不充分——人民需要的未能充分满足。

5. 有关发展生产力的重要性的阐述，是对1989年社会主义苏东挫败的历史经验的正确总结，指出了反对和平演变的根本之途

20世纪90年代社会主义面临着挑战，苏东社会主义挫败。这些问题需要认真对待，要迎接挑战，用什么方法，取决于对历史经验的正确总结。总结不清楚，对策就不会那么恰当。苏东挫败是由于党的路线错误，国际和平演变，政治思想教育的缺失，有计划经济等原因。经济原因是根本的。

可见，既要有全面观点，看到原因是多方面的，既有国际的，也

有国内的。国内领导方针、政治思想工作、经济工作、宗教关系、民族关系，都要抓，归结为：社会主义道路要坚持，党的领导要加强，最根本的是经济要上去。这对于社会主义是至关重要的，决定着社会主义生死存亡。小平同志这些论述，可以说是姓社的根本战略。从社会主义条件下大力发展生产力的理论高度，来加深对"经济为中心"的认识，这对加强人们坚定不移执行基本路线的意义是十分重大的，影响是深远的。

二、从理论高度阐述了改革的性质和必要性、迫切性

（一）小平同志在认识社会主义时，引入生产力，澄清了在认识社会主义上的斯大林教条，恢复了科学社会主义本来面目

这一社会主义观解决了根本性的认识问题，这是改革开放，建设中国特色社会主义的方针政策的基础。

当代建设社会主义的另一根本问题，是进行全面而彻底的社会主义改革，小平同志是将这一问题，提到关系社会主义兴衰成败的重要地位。我国传统体制有弊端需要改革，对此，人们认识是一致的，没有"改革派""保守派"之分，但是怎样看待改革，怎样改，大改、中改、小改就有不同，认为传统体制有毛病，也有优点，各打50分，因而进行一些表层的改革调整，对分配不进行深层次的调整，对所有制实现形式作调整。这是一种思路。认为传统体制有严重弊端，不能修修补补，要在体制总体上进行，"根本性"的变革，这是一种思路。

认为计划与市场是传统计划指令性机制那一套加放开的市场调节部分的"板块式"结合，或者是在市场机制基础上再造新的计划机

制，政府实行间接调控，应用经济手段的计划机制。可以说：对传统计划经济体制的认识问题，不能说解决了。

（二）小平同志的南方谈话提出改革也是解放生产力的重要命题

"解放"生产力这一命题，（1）不言而喻，它指出了20世纪50年代以来形成的传统体制是束缚生产力的，必须加以变革。（2）意味着是全面而深入的改革，是对旧体制从根本上的改变与改造，从这种意义上改革是一场革命，这就指明了中国这一场改革是大改大革，而不是小改小革，这样，就从理论上讲清楚了改革的性质。（3）解放生产力这一命题也指出了我国进行体制革新的重要性和迫切性。

我国社会主义建设涉及若干重大理论问题：（1）社会主义是产品经济还是商品经济。（2）社会主义是纯社会主义，还是不纯社会主义。（3）社会主义是书本上社会主义，还是实践中形成的社会主义。（4）社会主义使用他国模式，还是探索与本国实际相结合的模式。

（三）从实际出发，中国改革滞后与矛盾的积累，旧的体制已严重束缚生产力

实践表明，农村的高度集中管理体制走到了尽头，城市国企，近年来其弊端暴露出来，也表明城市高度集中国营经济体制也走到尽头，"不改革已无出路"，因而要有解放生产力的深入的改革。

（四）从最大限度地发展生产力的角度来看改革

第一，要把生产力最大发展作为改革的宗旨和目标。没有这个目标，或者只是把占有"公有制"分配"公正"作为目标，人们就看不见改革的作用和意义，就不能对改革作正确评价。把成就当成是缺点，或只看到缺点，而看不到其主要的成就——生产力的发展。

有些人到深圳，看到的是个体户发财，分配不公，生活方式灯红酒绿，不良社会风气，认为"糟得很""除了国旗是红的，其他都是黑"的，但是首先要看到深圳由一个贫穷渔村数年间变成"社会主义的香港"这一成就。

因而离开生产力这一目标、标准，人们就不能认清改革的意义，甚至还害怕改革，对改革有顾虑，怕"改到资本主义"，"改掉社会主义"只是原先的"书本社会主义"或是传统社会主义，而不是中国特色社会主义。这样的改革"顾虑"源于人们未摆脱"穷社会主义的纯社会主义观"和"宁要社会主义的草，不要资本主义的苗"的思想观念。

对改革意义的不同估量还在于你是否能从生产力最大发展的角度，能否站在当代生产力发展的制高点上来看待改革，对改革的要求，在于你的目标高度。如果只是生产力一般发展，10%的小增长，可能小改中改就行了。如果是基于世界资本主义国家生产力发展状况，基于超越资本主义的劳动生产率的任务，那么，就将进行大改。

第二，我们进行的是一场能有效地、全面地"解放生产力"的改革。小平同志提出"改革是解放生产力"的命题，为我们指出，我们需要实行"解放生产力的改革"。（1）这是一场深入全面的改革，全面解放生产力，就是要进一步解放农村企业生产力，进一步解放科技生产力，实现高科技、商品化、产业化、国际化，要充分发挥11亿人民的积极性，不是小改。（2）这个改革，要敢于利用一切有利于生产力发展的经济形式，包括资本主义经济中使用的形式：作为社会化大生产一般——科学管理，技术劳动；商品经济一般，货币、银行、证券、股份制；把资本主义作为补充，社会主义改革，要坚持公有制为主体，坚持社会主义方向，坚持中国靠共产党的领导，依靠国家的力量，做到大胆吸取人类文明成果，有效利用商品经济的机制，尽可能降低其负效应，有效利用资本主义，尽可能减少其负效应。做到既迅速发展生产力，但又坚持公有制，而且不要把上述改革与公有制巩固相对立，只有进行深入改革，才能巩固公有制（例如深入的企业分配，劳动、计划……企业体制改革才能巩固国有制经济）。

可见"改革才能解放生产力"，及其逻辑结论解放生产力的改革，我们明确了改革的性质和广阔内涵，打开了眼界，这对于深化改革有着重要意义，而提出要解除顾虑，"胆子大一点"，也正是这样性质的改革固有的要求。

第三，解放生产力的改革，任重而道远，需要目光远大，要坚定不移，当前要不失时机，大力加快改革开放步伐。特别是如果以"全面解放生产力"的改革和建立"充满生机与活力的新体制"为目标，那么20世纪80年代的改革还只不过是迈出了第一步，还在新旧体制转换的初始阶段，现在建立起来的新体制的具体结构真正形成，还将经过几十年的发展探索。因而，深化改革任重道远，要有远大目标，更要坚定不移，当前要不失时机，加快步伐。

三、经济理论要为改革、开放、发展鸣锣开道

改革的道路不平坦，改革是在克服阻力中前进的，改革的阻力、制约因素有客观条件方面的，也有主观认识因素。关键是姓社姓资，它使改革迈不开脚步。就全国来说，那些思想障碍解决较好的地方，改革步子大，发展成效大，沿海地区步子大。

经济理论界应该带头学好小平同志讲话，解放思想，胆子更大

些，打破禁区，认真研究深化改革，扩大开放的重大理论问题。（1）在坚持公有制前提下，研究搞好搞活国营企业的深层次问题。研究如何有效利用非社会主义——资本主义的重大理论问题。（2）坚持计划与市场相结合，研究引进市场的改革的重大理论问题。

经济理论界需要解放思想，（1）从本本主义中解放出来，要立足于实践来探讨理论，而不是翻本本，重复那些早已不符合实际的结论。（2）方法上要深入实际，研究新情况、新问题，而不能视而不见，如"社会主义产权问题"是客观存在。（3）要提倡友好的讨论，不要搞"大批判"，要和睦不等于不讨论，不要划"革与保"。四川经济学界，80年代有好的传统要加以发扬。

谈谈学习邓小平同志讲话的体会①

邓小平同志不久前在南方发表了重要讲话，这次讲话具有重大的现实意义和理论意义。现在，全国各地都掀起了加快改革、扩大开放、加快发展的高潮。小平同志的讲话不仅对当前的改革开放具有重要的影响，而且具有很强的针对性。小平同志讲话的中心内容是强调坚持基本路线、坚持以经济建设为中心，要集中力量把国民经济搞上去。我想从以下几个方面讲讲我学习小平同志讲话的体会。

一、邓小平同志讲话的重大理论意义

（一）进一步论述社会主义制度的巩固和发展，有赖于发展生产力

小平同志多年来一直坚持以经济建设为中心，坚持一个中心、两个基本点，强调要发展生产力。他这次强调革命是解放生产力，改革也是解放生产力，还强调社会主义的本质是发展生产力，比过去讲的社会主义的根本任务是发展生产力而言，把生产力的重要性提得更高

---

① 写于1992年。

了。小平同志还阐述了一个思想：社会主义国家的劳动生产率超过了发达的资本主义国家，你才可能说服那些思想发生了模糊的人，才能增强他们对社会主义的信心。

小平同志把社会主义制度建立后必须发展生产力，作了理论上的、全面的、非常深刻的论述，指出了社会主义国家发展生产力的重要性、必要性和迫切性。他是从什么是社会主义这样一个基本理论，这样一个高度来讲发展生产力的重要性的。在社会主义条件下，是搞发展生产力呢？还是搞阶级斗争、搞超前变革生产关系？这就看你对社会主义的内涵如何理解、如何把握了。如果认为社会主义是经济制度，不管它的物质、技术基础，不管生产力水平的高低，那么，一旦建立了社会主义制度，就可以说社会主义建成了。过去，我们流行了多年的社会主义观，就是这样的社会主义观。苏联在1936年农业合作化取得胜利后，宣布社会主义建成，同时提出了苏联逐渐向共产主义过渡。我国在1957年人民公社化以后，根据生产关系是公有的，分配是社会主义的，尽管物质生产力很低，生活水平很低，也宣布要向共产主义过渡。这种脱离生产力的社会主义观是违反科学社会主义理论的。科学社会主义有一个基本原理，就是社会主义是建立在社会化大生产基础之上的。用科学社会主义理论来观察社会主义，要联系生产力的状况，不能离开生产力水平，如果是生产力很低的社会主义，只能是初级社会主义，而不是发展的、完善的、完全的、成熟的社会主义。像这样生产力水平较低的社会主义，还不能使社会主义在生产关系上真正成熟，公有化不可能彻底，按劳分配不可能完全。在生产力较低的状况下，一是社会主义在制度上的优越性不可能充分发挥；二是社会主义在物质富裕上的优越性不可能充分体现。我们现在理解社会主义的内涵，必须要引入生产力标准，这样，对现阶段社会主义才能有一个全面观。既看到当前制度的优越性，也看到物质生产力的不足，才能知道建设社会主义既要坚持公有化，也要坚持社会化，提高物质生产力。小平同志坚持社会主义要发展生产力，实际上是坚持马克思、恩格斯讲的社会主义必须基于大生产这样一个社会主义观。

（二）小平同志强调发展生产力的重要性，是基于我国国情

我国物质生产力水平低，建立了先进的社会制度，但还没有形成强大的社会生产力，没有建立与先进的社会制度相适应的物质基础，我国社会的主要矛盾是生产力水平低与人民日益增长的物质文化需求之间的矛盾。因此，我们的主要任务是要解决发展生产力的问题，是要给社会主义奠定物质基础，而不应该去搞阶级斗争，搞生产关系的超前变革，搞"一大二公"，更大更公。只有在生产力得到发展，才能使我们的社会主义得到巩固、发展、完善和更加成熟。发展生产力是巩固、完善社会主义之途，超前变革生产关系，变过去的也得变过来。我国的社会主义经过40年的建设，特别是20世纪80年代，我国的经济取得了很大发展，人民生活水平迅速提高，社会经济面貌大改变，但是物质基础仍然薄弱，主要矛盾仍然没有解决，因此坚持经济建设为中心还不能动摇。

（三）强调发展生产力才能充分发挥社会主义的优越性

小平同志以前讲过：我们只能拥有超过了发达的资本主义的劳动生产率，我们才能理直气壮地说，社会主义优越于资本主义。小平同志这次又提出：社会主义要赢得与资本主义相比较的优势。小平同志把优势的标准提得很明确：是与资本主义相比较的优势。只有发展生产力，社会主义才能在广大人民的心目中具有吸引力，这个分析是实

事求是的，是冷静的、科学的分析，提出了增强社会主义凝聚力的根本之途。如果不能改善人民的物质生活，社会主义就不可能使人民产生发自内心的吸引力。

（四）体现我党对苏联、东欧社会主义受挫的历史经济的正确总结，指出了反和平演变的根本之途

1989年以来，社会主义在苏联、东欧发生挫败，我们用什么方法来迎接社会主义面临的世界范围内的挑战，首先取决于我们对历史经验的正确总结，然后才可能有正确的对策和方法。苏东社会主义的挫败，党的路线的错误起了重要的、直接的作用。1985年，戈尔巴乔夫提出经济改革，改了两年，改不动。1987年，他开始搞政治改革，搞公开化、民主化、放弃党的领导，导致社会动乱，政治动乱。一乱，什么也改不了，经济改革也改不了，结果给各种势力有可乘之机。苏东的挫败也有政治的原因，长期放松政治思想工作。但根本原因是经济没搞上去，人民对苏东的社会主义失去信心。（"八一九"八人委员会上台几天后就失败。西方说八人委员会软弱、退让、不敢采取坚决措施。这仅仅是一方面，应该更深刻地看到，"八一九"以后，莫斯科、列宁格勒的人没有完全响应八人委员会，很多人倒是站在叶利钦一边。原因何在？说明经济搞不上去，人民群众失去了信心。）苏联、南斯拉夫民族矛盾尖锐，很多矛盾都得不到解决，说到底，关键都是在生产力水平不高。总结苏东社会主义挫败的原因，要有全面观点，有国际的、有国内的、有领导方针的、有工作的、有宗教的、有民族关系等诸多方面的原因，但最根本的是经济没有抓上去。经济上不上得去，对社会主义是至关重要的，是决定生死存亡的，小平同志在总结这一问题时没有讳言。正因如此，我们才找到了巩固社会主义的根本之途。社会主义如何迎接全面挑战，我们毫不动摇地要坚持两手抓，抓政治、抓思想、坚持党的领导，加强马列主义教育，但最根本的是把经济抓上去，否则，这些都不能达到目的。

二、改革才能解放生产力

小平同志讲话的主题，是坚定不移地搞改革开放、利用时机，加快改革步伐。他从理论的高度，阐发了改革的重要性、迫切性、必要性，提出了改革也是解放生产力的新观点。我国的社会主义改革是滞后的，1949年南斯拉夫搞改革，1956年波、匈搞改革，1979年以后，我们才搞改革。过去的体制积弊甚多。从农村来讲，20世纪80年代初人民公社体制压抑了农民的积极性，一旦实行家庭联产承包，农业生产力就像喷泉涌出，几年就解决了绝大多数地区和农民的贫困问题。20世纪80年代的十年，全国农民的人平收入由1979年的136元，增加到现在的600多元。所以，改革是解放生产力，是中国实践的理论总结。城市改革，同样能起到解放生产力的作用。几十年的"三铁"积弊很多，企业缺乏活力，没有竞争力，政府管得过死、过多。高度集中的体制，束缚了生产力，从根本上变革体制，就会起到解放生产力的作用。

现在的新体制，是商品经济的新体制。建立这种新体制的过程，是一场深刻的变革，是一次根本性的变革。我国过去的体制是纯社会主义体制，没有私人资本主义，个体经济所剩无几。现在是要以公有制为主体，多种经济成分并存，搞初级阶段的社会主义。这是对旧体制的根本性改造。小平同志说的改革也是一场革命，改革也是解放生产力，是符合改革的特点的，是符合改革的性质的。

小平同志的经济思想，生产力问题占了非常重要的地位。"改革也是解放生产力"是小平同志站在生产力的制高点，来看待改革，要求改革。是站在世界经济的高度，总揽世界经济全局来看待中国发展生产力的重要性，从社会主义要赢得与资本主义相比较的优势来看待发展生产力的重要性，是基于当代世界的新情况，如科技革命的情况，来看待我国生产力的。小平同志讲的解放生产力，是要使生产力有一个大的发展，有一个适合20世纪世界竞争要求的生产力的发展，要有一个现代生产力的概念。如果以这样一个生产力大发展为目标，就应该以这个目标来要求改革，就要看清体制中不适应生产力发展的那些方面，要大胆地改，深入地改。我国的科技生产力长时间转不动，最近有了一些新突破。国营企业的生产力还没有真正得到解放，还有很多领域生产力要解放，解放生产力的含义很深。为了解放生产力所以要改革，这样，就把改革提到了一个高度。在某些领域内作一些调整，也可以说是改革，但中国的改革是要建立一个充满生机的新体制，是要达到解放生产力的目标，这样的改革目标宏伟、内涵丰富，是一个体制性的、全面的、深入的改革、绝不是小改小革，也绝不仅是作某些方面的调整。这种改革是社会主义的自我完善，不是改变社会主义制度。

三、改革要解放生产力，同时要解放思想

小平同志讲话的重大贡献，就是强调：改革要消除顾虑，胆子大一些，敢想、敢干，要消除姓"社"、姓"资"的顾虑。他提出姓"社"、姓"资"的三条标准，含义非常深刻。小平同志讲话立足于实践，改革是前无成功可循的事业，没有样本、书本和模式，只能靠大胆探索，靠实践检验。中国的改革要走出一条道路，要拓宽内容，

要解放生产力，要使社会主义的优越性真正得到发挥，还要超过资本主义。这样的改革，是一场深刻的革命。

社会主义的初级阶段，必然在一些领域中有一定的资本主义，这是为我所用的资本主义，没什么可怕，何况小平同志讲有许多东西不是资本主义，社会化大生产的一般形式不等于资本主义。我体会，资本主义运用过的东西、资本主义社会中很流行的东西，不等于资本主义，有些形式是商品经济的共同形式。社会主义同样可以搞股份制，可以通过这些办法筹集资金，这些方法是商品经济中的一种经营方式、一种管理方式、一种筹资方式。资本主义运用的一些东西，许多是符合商品经济要求的，社会主义公有制可以对此加以改造，使之为我所用。小平同志的讲话在理论方面对以上问题进行澄清，为发展商品经济开拓了广阔的道路。

20世纪80年代初的改革，是解放思想带来了20世纪80年代初的一个很好的局面，现在再次提出解放思想，必将推进20世纪90年代更深入，效果更大、更健康的改革。小平同志一再强调解放思想，具有很强的针对性，这是一个伟大的改革所需要的思想状况。

改革面临着一个大好形势，各地都在大力深化改革、扩大开放、加快速度、缩短差距。四川确立以开放促改革，借船出海、借鸡生蛋、借边出境、想方设法、为我所用、打开国门、吸收外资、搞活经济。四川在川西确立了14个县市，作为先行改革的试验区，还提出要建立一批明星企业，出成效、出经验。还要大力依靠科技、依靠知识振兴经济。繁重的工作已经摆在我们面前，我们应该为振兴中华尽到自己的责任。

社会主义本质的新阐述[①]

——小平思想

一、社会主义的本质

基于生产力论来阐述社会主义的本质是小平同志的伟大贡献。

邓小平1986年说："社会主义原则，第一是发展生产，第二是共同致富。"[②]这个论点他在1992年春到南方视察时的重要讲话中又加以展开。他说："社会主义的本质，是解放生产力，发展生产力，消灭剥削，消除两极分化，最终达到共同富裕。"[③]

邓小平强调，在认识什么是社会主义的问题上，一定要把发展生产力摆在首要的地位。多年来他反复地讲这点。"社会主义阶段的最根本任务就是发展生产力"。[④]"社会主义的首要任务是发展生产力，

---

① 写于1992年5月。

② 《邓小平文选》第3卷，人民出版社，1993年，第172页。

③ 《邓小平文选》第3卷，人民出版社，1993年，第373页。

④ 《邓小平文选》第3卷，人民出版社，1993年，第63页。

逐步提高人民的物质和文化生活水平。"①他关于在社会主义条件下要通过改革解放生产力的论断，是和发展生产力的要求相联系的。

针对"文化大革命"期间"四人帮"宣扬的"宁要贫穷的社会主义，不要富裕的资本主义"等谬论，邓小平以振聋发聩的声音指出，贫穷不是社会主义。他之所以强调这一点，不只是为了驳斥"四人帮"，而主要是针对长期以来我们党在指导思想上的偏差而说的。他说："如果说我们建国以后有缺点，那就是对发展生产力有某种忽略。"②因此，他又说："从1958年到1979年这20年的经验告诉我们：贫穷不是社会主义，社会主义要消灭贫穷。不发展生产力，不提高人民的生活水平，不能说是符合社会主义要求的。"③

马克思主义论述了社会主义需要有其物质基础，指出了发展社会主义的增殖生产力总量的任务。由于他们假定社会主义实现于生产力发达的资本主义国家，因而，他们着重讲社会主义实现公有化，人的全面发展。当代在经济不发达国家建设社会主义，理应重视发展生产力，构筑社会主义的物质基础，多年来流行的传统社会主义理论的误区在于认为：革命胜利后，凭借人民群众当家作主的热情就可以实现生产关系不断向前变革，跑步进入共产主义。但实际上却是事与愿违。每一度生产关系的"超前"变革带来对现有生产力的破坏，"拔高"的生产关系，却因平均主义而打击群众积极性。

科学社会主义，把公有化与社会化大生产联系起来，公有是生产力的形式和生产力的要求，形式取决于内容，适应于内容，不能超逾内容，违反内容。经济规律是无情的，成熟的栗子必将爆开，同样

---

① 《邓小平文选》第3卷，人民出版社，1993年，第116页。

② 《邓小平文选》第3卷，人民出版社，1993年，第63页。

③ 《邓小平文选》第3卷，人民出版社，1993年，第116页。

"拔高"的超越了物质内容的生产关系必将退回来。

二、改革的深刻性

中国这一场改革的深刻性要求大胆实践，勇于改革。中国社会主义社会的特点、主要矛盾决定了发展生产力的重要性。中国面临的挑战是发展生产力。中国生产力的发展，要有深刻而广泛的改革。

中国20世纪80年代的改革，取得巨大成就，但毕竟改革还处于初始阶段，还处于一种新旧体制共存的过渡时期，还在向新体制转换过程中。就当前来说，改革的主要环节企业改革远未到位，市场发育和市场机制的建立完善还刚刚起步，国家调控体系也正在建立。改革是曲折的，三年治理整顿，某些领域或某些方面的改革有所后退，90年代改革，要总结历史经验，既能搞活，又能管住，涉及多方面配套改革，难度越发加大。

特别是随着改革日益深入，会牵涉经济生活的深层次，要遇到许多阻力。90年代改革进入了攻坚阶段，既要克服阻力，大力推进，更主要的是要寻找各种有效的方式，取得发展生产力的实效，扩大各种试验，农村改革、企业改革、流通改革、金融改革，都要拓宽试验门路，企业真正搞活，需要有企业体制改革的各种各样新路数，作各种各样的探索，总之，我们需要有生气勃勃的改革。改革不大胆开拓，不拓宽内容，不引向深入，不寻找新形式，走出新道道，而只是重复过去，或是限制在狭小范围，就当前来说，经济就难以摆脱困难，就长远来说，就难以实现新体制的构建。

可以说，当前改革中遇到的问题、困难，发生的不进则退的风险，逼着人们通过进一步的改革来解决。改革无书本模式可翻，无现成经验可循。未经过实践，"坐而论道"进行一些抽象的，甚至是烦琐的争论是无益的。

当代社会主义，是"实践中的社会主义"，当代中国的改革是在实践中开辟道路的改革，改革的这种性质，要求人们勇于实践，敢干敢闯，如果不是这样，改革就缺乏生气，萎靡不振。

三、中国改革的性质决定了改革要拓宽路子

当代中国的改革，是要"建立起充满生机和活力的社会主义经济体制"，要以解放生产力和促进生产力的发展为要务。要求坚持社会主义方向，多方面探索，把路子拓宽些、把思路搞活些。

坚持社会主义方向，不是限制改革，不是要事先划出许多框框，"不许越雷池一步"，而是提倡大胆的改革，进行生气勃勃的改革实践。改革是什么性质，是取或是舍，要通过改革实践才能搞清楚。

第一，坚持社会主义方向，不能脱离改革的实践，方向是实践的品性，它寓于实践之中，是在改革中坚持社会主义方向。改革是有姓社姓资问题，但不是先定性，后实践。先定性，什么也不敢搞了，就没有什么改革，或是四平八稳的改革，这等于没有改革，也谈不上坚持改革的社会主义方向。

第二，坚持社会主义方向，不等于排斥对资本主义经济形式的利用。在社会主义条件下，在无产阶级掌握政权和实行共产党领导的条件下，有一定的资本主义，它只是充当社会主义经济的补充，有利于社会主义的发展，这不可怕。初级阶段社会主义，中国特色社会主义，是以公有制为主体，但不是纯社会主义。纯社会主义对发展个体经济不积极，甚至主张不同地区，先行确立公有制的比重。

第三，一些资本主义经济中广为使用的带有中性的经济形式、企业形式，不能和资本主义混为一谈。如股份制。租赁制不仅仅流行于资本主义，在中国封建制度下自周秦以来已存在数千年，那是封建租赁制。租赁制本身是中性的，存在于各种社会经济形态之中，股份制也是如此，完全可以形成社会主义的股份制。因而，利用这些经营方式，并不是利用资本主义，更用不着顾虑，这种多余顾虑之产生，在于概念不清。当然，这些经济形式，在资本主义中是服从于资本主义的需要，它的一些机制，是从属于资本主义私人占有，我们利用这些形式要服从社会主义的需要，如股份制及其运作并非有利无弊，十全十美，要服从于保证企业公有制性质，因而使用这些形式也不是照搬，而是包括建立适合社会主义的新的运作机制与秩序，例如我们的股份制，在大中型国营企业，要坚持政府控股，体现社会主义所有制结构的特征。

第四，一些资本主义经济中广泛使用的经济形式，包括商品、货币、信用、银行，自盈负亏的经营形式，拍卖、承包，竞争，待业，转业，甚至破产清算，等等，它不是资本主义固有的，而是商品经济的产物，或者发达商品经济的产物；社会主义商品经济中，也要使用这些形式，利用这些形式，这不属于"姓资"问题，有如"铁饭碗""大锅饭"不等于社会主义。

第五，一些资本主义经济中使用的科学管理方法，包括宏观的国民经济管理和微观的企业科学管理、计件制等，更不是"资本主义固有的"，而是现代化生产共同的管理方法，这些方法应该加以吸取的。

资本主义也有计划，社会主义也有市场，宏观调控是发达商品经济的管理方法。因而，利用中性的社会经济组织管理形式，与搞资本主义不是一回事。

中国改革要扩大其内涵，要拓宽其领域，以增强生产关系的适合性。一切有利于生产力发展的经济形式、经营形式、调控形式，都要加以利用，特别是发达的商品经济中的一些形式、机制都要加以利用，不要贴上标签。因为，社会主义是有计划商品经济，而且是发达的商品经济。

社会主义是公有制+按劳分配，这是社会主义经济的本质特征，它的组织形式与运行形式，即商品经济（不过这是计划与市场能有效地统一的商品经济），其统一性大大高于资本主义商品经济的统一性，是有计划的商品经济，另外，它是发达的商品经济，即交换关系广泛发展，市场性充分拓展的商品经济，即以市场调节为基础的有计划的商品经济，而不是把市场限制在狭隘领域的商品经济。

参与市场调节的对象领域广，以充分依靠市场调节来实现消费品、生产资料、劳动力、科技产品、服务产品、信息产品的流动化。

市场调节的范围广，不仅仅国内市场，而且要扩大到国际市场，不是要搞孤立于、割裂于世界市场的两个平行市场，而是要大力参与国际市场，从中利用国际经济资源，为社会主义所用。

发达的商品经济，要求利用资本主义发达商品经济的机制。建设中要利用历史遗产。建立商品经济体制，要利用历史上商品经济中适用的，即"共性""中性"部分。

四、建设发达商品经济，要利用资本主义发达商品经济的适用部分

"共性机制"企业的组织方式，运行方式；市场、交换、营销、

竞争、拍卖、期货、金融、房地产开发；宏观调控等，要使之与公有制相结合，与计划机制相结合。

首先是"有效吸收""拿过来"，要看到资本主义发展起一个高度发达的商品经济，它的许多"共性"的经济组织形式、经营方式、国家调控方式，是一种实践经验的历史总结，其中体现了"商业文明"，是发展社会主义商品经济可以借鉴和必须加以借鉴的。

列宁是坚定的无产阶级革命家，又是历史唯物主义者。他针对党内不注意学习资本主义经验的倾向强调指出，"必须取得资本主义遗留下来的全部文化来建设社会主义"。他还提出这样一个公式：苏维埃政权+普鲁士的铁路管理制度+美国的技术和托拉斯组织+美国的国民教育=社会主义。他的意见是很明白的：无产阶级政权要把资本主义社会的好东西全部统统拿来。

发达商品经济组织社会化大生产的机制：（1）企业即公司，即股份制的资本联合，或社会资本；（2）发达的市场体系，多层次化——金融市场，宏观管理，间接调控，吸引外资、搞活外资、自由港、保税区，利用国际资本联合的跨国公司——资源配置在国际范围实行最低成本原则。我们要看到这些形式，既为资本主义所有制所用，甚至有其烙印，但又是适应于社会化大生产的发达商品经济的经济形式。因而，这些发达商品经济的"共性机制"，是可以利用也应加以利用的。

改革才能巩固和发展社会主义[①]

最近邓小平同志根据当前国际、国内新情况，提出了加快改革、扩大科技、加速发展，特别是针对人们在当前我国建设社会主义关键时期的思想认识，更明确地说，小平同志对于如何建设社会主义和建设什么样的社会主义发生的新模糊，或者陈旧观念的重新泛起，发表了自己极其有针对性的和有原则性的看法。

南方谈话十分重要，具有重大现实主义和理论意义，不仅对我国20世纪90年代的改革开放，开放和发展，而且对我们整个社会主义现代化建设有重要的指导作用。南方谈话内容十分丰富，浓缩了小平同志有中国特色社会主义思想的精髓。

在这里，就这一问题讲一点个人学习体会。

一、把国民经济搞上去是发展和巩固社会主义的根本之途

小平同志讲话提出，坚持"一个中心，两个基本点的基本路线，

---

① 写于1992年。

100年不变"，强调要紧紧抓住经济建设这个中心和主题不放松，基层要利用时机，加快发展，促进经济上新台阶，鼓励有条件的加快发展。坚持以经济建设为中心，从理论上来说，这就是强调建立社会主义制度后，要大力抓发展生产力，把它作为巩固和发展社会主义一切工作的根本，要用生产力指标检验和评价经济工作、政治、文教工作的成效。小平同志这些论述不仅仅是对建设社会主义的方法的进一步阐述，而且是对科学社会主义理论的进一步阐述。

在无产阶级革命取得胜利，确立了社会主义制度之后，对如何发展和巩固社会主义，抓什么，以什么为中心，采取什么方法、路线，这个问题一直存在着各种各样的模糊认识，可以说从苏联开始，许多社会主义国家都未能解决好这一问题，多数国家多年用阶级斗争推动生产关系的超前变革，变向"一大二公"，变向"纯社会主义"，变向"共产主义"，一贯采取的方法是阶级斗争，抓生产关系的不断革命，使之"一大二公"，即"超前变革"，即所谓"跑步向共产主义过渡"，不是集中搞经济建设，忽视生产力的发展。这种做法源于斯大林，他认为建成社会主义，等于消灭私有制，建立公有制，可以不管物质生产力的状况，在苏联借助行政力推动的生产关系变革中，1936年实现公有制占统治地位（97%），宣传社会主义建成，开始向共产主义过渡。此后，还有赫鲁晓夫在1956年宣传称，20年过渡结束，共产主义即能建成。共产主义等于土豆加牛肉。

传统的社会主义建成论，抽掉了社会主义建成应该有的生产力标准。（1）这种对社会主义认识，并不符合马克思、恩格斯和列宁的思想，按照科学社会主义理论，社会主义只有在高度生产力的基础之上才能发展成熟，并充分展示其优越性。列宁讲社会主义应有超过资本主义的劳动生产率。（2）没有把握住社会主义现阶段的主要矛盾。即使是1936年苏联合作化完成后的社会主义社会，其主要矛盾也是生产力低，与社会主义的要求相差甚远。党的八大基于我国国情，无产阶级与资产阶级的矛盾在我国已基本解决，提出现在的主要矛盾是人民对于经济文化迅速发展的需要同当前经济文化不能满足人民需要状况的矛盾，这一矛盾的实质也就是先进的社会主义制度与落后的社会生产力的矛盾，八大提出实行重点转移，集中精力抓经济建设，尽快把生产力搞上去。对上述提法，有的评论说理论上不够准确，我看突出生产力问题，是一大贡献，把高的生产力作为先进社会主义制度的物质基础，是十分有见解的主张。但是当时我们对什么是社会主义和如何搞社会主义的理论认识还不充分。

1956年，由于出现了匈牙利事件，当时只不过是"风乍起，吹皱一池春水"，而在我国走上了"肃反扩大化"，以阶级斗争为纲的道路，以后发展到十年动乱，"抓革命，促生产"，实行"无产阶级专政下的继续革命"搞生产关系的"超前"变革，割私有制尾巴，关闭集市或搞社会主义大集市，这些"左"的做法，大大干扰和破坏了我国经济建设，其结果使我国国民经济濒于崩溃的边缘。

小平同志的伟大功绩在于他总结了我国社会主义和国际社会主义的经验教训，敏锐地把握住对当代社会主义具有决定性影响，即决定其兴衰成败的生产力发展问题，并以此为依据，制定了"一个中心，两个基本点"的方针，把进行体制改革，发展生产力，作为中心和最主要的工作任务，小平同志强调搞社会主义要发展生产力，小平同志提出："社会主义的根本任务是发展生产力"，最近又讲"社会主义的本质是发展生产力""改革也是解放生产力"，进一步强调了发展生产力的重要性。

第一大贡献：坚持科学社会主义原理，对科学社会主义理论正本清源。

小平同志强调发展生产力，是根据科学社会主义的理论，即社会主义必须立足于社会化大生产之上，而不能老是立足于手工生产的落后技术之上，只有有了社会化大生产的发展，现代化的发展，社会主义才能发展、完善，在强大物质技术基础未形成以前，一切"拔高"社会主义生产关系的革命，实行"发达的"社会主义的想法与做法都会失败，在生产力水平不够高的条件下，社会主义也不可能是完善的，更不是成熟的。

小平同志一针见血指出现阶段社会主义是"穷社会主义"，而"贫穷不是社会主义，社会主义要消灭贫穷"，可以说，小平同志是在十一届三中全会后，总结历史经验，首次阐述社会主义有其物质基础，社会主义社会生产关系，经济制度的构建，不能脱离生产力状况，坚持和恢复了马克思主义的科学社会主义。

第二大贡献：基于上述理论，在我国现阶段低的生产力的基础上，我们要实行以公有制为主体的多种所有制结构，即初级阶段的社会主义，而不是"一大二公的""发达的""成熟的"社会主义，更说不上向共产主义过渡。

第三大贡献：它提出"穷社会主义"的命题。"穷社会主义"一词，明白通俗地表述了主要矛盾、主要问题是生产力低。中国原是一个"一穷二白"的国家，在社会主义制度确立后，我们有了先进的社会制度，但是我国生产力水平和人民收入水平仍然很低，较之世界上的经济发达国家仍然存在很大的差距。因而，如果说，在取得革命胜利前的旧中国，主要的矛盾是三座大山与人民群众的矛盾，是阶级矛盾，主要问题是生产关系问题，是既患寡又患不均，那么在中华人民共和国成立，社会主义制度确立后，主要矛盾、问题、困难就是生产力问题，8亿人口，底子薄人口多，主要是患穷，我们的问题、矛盾、困难在于生产力低。

搞社会主义要从抓住主要矛盾着手，因此理所当然要抓住这个主要矛盾，党的八大决议指出了这个矛盾，但是未能以系统的理论来加以阐明。小平同志的巨大贡献在于它把科学社会主义原理和中国实际相结合，从中国1966年以来社会主义现阶段状况、矛盾、需要，来阐明了抓住生产力发展，解决生产力低问题的必要性、重要性和迫切性。

第一，小平同志提出抓住"贫穷"两个字，"贫穷不是社会主义"，"社会主义要消灭贫穷"，点出了我国的主要矛盾，即生产力低。

第二，"贫穷不是社会主义"，如果贫穷，即使分配再公正，也不具有社会主义优越性，因而，基于社会主义是实现共同富裕，小平同志指出，只有超过资本主义的劳动生产率，"才能理直气壮地说社会主义优越于资本主义"，社会主义才能进一步增强凝聚力、向心力，这种对社会主义，从制度和生产力两个方面去分析，是科学而务实的，避免宣传上说大话，搞形式主义。社会主义可以通过发展生产力，消灭贫穷，共同富裕，以发挥优越性。

建设社会主义千头万绪，而决定性的是发展生产力，建设社会主义的方法、战略，其中心环节是自始至终抓住生产力的发展，自七届三中全会以来，小平同志一贯强调抓住把国民经济搞上去这一中心环节不放松，任何时候都不能放松。邓小平同志说："横下心来，除了爆发大规模战争外，就要始终如一地、贯彻始终地搞这件事，一切围绕着这件事，不受任何干扰。就是爆发大规模战争，打仗以后也要继续干，或者重新干。我们全党全民要把这个雄心壮志牢固地树立起来，扭着不放，'顽固'一点，毫不动摇。"

二、从社会主义主要矛盾即深层矛盾上来总结苏东社会主义挫败的历史经验，多年讲社会主义优越性，不讲这一点

小平同志对于苏东社会主义国家解体的原因，既指出其国际原因，国内政治的、思想的原因，特别是党的领导及其所制定的路线的原因；小平同志指出其最根本的原因在于没有把经济搞上去，没有很好解决现阶段社会主义的主要矛盾，从而使社会主义凝聚力减退弱。

小平同志认为，"最终说服不相信社会主义的人要靠我们的发展"，社会主义凝聚力的增强，必须要有生产力的发展。社会主义的吸引力、凝聚力不能脱离实际条件，在中华人民共和国成立之初，对穷社会主义抱怨不多。因为中华人民共和国成立后人民生活水平毕竟提高了一头。主要对未来充满希望，但等了几十年，还是原来那个样子不行，特别是在当代世界，人们是从进行国内外经济比较中来认识社会主义的，在物质上，差别越来越大，一些人就会失去信心。即使在发展，但是发展得慢，老是掉在后面，人们难以树立起信心，因而，社会主义吸引力是建立在社会主义发展、完善的基础上。

我们老干部、老知识分子、广大党员对社会主义信念坚强，穷一点，也服社会主义，寄希望于未来。共产主义者，胸怀理想，对物质生活不介意，也不想当万元户，老教授多发奖金不敢拿，发点牢骚，仍是拥护党，拥护社会主义，不迷信西方。但人民群众有层次，不是都一样，群众还是从来善待社会主义，为什么苏东年轻人"西方"热，向和平演变，西方宣传起了作用，但根本上还是经济未上去，更深原因是，多数群众对社会主义发生动摇，排长队生活提高慢，与世界差距大，退休者生活困难，从而产生对社会主义的迷惑，甚至失信、动摇。总结经验，找最根本原因，要从经济上去找。这样分析问

题，才是历史唯物主义，而不能就事论事：责怪群众觉悟低，青年人与老一辈的代沟，对社会主义信念的动摇，当然这些均是问题，但还有更根本的东西。

因此，应正确总结历史经验。苏联解体不只是政治、思想上的原因。看问题要看本质，找原因要找深层原因，苏联解体最根本原因是几十年未能很好地把经济搞上去。

三、提出了抓根本——国民经济搞上去——来反对和平演变的战略

小平同志针对近年来的国际风云变幻和我们面临的严峻挑战与反和平演变的任务，提出科学解决经济建设为中心和反和平演变的关系，要"两手硬"，要加强思想政治工作，但他始终强调关键是要把国民经济搞上去，把自己的事情办好，小平同志说："社会主义如果老是穷的，它站不住。"

社会主义面对敌对势力的和平演变。演变与反演变斗争是长期的，这一斗争包括思想的、政治的、经济的，打赢这一斗争，不是靠发表几个宣言，最根本的是依靠把自己的事办好，经济搞上去，综合国力增强。

小平同志阐明了反和平演变，不是消极禁、堵，而是抓根本，增强社会主义经济，这是冷静而成熟的思考，为我们指明了方向，其意义是极其重大的。

总之，小平同志关于社会主义条件下，大力发展生产力的论述，其理论意义是十分丰富的。这一论述（1）是对马克思主义的科学社会主义的新阐明，（2）是历史唯物主义生产力决定论，（3）是中国特

色社会主义理论的重大命题，它是对现阶段中国社会主义中心矛盾的理论阐述。

我们只有站在上述建设社会主义理论的高度，才能深刻理解党的"一个中心，两个基本点"的方针，牢牢把握住以经济建设为中心，才能真正清除多年来的"抓革命，促生产"中的大批判开道和实行生产关系超前变革，追求"一大二公"等思想的影响，避免国际国内一有风吹草动，这些旧观念又在新形势下重新泛起，对以经济建设为中心的基本路线发生动摇。

四、改革才能解放生产力和发展生产力

小平同志最近提出改革也是"解放生产力"，进一步发展了马克思关于革命是解放生产力的原理，并从理论的高度阐明了社会主义建设中坚持改革的必要性、重要性和迫切性。

邓小平同志功绩在于：（1）阐述了有中国特色社会主义，社会主义初级阶段，突破了书本"纯社会主义"模式。（2）阐述了要大力发展商品经济，要克服高度集中的体制，在城市搞活企业，在农村要调动亿万农民的积极性，要在社会主义基本制度确立以后，还要建立"充满生机和活力的社会主义新体制"，突破了苏联模式的社会主义体制。要把基本制度与体制区别开来。指出经济体制"束缚"生产力，因此，传统计划经济体制要改变，要建立"充满活力与生机"的新体制，这一改变是"根本改变"。原有体制"束缚"生产力发展，"要根本改变"即进行体制的转换，不是小改小革，而是大改大革。将这种变革称为从根本上改变，因而合乎逻辑地称之为"解放"生产力。

五、几个问题

（一）原有体制束缚了生产力，从而需要从根本上进行改革

要辩证地来观察社会主义。

我国社会主义制度具有优越性，但现行个体体制上存在弊端，这种弊端的产生在于：（1）社会主义本身是一个新鲜产物，它还要在实践中不断探索和积累经验，人们的实践探索不可能都是成功无误的。（2）在认识什么是社会主义中，在很长时间内，人们还习惯于从本本出发或是照搬他国模式的思维方法。（3）社会主义体制随着时间推移，也会逐渐变得陈旧和不适应向前发展的经济新情况和新需要。（4）业已陈旧的体制也会形成一种利益格局，并且表现为一种惯性力量，它不仅不会自我地进行应用除弊的革新，而且会造成各种弊端的发展和积淀。

基于以上原因，因而在建设社会主义整个过程中，人们应该冷静地观察和清醒地认识现行体制的状况、矛盾，利与弊，积极功能与局限性，要抓改革，克服和消除体制的不适合因素、环节、部分、结构，以适应生产力发展的需要。如果延误了改革，就会使不适合的体制持续化，从而会束缚生产力的发展，使发展放慢；如果拒绝改革，体制的不适合的弊端就会积累和深化，会使体制越发陈旧，越发不适合、越加阻碍生产力的发展，使经济陷于困境。因而，认为社会主义体制不会变得不适合，小不适合不会发展成较大不适合，本身就不符合辩证法发展观。

（二）改革就是要解放生产力

我国农村集体所有制是适合生产力的，但1958年来的人民公社制度一开始就冒进，是不适合的。1962年"三自一包"是生产力发展需要的自发突破，但此后被打断，矛盾积累，农业经济几到崩溃边缘。1979年，安徽、四川大包干是体制严重束缚下的又一次自发突破，在小平同志提倡、党的支持下进行经济体制改革，这些改革得以在全国推开。我国的农村改革起了大大"解放"生产力的作用。

以搞活企业、引进市场为中心的城市改革、兴办特区等都是体制深刻变革，明显地起到"解放"生产力的作用。

可见，进行经济体制改革，去除了体制弊端、"束缚"，这既是基于生产关系与生产力相互关系的学说，又发展了这一学说。

（三）改革是最全面而深入的变革和创新，没有现成模式可以照搬

小平同志强调改革要在"实践中发展，完善，修补"，改革内容很丰富，道路很宽广，还要敢闯，敢于创新，还要30年时间，我们才会在各方面形成一整套更加成熟，更加定型的制度，这表明改革还要在长期实践中来开拓、发展、深化、完善。

1. 中国改革的深刻性

第一，经济体制改革是根本性的改革。20世纪50年代形成的原有体制，在80年代新的条件下，自然就需要进行深入而全面的改革，在坚持社会主义方向下，坚持公有制为主体，坚持党的领导，坚持马克思列宁主义为指导，以形成一个最能适合生产力与性质的新体制。

第二，原有体制是在社会主义产品经济论的基础上形成的，是一个实行国家决定生产，调拨产品，集中分配的计划经济体制。而新的体制是以社会主义商品经济论为基础，实行以企业为基本单位、面向市场、自主经营，由市场引导企业的社会主义商品经济体制，因而，

旧体制向新体制的过渡是大跨度的，其实质是对原有体制与机制进行根本的改革，而不是实行局部的修补。

第三，原有体制是在"纯社会主义""越大越公越优越"理想化的社会主义认识下形成的，新的体制则是立足社会主义初级阶段的理论，基于我国国情，实行以公有制为主体，同时充分发挥其他非公有制经济的补充作用，实行以按劳分配为主，同时有效利用其他分配形式。这种向公有制为主体的"不纯"的社会主义的转换，既要允许有非社会主义经济的种种经济机制发挥作用，特别要利用资本主义的积极作用，但又要加以限制，将它纳入有利于社会主义的轨道，这一体制转换和新机制的形成，无疑是深入的变革和艰难的创造。总之，经济改革是体制的根本性的变革。

2. 改革内容的广泛性

改革还涉及政治、文教、科技等领域的改革。通过这一系列改革实现"社会主义自我完善"，是广泛而深入的改革，它既主要是经济体制的改革，又包括政治体制和其他体制的改革（科技体制改革、文教体制，生活消费模式等），还要有思想意识的更新。真正能发挥解放生产力作用的改革本身，具有极丰富内容。

可见，中国改革不是小修小补，而是体制的创新，要进行体制全面的、深入的革新，因而中国改革有着丰富的内涵。它需要吸纳，利用人类一切文明的成果，适应社会主义大生产的科学管理方法，经营方法，还要有立足于国情，有新的创造。

社会主义制度要吸取其他社会形态，包括资本主义使用过的经济形式来为我所用，完善社会主义。改革迈不开脚步，在于认识上，把利用资本主义的经济形式和社会主义对立起来，害怕多一些资本主义的经济形式、机制的利用，就多一分资本主义。

人们分不清资本主义经济中存在的东西和资本主义的界限，其实，资本主义社会经济有三类东西：（1）资本主义所有制和剥削制度；（2）中性的商品经济的机制，例如商品、成本、利润、市场以及股份制、租赁制、竞争、企业破产，营销上的分期付款，拍卖，土地租用等。当然，这些商品经济的机制中有些也有资本主义剥削制度的烙印；（3）属于生产力的。社会化大生产的微观管理、经营方式等。

拓宽改革的内容，我认为，在当前主要是要充分有效地利用资本主义发达的商品经济中的形式、机制。发达的商品经济的一些经济形式与机制，是社会化大生产的组织与运作的一种有效形式，它在促进生产力发展中起重要作用，例如股份制的股票发行、转让机制，实现了个人资本向社会资本的转化，以其筹集资金和组创大企业的功能，促进了社会化大生产的发展。因而，股份制不仅仅是一个企业组织形式，而且是形成社会资金的一整套营运机制。在社会主义商品经济中也应该利用这种机制来促进社会化大生产的发展。

发达商品经济中的经营方式、管理方式内容十分丰富，不少属于中性的，因而是应该加以利用的。充分而有效利用这些形式，不会削弱社会主义，而恰恰是可以完善社会主义。

国有企业，利用责权分离和商品经济的机制，自负盈亏、破"三铁"、竞争、破产，恰恰是增强其活力之途。要看到资本主义也在搞"调整"，资本主义在引进计划，法国等形成一套指导性的调控办法。发达资本主义国家也有国有制经济，瑞典北欧福利主义，尽管不是马克思的社会主义，是属渡边社会主义，它不是古典资本主义那一套办法，资本主义依靠这些调控办法，积极缓和社会矛盾。

归结起来，中国改革的内容很广阔、丰富，因而对于改革思路要广，道道要多，要有新招。坚持社会主义方向前提下，无产阶级应该有大的气魄，利用一切有利于生产力发展的东西，大力创新。不能先画框框，自己设置禁区，约束自己，限制自己，把改革局限于狭窄范围。总之要敢闯，敢于开拓，在实践中完善、修补，错了改，要相信中国共产党领导下的社会主义国家自我完善的能力。

我们要看到，"改革是解放生产力"的含义，进一步解放生产力，要大范围、深层次地大改革，现在不是走得很远要拉回来，而是很不够要加快，加深，拓宽。当然要实事求是，这样才能有广阔的眼界，才能打开改革思路，这对于推动当前和今后的改革是具有重要意义。

（四）改革要解放思想

小平同志讲话强调解放思想，敢干敢闯，提倡胆子更大一点。

"改革要深化，开放要扩大"，但实际上步子小，原因在于思想不解放。思想解放，办法就多，步子就大。改革中最大的阻力在于认识上的阻力，其核心问题是对"姓社姓资"的看法，它成为心理上的障碍。改革当然有姓社姓资问题。改革要坚持四项基本原则，坚持社会主义方向，坚持公有制为主体，坚持中国共产党的领导，坚持以马克思主义为指导。问题在于，人们老是心中嘀咕，要先定性，才敢干，"不为天下先"，等一个红头文件。批判做经济工作是"只顾拉车，忘记问路"，以及迄至十年动乱中对"走资派"的讨伐，对此人们还记忆犹新，造成怕犯方向性错误，而不敢开拓创新的心态。

即使在这十年改革开放中，有时也未能避免认识上的"左"，一些地方有时也曾出现执行中央方针的片面性，例如把意识形态领域的反对资产阶级自由化，任意延伸于经济领域和改革开放的探索之中。特别是在近年来国内外形势要求加强意识形态领域的工作，实行"两手硬"。

对姓社姓资争论不休主要是由于人们对社会主义的认识还没摆脱"本本"的束缚和传统体制的桎梏。人们头脑中还是"社会主义=完全公有+完全按劳分配+计划经济"的"纯社会主义"模式，因而，人们总是把非公有制经济视为资本主义；一些人就不敢积极地支持个体经济的发展，因为后者的发展中会不可避免地滋生出资本主义成分。人们总是习惯于站在传统的计划经济体制的角度来想事，把利用市场机制、自负盈亏、利润极大化原则视为搞资本主义。

上述普遍的思想障碍，使改革迈不出脚步，因此，为了在我国顺利地开展改革，就必须坚持要解放思想，立足实际，敢做敢干，抓住时机，以改革促进发展。各地改革开放要有新招，发展要走出新路。

深化改革　加快发展①

　　在小平同志南方谈话和党的十四大精神鼓舞下，在中共四川省委和省政府的正确领导以及各方面的共同努力下，过去的一年里我省的改革开放和发展大步前进。1993年是继1992年的又一个经济迅猛发展的年份。在1993年6月以来的宏观调控新情况下，工业生产仍然高速增长，乡镇企业发展势头前所未有，对外开放硕果累累，其他方面的工作有长足进步。1994年我省也将继续取得大发展。我省总的形势令人鼓舞。但是在经济高速增长中，也出现了不少矛盾和问题，特别是我省是一个内陆大省，存在着许多制约因素。在目前还将继续实行加强宏观调控的条件下，经济环境不会很宽松，当前开展的全面改革，又会出现一些新情况，甚至会增加一些暂时性的困难。因此，为了把握机遇、加快发展，贯彻十四届三中全会精神，我们还需要结合省情，采取有效措施，力争使我省经济在新的一年中发展得更好。为此提出以下四点意见：

①　写于1993年10月。

一、大力推进国有大中型企业的改革，搞活国有经济

我省国有大中型企业有81家，占全国约1/12。一批拥有较强的物质基础和技术人员的重工、军工大厂集中于四川，这是我省产业结构的特点，也是我省的一大优势。大工业体现了现代生产力，对四川这样的大省的经济起了重要的支撑作用，对全国经济的发展也做出了巨大贡献。它是我省财政收入近70%的来源，在我省20世纪90年代经济振兴中，国有大工业将发挥重要作用。但是在实行市场经济体制的新条件下，国有大中型企业还必须经历一场由行政附庸到市场主体的脱胎换骨的改造。15年来国有企业经过了一系列的改革，取得不小成绩，企业活力有所增强，出现了一批像长虹、嘉陵这样的数十亿产值、数亿税利的明星企业。长虹1993年利税超5亿，人均产值70万元，有10亿自有资金。但是总的说来，国有大中型企业改革还远未到位，企业还远未搞活，一方面企业运行已经越来越难以依靠计划支撑，但另一方面企业老是推不进市场，这种情况表现在国有企业的三个1/3上——明亏、隐亏、有盈利各占1/3。

国有企业，特别是国有大中型企业的改革是一个十分艰巨的任务，改了十多年还是进展不理想，步履维艰，因而人们自然会产生畏难心理。有人说搞活国有企业如求解哥德巴赫难题一样。这就影响到对改革的重视程度，出现了一些地方抓乡镇企业有劲而抓国有企业不力的情况。国有企业的改革，关系到社会主义市场经济体制的建立，关系到我省经济实力的增强和发展。如果把我省1/10的国有大中型企业搞活了，就会为我省增加数十亿税利。例如自贡鸿鹤化工厂1993年10月税利已达9800万，比上年增加58%；四川橡胶厂，一个3000万固定资产的中型工厂，近年来税利就达1700万，税利年增长20%。省委进行试点的22家国有企业，如

果搞好了，3年内就将新增资产30多亿，税利达到9亿元，为1992年税利的3倍，这表明了国有企业拥有巨大的生产潜力。因此，对于搞活国有大中型企业，要迎难而上，把它作为振兴我省经济的一项头等重大政策抓住不放。为了搞活国有大中型企业，针对当前企业存在的重要问题应该采取下列措施：

坚决贯彻《全民所有制工业企业转换经营机制条例》，转换企业经营机制，实现自主经营、自负盈亏、自行发展、自我约束。要集中解决好以下问题：（1）切实落实14项企业自主权。（2）切实解决好上交多、摊派重、留利少、缺少"自主钱"的问题，特别要在企业有苦难言的摊派问题上采取有效措施。（3）要搞好非经营性单位的剥离，减少冗员，搞好劳保社会统筹，解决好企业包袱重的问题，使企业轻装上阵。（4）要解决好负盈不负亏、缺乏自我约束的问题。（5）为了使权、益、责真正落实到企业，关键在于加快政府职能转换和规范政府行为。（6）企业要真正做到转换经营机制，必须从企业制度的改造和创新入手，《决定》把建立以企业法人财产制度为核心的现代企业制度的任务提了出来，这一改革是国有企业的一场攻坚战，是深层次的改革，我们应该及早进行准备，积极试点，把这项改革有条不紊地推向前进。

二、积极发展个体经济和私营经济，形成以公有制为主体、各种经济成分共同发展的格局

为了搞活经济，调动一切积极因素，实行国家、集体、个人一齐上，形成《中共中央关于建立社会主义市场经济体制若干问题的决定》所指出的以公有制为主体，多种经济共同发展的格局，我们必须

大力发展个体和私营经济，进一步调整和完善所有制结构。改革开放以来，我省个体、私营经济有了不小的发展，1992年个体经济和私营经济在全部工业总产值中低于10%。全国的情况也大体如此。对于我国这样的人口多、底子薄、处在社会主义初级阶段的国家来说，个体、私营经济仍是发展不足。四川省全民工业产值占65%，集体占28%，全民工业比重比全国高9个百分点。个体、私营经济发展不足更为突出。在我国发展个体、私营经济，有利于发掘民间的资金、技术潜力，增加财富，满足多方面需求；有利于缓解十分迫切的城乡剩余劳动力就业机会缺乏的矛盾；特别是多种所有制并存和开展竞争，有利于形成市场机制；有利于促进国有企业的改革；个体、私营经济也是国家财政收入的重要来源，为我省一些县市提供了近1/3的财政收入。总之，在我国社会主义初级阶段，在实行市场经济体制的条件下，个体、私营经济的作用，已经不仅仅在于为国有经济"拾遗补阙"，它的作用要大得多。它促进市场经济体制的形成、市场机制的强化，它是促进经济发展的重要力量。从我国率先改变穷乡僻壤面貌的温州模式中，从广东惠阳的黄阜模式（制鞋业镇），以及从我省新都等地近年来经济的迅速搞活中，人们都可以看到个体、私营经济所起的积极作用。应该说，经济水平越低的地区，发展个体、私营经济尤为必要，因为它可以不需要国家花钱而自行发展。像四川这样的大省，盆周山区、丘陵地区、少数民族地区等地方经济亟待发展而国家财力不足；农村有2000万剩余劳动力，每年有500万农村人口外流而乡镇企业又发展不足；国有大中型企业有相当数量的富余劳动力在深化改革中需要转业而城乡就业机会不足；再加之在实行分税制后，地方财力将会越来越只能用于基础设施、公益、文教事业，而用于地方经济的财力会更感不足。因而，我们认为，认真解决好思想认识上的问题，克服姓

"社"姓"资"的顾虑，积极采取措施以加快发展个体、私营经济，就应该是搞活我省经济，加快我省发展的一项可行的重大措施。

三、大力调整产品结构与产业结构，形成一大批拳头产品、明星企业，加快支柱产业的形成

基于20世纪90年代沿海产品大举入川和国家面临"复关"、市场竞争日益激烈的新情况，我省经济发展不能走投入大、效益低、产业结构低水平重复的老路，要走出一条效益高、结构优的发展道路。为此，企业就要对准市场需要，大力调整产品结构，创名牌、上档次、上批量、提高效益，搞出一大批像长虹彩电（年产150万台）、嘉陵摩托（年产55万辆）、长安奥拓（年产4万辆）这样的明星产品和明星企业。能不能搞出一批名优特新、批量大、技术含量高、附加值大的产品，是关系我省国有企业兴衰成败的头等大事。我省消费品市场近60%为沿海地区商品特别是广州货占领的状况，是非改变不可了。

在兄弟省和来自国际的竞争日益激烈的条件下，下大决心，花大力气，加快培育和建立起我省支柱产业，是我省的一项迫不及待的任务。我省的许多重要产业，如汽车、电子等新兴产业处在发育不足状态，由于利益格局复杂，形不成联合，各自为政，结果导致厂家多、批量小、技术水平低、成本高。小汽车除长安年产4万多辆外，成都轻型汽车厂年产6千辆，一些厂年产千多辆，更少的甚至百辆。远远形不成现代化企业应有的批量。一旦复关，许多企业将面临困境。因此，大力推进改革，借助公司化、集团化，使企业联合化，形成一批质量好、批量大、效益高的支柱产业，就是极其迫切的事。我省拥有一批传统的优势产业，例如丝绸、皮革等，如果能大力进行技术改造，

同时使产品对准市场，提高质量、搞好包装、加强营销、做好广告宣传，帮助企业获得外贸权，这些产业恢复活力也是大有希望的。

结构调整，喊了几年，但是至今仍然步履维艰。这里有体制与利益矛盾问题。各级政府应充分发挥经济功能，进行宏观调控。

四、深化银行体制改革，发展金融市场，拓展资金融通的渠道

经济快速发展，关键在于资金。我省百废待兴，资金缺口很大；1992年贷差300亿，作为内陆省区，资金本身又有向沿海流的冲动；中央采取的加强宏观调控力度的方针短期难以松动，资金紧张的局面在今年甚至今后也难以改变。可以说，我省20世纪90年代经济发展的最大制约因素将是资金短缺。为此，我们应该一方面用好资金，搞好重点、效益好的企业，把有限的钱用在刀刃上；另一方面是采取有效措施，解决好资金筹集和融通问题。

第一，要大力进行银行体系的改革，更好发挥银行与金融机构的组织与供应资金的功能。

第二，要进一步落实在我省设立外资银行。

第三，要积极发展金融市场，更好发挥金融市场直接融资的功能，把我省以200亿计的手持现金用起来。

第四，要继续发展股份制。川股在全国发行，1992年已经为四川吸引了60亿以上资金，因此，今年在定向募集股份制上加快步伐，是解决一些企业缺钱的必要之举。

第五，发展基金会。利用基金，可以从国内甚至国外筹集资金，用于能源、交通和基础设施的建设。

第六，为开拓今后我省股份制经济发展的新局面，我们有必要争取在我省成立证券交易所，第一步争取设立区域性的证交所，第二步设立像深圳、上海那样的全国性的证交所，力争几年内两步到位。为此要积极推行银行改革，积极发展证券公司，先行成立省证券委员会和证监委，大力整顿股市交易秩序，杜绝黑市以开拓白市，特别是成渝两地要把建立形成金融中心作为一项重要目标。

总之，只有金融搭好台，企业才能唱好戏，发展才能迈大步。

简论产权定义[①]

一

第一，提出讨论产权定义，并不是要提倡进行烦琐的定义之争，而是因为对于什么是产权，在国内外学术界认识是不一致的，特别是我国学术界对产权一词认识上分歧更大。过去一些同志对产权一词，认为是"姓资"的经济学用语而拒绝加以使用。在当前，由于企业改革的深入，以及经济形势的发展变化，使人们认识到国有企业进行产权改革，建立现代企业的产权制度已经是难以回避的事，因而大家都在谈改革产权，理顺产权关系。但是讲的内容却并不一样，甚至还存在所讲的内容大相径庭的情况。如果对产权的认识老是这样模糊不清，人们就难以正确进行在我国已经提上日程的产权改革，和其他领域的产权构建。

第二，传统社会主义经济理论缺乏产权概念，习常使用的是所有制概念。20世纪80年代我国城乡体制改革带来了所有权与使用权的分

---

① 写于1993年10月。

离，特别是市场经济运行与经济生活中多种主体之间财产权益矛盾日益普遍化和明显化，要求人们及时加以处理和调节，产权一词就是在这种情况下被引入经济理论研究之中。但应该说，对财产权的经济学以及法学的研究只是刚刚起步，在这方面我们是大大落后于国外，甚至可以说对有关产权的许多基本理论问题都十分陌生。社会主义市场经济的实践要求人们加强对产权的理论研究，特别要加强从政治经济学角度的产权研究，建立起一门社会主义产权经济学。这门学科要以马克思主义为指导，要重视和吸取国外的有价值的成果。但也不能照抄照搬西方产权理论。为了探讨和建立社会主义产权理论，首先要搞清一系列基本概念的含义，尤其是产权的含义。

正是基于以上两点理由，我认为，占用一点篇幅来讨论给产权下定义的问题，不仅是必要的，而且是很有意义的事。

二

财产权简称产权，英文叫property rights，它的第一定义是，主体拥有的对物和对象的最高的、排他的占有权。这是关于产权的简短定义。所谓最高的、排他的占有权，是指物、对象完全从属于主体的意志，是主体可以行使一种几乎"为所欲为"的支配，这种占有关系人们称之为归属关系，就主体来说，物和对象"是我的"，例如个体农民对他耕作的土地，个体工业者对他使用的工具，一个人对他穿的衣服，手上戴的手表，均可以说"它是我的"。在上述场合，都存在排他的占有权。财产权，也就是这种体现法定归属性质的最高占有关系的权利，或称为财产所有权，简称所有权（ownership）。

第一个定义，抓住财产权概念的本质，即物和对象的最高占有主体的定位和归属的明确，简言之，对于一物和对象谁能加以任意的支配使用和占有其收益。最高占有主体的定位对于迄今以来历史上的任何社会形态都是十分必要的，它是确立起特定的经济制度和经济运行秩序的必要前提条件。社会主义是以公有制为主的多元所有制结构，任何一种经济领域的经济组织与运行都需要明确它的最高主体，维护主体的排他的占有权和利益，同时明确产权主体责任，这是巩固社会主义的基本制度和组织市场经济运行的根本条件。

三

简单的定义的好处在于它能揭示事物的本质，但缺陷在于难以表现事物的更具体的性质，更不要说难以揭示主体实行占有的有血有肉的面貌。列宁说："过于简短的定义虽然很方便，因为它概括了主要的内容，但是要从定义中特别引伸出应该规定的那个现象的极其重要的特点，那毕竟是不够的。"[①]因而有必要由简单定义向更为具体的定义上升。这就有了财产权的第二个定义：财产权就是主体拥有所有权——由法律规定的最高主体权、支配使用权、利得权、处置权，是上述权利的总和、结构。这一定义把财产所有权的内容具体化了：（1）所有主体拥有法律规定的最高占有权；（2）所有者在经济上实行占有，即通过组织生产活动对生产进行支配；（3）所有者对生产成果实行占有，即享有利得权或收益权；（4）所有者在生产中和生活中能对物质形态或价值形态的生产资料和生产成果实行转让、赠予和其他形式的自由处置，即拥有处置权。

---

① 《列宁选集》第2卷，人民出版社，1972年，第808页。

上述定义进一步揭示了财产权的法律上和经济上的多样内涵，使财产权概念更加具体化了。这样的把产权内容明白加以规定的定义，无疑大大有利于保证主体依法行使其产权。在社会主义市场经济中，对国家、集体、私人、个体、外资等企业以及对个人，用法律形式明确界定和维护它们各自拥有的所有、占有、利得（受益）、处置等权限，这是保证主体真正能行使其权利，享有其利益，承担其责任，从而发挥主体的功能的一个必要条件。

四

财产权的第三个定义是：最高主体——法定主体——的所有权结构，和财产的代理人受托人拥有的占有权（经营权）的总和。这一定义适用于那种出现了所有权与占有权（经营权）相分离的财产形态。古典的私有财产权表现为所有主体全权的财产形态，主体拥有所有、占有、收益、处置诸权。诸权相统一的产权结构是与生产方式的落后和生产分工，特别是管理分工不发达相适应的。人类社会经济由自然经济发展转变为商品经济，特别是现代市场经济产生了新的交换形式、新的生产组织形式和经营形式，带来了诸权相统一的财产权形态的分化。市场经济不是那种唯一由所有者在经济活动中进行支配、独占主角地位的经济，复杂的市场经济使各种各样的经营受托人、代理人参与生产交换。在现代的股份有限公司产生后：（1）最高主体的所有者由单数成为多数；（2）借助于代理人、受托人的管理和经营来实现财产所有权。由此有了企业财产所有权在不同主体间的划分，和受托人承担的财产管理和经营责任的明确。上述关于财产权的第三个定义，将对分析市场经济现实产权关系的变动提供一个思维工具。因此，关于财产权的第三个定义是十分重要的。

在我国发展社会主义市场经济中，国有企业正在改造为公司制度，不上市的股份有限公司、上市公司，以及有限责任公司等企业形式正在进一步兴起。因而我国传统国营企业中大一统的和单一的国家产权形态正在改造与划分为国家终极产权和企业法人产权相结合的新的产权形态。在投资主体多元化中，单一国有制转化为多元混合所有制；股票市场交换中，又将进一步改变企业股权结构，因而，国有企业正在实行所有者、经营者之间资产权、益、责结构的分化与调整。此外，个人的财产权也成为经济生活中的重要因素，可以说，适应社会主义市场经济体制要求的一次产权制度和创新正将出现。因而财产权的第三个定义有其重要现实意义。

五

财产权的第四个定义是：主体之间或是主体与代理人、受托人之间为润滑经济活动，减少营运成本而实行的产权安排（Arrangements），是所有权、支配使用权、利得权、处置权构架的自觉设置。这一定义不同于第三个定义之处，在于强调人们及政府在产权制度、结构形成中的能动性和产权制度自觉调整的可能性。

财产基本制度作为一种生产关系，它是适应生产力要求而产生的，是一种客观必然性。但是财产权的具体形式，特别是现代精巧的产权形式出现和现代产权创新，则越来越体现人的能动作用。当代市场经济活动的组织与运行中的矛盾，特别是主体之间、所有者与经营者之间、所有者与代理人之间的矛盾，推动人们对资产使用中的权、益、责进行适当划分，从而带来财产权的要素结构的调整。例如，现代股份公司存在多数所有主体和统一生产经营的矛盾，如果每个股东都要实行作为古典所有权内涵的直接占有权即支配使用权，那么，就会有决策中的无休无止的争论和决策不灵，决策不了，这将使公司付出巨大决策和经营成本，甚至会造成无利可图。正是这一矛盾强使投资者实行两权分离，而将直接支配权、部分处置权等让渡给经营者，从而形成了现代股份公司的法人财产形态。

现代公司制度的产权形式表明，财产权是一种主体共同协议而设置起的权、益、责构架，它是为了润滑经济运行、减少摩擦成本而实现的产权制度安排与创新。产权安排概念表明，产权形态不是固定不变的，不同企业组织、不同经营方式、不同的交易方式会产生不同的产权形式，从而产权形式是不断完善和创新的。适应生产发展的经济生活变化的需要，人们会选择财产权的新结构，把财产权、益、责在主体当事人之间进行适当调整和重新界定。

就我国当前来说，正在适应社会主义市场经济的要求而进行企业产权制度的新调整，要建立起以国家拥有终极所有权和企业拥有法人财产权为特征的新的产权结构，其核心是正确划分与合理界定国家和企业在资产营运中的权、益、责，既维护所有者（国家）的法定所有权和利得权，又要落实企业法人产权。产权制度的改革，要按照市场经济中企业产权的共同特征和规律，结合社会主义制度的性质，而对原有企业国有产权制度进行自觉调整。人们应该以科学的产权理论为指导，适应企业资产独立营运的要求制定能有效维护国家与企业双方的权、益、责的完备的政策法规，发挥政府的组织功能，按照规范化的要求有序地推行。要力求避免由于理论认识模糊不清和狭隘利益的干扰而引起的产权配置失衡，即权、益、责结构的扭曲。上述情况，在我国当前主要表现为上市股份制公司的法人财产权和企业法人地位的不落实，和国家直接所有权并未真正转化为终极所有权。但是实行产权制度改革中，也存在不按规范化股份制运作而产生的经营权过度扩张，以致侵蚀国家所有权的情况，例如企业改革中出现的通过各种各样方式而出现的国有资产的流失。总之，社会主义的产权制度改革和创新，应该体现自觉调整和合理调整的性质，避免各种盲目性和一哄而起，大力促使我国国有企业法人财产制度的改革顺利地进行。

可见，主体间的产权安排这第四个产权定义，就具有重要的现实意义。

中国经济市场化改革的成就与困难[①]

一、中国15年来改革开放与发展

中国进行了一场举世瞩目的、十分成功的改革。改革开放是15年来经济生活的主旋律。

1992年，中国确立了实行社会主义市场经济体制。由于改革目标进一步明确，思想进一步解放，在中国出现了一个大改革、大开放的热潮。大改革大开放，促进了大发展，1992~1993年中国国内生产总值以13%的高速增长，1994年达11.6%的增长率，居世界之冠。

改革是与开放同义的，开放才能促进改革。中国在1979年建立深圳、珠海、汕头、厦门4个开放城市。1984年开放14个沿海港口城市和海南省，开放长江三角洲、珠江三角洲、闽南三角洲3个沿海开放区，1990年建立上海浦东经济特区。通过对外开放的成功实践，中国坚定了进一步开放的决心，现在已经在沿边——东北、西北、西南——城市和内陆一系列城市实行开放。中国目前已经形成一个全面开放的格局。

[①]　写于1994年。

改革开放是经济发展的动力，由于改革开放的推动，中国1992年以来进入经济发展的高增长时期，20世纪90年代将是经济持续高速度发展时期。如果说，20世纪90年代和21世纪，世界经济增长重心转向亚洲，在北美、西欧以3%左右的低速增长时，亚洲韩国、新加坡等以7%~8%的速度增长，而中国则有可能以9%~10%的速度持续增长，中国经济的快速增长成为亚洲经济增长的重要因素。中国1994年2000亿美元的进出口额和在亚洲国家、地区的大量日增的进出口，将直接促进这些地区经济的发展，在不景气的世界经济中保持亚洲国家地区的经济繁荣。因而可以说，中国将日益表现出它是亚洲和世界经济的"增长极"。

二、中国经济体制改革的目标

中国经济之所以能在15年内取得欣欣向荣的发展，关键在于改革。

新中国成立以来几十年中，中国经济获得发展，取得成绩，但是由于受到计划体制的束缚，一段时间内发展缓慢，群众得到的实惠少。1978年以来中国实行了以引进市场，发挥市场机制作用为内容的改革，在农村开放集市，实行家庭承包，允许农民经商，赋予农户以市场主体地位，迅速地恢复了农村经济的活力。从1984年开始进行全面的城市经济改革，其核心是搞活国有企业。

1992年提出了实行社会主义市场经济，为此，要进行更加全面、深入的改革。其具体要求是：（1）构建市场经济的微观组织；（2）培育和发展市场体系，放开价格，发挥市场机制的调节功能；（3）进行金融体制改革，建立中央银行宏观调控体系和以国有为主体的商业银行体系；（4）进行财税体制改革，建立分税制和以增值税为主体的流转税制度；（5）进行分配制度改革，建立以按劳分配为主体、多种分配制度并存的制度；（6）建立维护劳动者利益的社会保障体系；（7）进行外贸体制改革，建立开放的对外经贸制度；（8）进行投资体制改革；（9）改变政府职能，建立健全宏观调控体系；（10）构建规范主体行为的法律、制度和规章，形成公平竞争的经济秩序。以上10个方面构成中国社会主义市场经济的基本框架。中国要在2000年初步建立起新的经济体制，再经过20年，在中国建立一整套更为成熟和定型的制度。

三、中国改革的难点与重点

1994年是中国改革整体推进和重点突破的一年，中国有计划地推出了企业改革、财税改革、投资体制改革、银行体制改革，改革的力度、广度、深度都是前所未有的，改革未引起社会的震荡，效果也很好，基本达到预期的目的。

国有企业的改革，是中国改革的重点。中国传统的国有企业是按照计划经济的要求组织起来的，在组织形式、产权制度、内部各种制度以及政府管理方式上，都与市场经济的运作不相适应。为了构建社会主义市场经济，必须对传统国有制企业进行脱胎换骨的改造，彻底转换机制，使企业成为自主经营、自负盈亏、自行发展、自我约束、适应市场而独立运作的微观主体。

中国对国有企业的改革，经历了实行扩权让利的政策性调整阶段，当前进入了根本性的制度创新阶段。

企业制度创新的具体内容是建立产权清晰、权责明确、政企分开、管理科学的现代企业制度，企业法人财产制度是现代企业制度的核心内容。提出建立现代企业制度，就是要：（1）通过构建国家拥有所有权而企业拥有实际支配权的财产权构架，确立企业的产权主体地位；（2）用法律形式划清出资者和企业法人各自拥有的财产权，明确规定出资者享有资产受益权、重大决策权（通过法人治理机构）、选择管理者等权利，但不再直接从事经营管理，政府不再干预微观活动，由此把政企分开，确立起企业的独立经营主体的地位；（3）企业以其法人财产自负盈亏，独立承担风险，出资人负有限责任。建立现代企业制度的主要途径是建立和发展公司制。这就是说，国有企业除了要实行独资或合伙形式外，其主要部分要改造成为公司企业，特别是产权主体多元化的有限责任公司和股份有限公司。

四、积极稳健地推进改革的深化

中国的改革已经取得很大成效，但仍然面临着十分艰巨而复杂的任务。

第一，创建社会主义市场体制，这是史无前例的崭新事业，它需要通过不断地探索开辟前进的道路。当前，国有企业建立现代企业制度的改革还处在试点的初期阶段，如何使企业公司化，按照《公司法》要求实现操作规范化，如何卸掉企业的负担，特别是如何处理好企业沉重的债务负担，均涉及极为复杂的关系的处理。

第二，经济日益市场化，竞争更加激烈，国有企业困难日增，在宏观环境不良的情况下，亏损面继续扩大，这种情况引起人们的关注。

第三，改革的整体推进还存在着许多干扰因素。例如，银行体制改革当前还受到国有企业机制的制约，难以加快步伐。

第四，如何加快政府对经济管理体制的改革，已经成为一个不可回避的迫切问题。

第五，经济活力增强、增长加速和通货膨胀加剧的矛盾，在当前经济生活中日益突出，正确处理改革、发展与稳定的关系，解决好这一矛盾，争取实现高增长、低通胀，已经是能否把握住机遇，加快改革和加快发展的关键。以上所举出的都是提到议事日程上的需要加以解决的一些重大问题。

目前，中国业已拨正了航向，这就是实行社会主义市场经济。中国也已经明确了航道，找到了实现改革的路线、方针和政策，为此，中国将坚持社会主义市场经济体制的目标，通过向前推进改革来解决前进中的问题。

市场经济与主体产权[①]

《中共中央关于建立社会主义市场经济体制若干问题的决定》把以构建企业法人财产制度为核心的国有企业产权改革提上了日程。国有企业的产权改革，旨在使国有企业彻底摆脱计划经济体制下传统企业体制的框架，使企业真正成为自主经营、自负盈亏、自行发展、自我约束的经济实体和市场主体，从企业根本财产组织的构建上解决公有制企业与市场经济相兼容的问题。这一改革对我国社会主义市场经济体制的构建具有决定性意义。为了顺利推进企业法人财产制度的构建，需要在产权理论的基本问题上进行探讨。本文把市场经济与主体产权这一论题提了出来，我认为，对这一问题进行更充分的理论阐明，将有助于人们对当前我国国有企业产权制度改革的必要性、意义和改革目标、途径的理解。同时，对这一论题进行讨论，加以明确，也将有助于社会主义产权理论的建立和发展。

---

① 1994年，中国（海南）改革发展研究院召开的国有企业改革国际研讨会的论文。

一、主体产权是市场交换的前提条件

商品交换包括交换当事人之间的竞卖、竞买行为。这种市场交换行为以及作为这一行为结果的竞争性市场价格形成，都是以交换当事人拥有产品或货币的财产权为前提。我们在这里使用的财产权或产权概念是广义的，即主体对某一物和对象的排它的支配权，包括所有权和实际的支配权。市场交换行为以主体产权为前提，这是不难明白的。因为，就卖方来说，他要能把带到市场上去的产品进行有效的竞卖，他就必须真正是产品的支配者和主体，如果他持有的是他人的财产或是偷来的东西，他就无权卖出，即使出手了也属于欺诈行为。这一交易是无效的。就买方来说，他要能进行有效的竞买，他就必须口袋中有钱，或是拥有用来交换的其他产品，而且钱或产品必须是归他所有或由他独立支配的，也就是说，他也必须是产权主体。可见，主体产权是主体的市场行为的前提和财产基础。马克思在他的著作中十分精要地论述了市场交换的产权基础。他指出："从法律上来看这种交换的唯一前提是任何人对自己产品的所有权和自由支配权。"①

既然主体产权是决定交换行为的，那么，我们就可以引出这样的命题：有什么样的产权，就有什么样的商品交换。具体地说，如果是初生期、不完全、不清晰的主体产权，就会有初始期的、不完全的商品交换；如果是发育较成熟、明晰化的主体产权，就会有更加发达的商品交换。

对上述产权→交换命题的历史事实材料的佐证是很多的。例如人们都知道，在原始共同体社会，产品归集体共同占有，实现这种共

---

① 《马克思恩格斯全集》第46卷上，人民出版社，1979年，第454页。

同占有的形式是直接的平均分配，不存在共同体内部的商品交换。①
最初的商品交换产生于原始共同体之间，由于产品仍然是实行共同占
有、统一分配，主体即氏族首领，排他的支配占有权尚未形成，互相
接触的共同体之间进行的是一种偶然的原始交换，原始共同体在简单
的物物交换中互相承认对方的产权。由氏族首领来进行的共同体之间
的商品交换，逐步地反馈到共同体内部，在独立的家庭经济产生和家
庭经济有了剩余产品的基础上，逐渐出现了由家长来进行的交换。这
也是一种原始的物物交换行为，这种交换行为不仅是偶尔为之，而且
交换价值的大小也是偶然形成。例如一张皮是换得盐半斤还是一斤，
则是决定于当事人双方的偶然的情况，例如双方生产剩余的多少和手
中持有产品的多少等。初生期交换的最主要特征是主体的交换动因的
薄弱和交换价值意识的缺乏。产品对主体来说，是用来自食自用或是
用来供群体享用的产品，只是在偶然的交换中才成为供市场交换的商
品，因而家庭主人的交换动因只是偶然萌生的。此外，在进行交换
中，对主体来说，他的产品"值"多少的思维方式还未形成，不存在
"索价"和讲价还价，对于受传统共有观念支配的人类来说，实行有
回报的商品交换和索取交换价值都被视为是可耻的。据经济史学家记
载，中华人民共和国成立后尚存在的云南苦聪人（属拉祜族）的交换
情形是：他们将用来交换的皮子放在行人过往的路边，而自己却躲进
树丛，以羞怯的心理观望着一个过客用什么物品和多少物品换去他的

---

① 尽管公有产权制度排除公社内部人们之间的商品交换，但只要存在分工，就会有人们相互
间的活动交换。活动交换有直接的劳动与劳务交换，例如甲专门从事狩猎，乙专门从事谷物种
植，丙专门从事食物烹饪，在产品的直接分配制度下，就存在着甲乙丙之间的相互交换活动。另
外，共同体内部或是独立的农户之间在农忙时的相互帮工，或是彼此互助修建房屋，"我为你
做""你为我做"，也是一种不付酬的活动交换。

皮子。主体产权的未形成和产权的模糊，正是这种不受内在价值约束的、可以接受任何回报的原始的商品交换形成产生的原因。

二、完整的产权是市场机制的基础

市场机制，就价格形成来看，表现为价格均衡于价值的趋势和机制；就主体行为来看，表现为主体积极参与市场，适应市场而生产和营销，在市场上进行平等的竞争。主体的这种市场性的生产、经营行为，离不开主体的制度构造，特别是产权制度的构造。可以说，一个完整的主体产权结构就是主体的市场行为的基础。

完整的产权是指主体对归其经营的资产拥有法定的、充分的实际支配权与独立支配权。更具体地说，主体财产权具有：实际支配权，不可兼容的支配权，充分的支配权，法定的支配权。

初生期交换中主体交换动因的薄弱和主体交换观念的缺乏，其深层的制度原因是初生期的主体产权的模糊和主体财产观念的缺乏。由于苦聪人尚处在共同占有制之中，产品仍然是氏族公社共同的使用对象，而不是个人对之拥有排它的权益的"财产"。例如兽皮是集体劳动的成果，是公社统一分配给他的。即使是在原始氏族解体期，在实行土地和生产物的家庭占有的条件下，由于家庭和家长个人产权还受到残存的氏族公共产权的桎梏，还极不明朗，归属和权益还不清晰，例如一些少数民族长期实行亲友共同逐家消费，直到"吃光"为止。这种情况表明消费品家庭产权尚未形成。这种模糊产权关系，决定了人们在观念形态上还未能将产品视为"我的"，对产品持有者来说，他也不必去计量产品生产中的劳动付出，不必将一张兽皮和半斤盐的劳动付出进行比较，他可以高兴地接受任何一种回报，一斤盐或是半斤盐。

我们在这里要对完整产权的内容加以阐述：

（一）实际支配权

人们可以持有、使用一物，但并不能对它实行独立支配，人们也就不能把它拿来交换。因而经济的商品化和市场化，就要求将实际支配权赋予各种主体，不仅仅使各种生产要素的持有者成为实际支配者，例如，使劳动者拥有劳动力实际支配权，使科技人员和作家、艺术家拥有精神产品的实际支配权，这是产生各种生产要素的交换，形成和发展各种要素市场的先决条件。

（二）不能兼容的产权

权利的不可兼容和不重叠性，即所有主体的单一性是完整产权的特征。如果是一物数主或多主，如果人人都有权实行支配，那么，事实上将没有谁能有权以财产主体身份来对该物进行支配。这样，人们就不可能将该物有效地用于生产，更不可能形成交换行为。正是因此，实行一种排他性的、不能兼容的产权就是发展市场的必要条件。

（三）充分的产权

完整的产权一般表现为拥有完全的占有权能：对象的支配权、财产收益占有权或利得权、财产处置权，是上述权能的三维结构，尽管三维产权的具体形式表现为多种多样，但完整的产权，借助于有效的支配权、充分的利得权、必要的处置权，就能保证主体在资产的使用、营运中拥有充分的权、益、责，使主体拥有参与市场竞争的充分条件和高度的积极性和主动性。实践证明，产权的不完全、不充分，不仅因为主体缺乏参与市场竞争发展的经济条件，而且丧失了在市场上主动进行竞争的动力。主体的活动的萎靡不振和对市场价格的反应迟钝，直接阻碍了市场机制的形成。

（四）法定的产权

完整的产权是由强制性的法制来加以维护，从而是有保障的产权。法律保障和约束是在一个充满利益冲突的社会生活中维护和贯彻财产占有的前提，它更是在利益关系更加复杂的现代市场经济中，维护多样化主体的十分复杂的权利行为——实现各种财产占有权、收益权、处置权、债权等的前提。它是微观主体组织独立的生产的法制条件。法定的产权，通过对市场主体和各种交往当事人的行为规范，形成生产秩序与市场秩序，形成公平竞争机制，后者正是实现市场机制的重要杠杆。可见，法定的产权起着促进与强化市场机制的作用。

总之，我们要指出的是，主体的经济行为是立足于主体的产权结构之上，主体的竞争性市场行为是立足于完整的主体产权之上。

主体的较完整产权的形成经历了一个长过程。近代资本主义社会的企业，是一种产权完整的私人企业。私有制形态下的完整产权及其权、益、责机制，使企业成为市场经济中生气勃勃的竞争主体，并在这样的微观结构下，形成充分发达的和强化的市场机制，使价值规律获得了充分发挥作用的场所。

就历史演进来看，完整的主体产权并不是唯一的模式，还存在另一种主体产权不完整的经济模式：主体的生产经营权，收益占有权即利得权，财产处置权均受到限制。前资本主义的受到桎梏的不发达的商品经济，当代资本主义国家的"国有国营"的企业，和社会主义国家的计划经济体制下的国有企业，都属于这种模式。在这种模式下，定价权的缺乏或受限制，主体不可能从事充分的价格竞争；生产权的缺乏，主体不能随市场状况变化而及时调整生产、增产、减产和转产；处置权的缺乏，主体不能进行资本存量、企业结构的自主调整；利得权的缺乏或不充分，企业没有从事全面的经营竞争的动力和积极性。总之，主体因为对其支配的资产的权、益的缺乏或不充分，而表现为弱的市场竞争行为和弱的市场机制作用。后者表现为：供不应求，价格不上涨和少许上涨；供过于求，价格不下跌或少许下跌；价格上涨，供给不相应增加或少许增加；价格下降，供给不相应减少或少许减少。因而经常出现的是供求不均衡和价格对价值的偏离。总之，主体主权的不完全和权能的软弱，必然会导致市场机制作用的不足和调节功能畸化。

三、我国模式转换期的市场机制和企业产权

要使市场对资源配置发挥基础性作用，关键在于具有强有力的市场竞争行为的企业的塑造。

我国传统的国有企业实行国有国营，财产权、益、责高度集中于国家，是一种两权不分的单一国有产权体制。企业既不具有自主权，也缺乏自身利益，更缺乏独立支配的经营财产，从而处在政府行政附属物的地位。传统国有企业实行统一的计划价格和产品计划调拨，企业按照指令性计划运作，国有经济中缺乏市场和市场价格形成机制，因而不存在价格—供求、供求—价格的市场连锁和价格均衡于价值的机制。在社会主义国家，人们早就发现高度集中的计划体制的弊端，我国20世纪50年代以来，人们曾经多次提出在发展经济中要利用商品生产，发挥价值规律的作用。但不管人们怎样大声呼唤价值规律，实

际上却始终事与愿违，人们老是违反价值规律，对此不少人为之大惑不解。基于本文中我们对市场机制和主体产权所作的分析，人们可以看见，要真正做到利用价值规律，关键在于主体产权的构建。

1978年以来，我国开始了引进市场的改革。在我国，市场机制的引进采取了外围突破的形式。农村联产承包制的实行，城镇个体、私营、三资企业的发展，把市场和市场机制引入了城乡非国有经济领域，这是在我国改革以来出现的市场经济第一板块。20世纪80年代集体所有、自负盈亏的乡镇企业，以其较为明晰的企业产权，昂首阔步地进入了市场交换，并突破了计划体制的束缚，开拓和形成了我国市场经济的第二个板块。由于个体经济、私营经济、合资经济具有产权完整和产权明晰的特征，农村家庭承包经济也具有较明晰的经营权，因而，农村集体经济、城乡非社会主义经济两个板块中的市场调节作用就显得更加充分，在那里，主体（个人、家庭、企业）的经济自主性更充分，竞争更有力，价格更活，市场机制——尽管还是不完全的——率先形成，市场在资源配置中的作用更大，因而这些领域的经济呈现出充沛的活力。

我国国有经济的改革开始于20世纪80年代初，第一阶段，是对企业实行扩权让利的经营形式的改革和放开价格的改革。由于逐步从高度集中的管理体制下解放出来，并且拥有一定程度的经营自主权和扩大了利益与责任，企业开始面向市场，市场机制也开始被引入国有经济领域。但是，由于企业改革停留在经营方式，而未能深入到深层次，特别是产权制度开展迟缓，因而改革中的国有企业仍然处在传统的国有企业制度框架之下，其具体表现如下：

第一，企业自主决策的权力不足。《企业法》和《全民所有制工业企业转换经营机制条例》（简称《条例》）尚未真正地得到贯彻，投资权、外贸权、抵制摊派权等普遍未能落实，自主权还很不完整，从而限制了自主营运，造成企业行为迟钝，不能对市场做出灵敏的反应。

第二，激励机制不足。由于国家与企业之间分配关系未理顺，以及企业与职工之间的收入分配不完善，企业缺乏有效的"产益"激励机制。

第三，企业缺乏法人财产制度。法律只是宣告经营权属于企业，但却未宣告企业拥有自行支配的法人财产，在宏观经济运作中没有将企业经营财产和直接国家财产加以区分。因而，不仅国家可以把企业收益的大部分拿走，而且干预企业的财产重组活动，甚至平调企业财产，这些都是经常发生的。这样，企业不仅缺乏"自主钱"，而且缺乏调整、重组财产结构，优化企业结构的权力，当然，企业也就不可能为资产的营运和国有财产的保值增值承担责任。

第四，财产约束机制不足。直接的国家财产体制必然是国家最终为企业承担亏损责任，造成企业负盈不负亏。软预算约束使企业缺乏促使其全力以赴地进行自我完善和自我调整的压力，其结果是企业普遍存在投资饥饿，消费亢进，即企业行为短期化。

第五，国家所有权未完全落实。国家所有权因"产权虚置"而未能得到有效和充分的落实，所有者未能发挥它对企业资产营运的关切、支持，以及对企业活动重大方面进行引导和控制的功能，特别是不能对企业的短期化行为进行有效的制衡。

我国国有企业产权结构的缺陷，反映到市场机制上是：企业缺乏全面适应市场的行为，造成国有经济领域市场机制不完全，机制阻滞，市场调节作用弱。其具体表现是：

第一，市场竞争力度弱。市场竞争，无论是价格竞争、质量竞争、服务竞争都是以主体的权、益、责为基础的，特别是利益关系的理顺和得到保证是主体积极竞争行为的前提。只有把缺乏利益驱动的国有企业转变为利益主体，才能形成主体的竞争意识，从而使企业表现出你追我赶的十分激烈的竞争行为。我国当前多数国有企业由于产权结构的缺陷，决定了它进行的是一种力度不足的竞争：（1）企业不是主动地和及时地调整价格，时升时降以适应于市场供求；（2）未全力进行产品结构调整，不断推出新产品、上档次，千方百计使产品适销对路；（2）未全力以赴进行营销，改进营销方法，加强售后服务和广告宣传；（4）未全力以赴地反求诸己、苦练内功、革新技术、改善经营、降低成本，从根本上增强竞争力；（5）未大力调整企业产权结构、优化资产存量、调整企业组织结构、提高企业整体生产力等。总之，竞争意识的不充分和竞争力度的不足，这是当前国有企业行为的特点。竞争机制是市场机制的内在杠杆，价格—供求、供求—价格的连锁作用正是建立在竞争机制之上的，竞争的力度不足，其结果是市场机制的疲软。

第二，价格机制呆滞。具体地说，供求—价格、价格—供求链锁作用不灵，其变动空间不足和变动时间的滞后。在商品供过于求，积压大大增加的情况下，价格也不能下调或及时下调，这种现象是竞争力度弱的必然结果。我国商品市场上，名优特新产品供应不足和质劣、冷、背产品的大量积压长期并存，甚至造成仓储保管费用超过商品价值，这种情况与供求—价格机制薄弱密切相关，而后者又和商业以及生产企业的软预算约束和产权结构密切相关。

第三，市场机制的结构调整作用软弱无力。价格机制的呆滞，使价格刺激力和约束力不足和软弱。当然，一些价格放开的领域，在企业负盈机制下，价格机制的刺激力增强了，价格已经表现出明显的促进生产扩张效应。改革以来国有企业赖有这一效应，使经济活力得以增强。但是由于缺乏企业负亏机制，价格负变动乏力，即使是冷背残缺商品，价格也降不下来，表现出价格机制的呆滞，其结果是长线行业——各种加工业——压不下来；需要发展的行业——基础设施、基础部门——却老是发展不足，早已陈旧的"大而全""小而全"的企业组织结构难以改变，长期资不抵债，早已缺乏生存能力的企业大量滞存，而难以促使其实现兼并，缺乏用场的大量冗员压不下来。总之，价格的结构调整功能十分软弱。

第四，企业对市场反应迟钝。传统的国有企业以其直接的国家产权结构和统负盈亏，使企业对市场缺乏反应，改革后的企业，由于负盈，有了利益驱动，企业对市场价格正变动有了积极反应，那些产品热销利大的企业，市场机制促使其迅速地扩大生产。但是由于价格负变动机制弱，特别是企业负盈不负亏，使价格负变动的约束力软弱。即使市场情况发生变化，销价下跌和出现亏损预期，企业也往往缺乏威胁感，更不存在"存亡"感。企业并不因此积极于结构调整和管理的自我完善。人们看到，尽管企业早已是技术落后、组织机构臃肿、冗员充塞、管理落后、浪费严重、成本高昂，企业也缺乏市场主体固有的灵敏的竞争意识、危机感和反求诸己、不断自我完善和创新的精神，甚至自我感觉良好，并且因有财政补贴和政府各种扶持而有恃无恐。在企业还能靠计划为其提供资金、物资和销售渠道的条件下，对市场的反应迟钝和缺乏自我完善的内在动力，对企业还不表现为"致命的"。但在经济市场化日益发展，对企业的传统计划支撑越来越弱的条件下，在竞争日益激烈的情况下，企业对市场反应迟钝就会使企业陷于困境。国有企业1/3明亏，1/3隐亏，有效益的只占1/3，这种处境艰难是和企业对市场反应迟钝，自我完善动力不足直接有关。

总之，随着城市改革的发展，市场机制逐步引入了我国国有经济领域，价格在竞争中形成的范围日益扩大，价格的配置资源的作用日益增强。但是，应该看到国有经济领域还处在市场化的初始时期，其显著特征是市场机制的缺损不全、机制阻滞不灵、市场调节力弱。价格机制迟钝和与之密切相关的企业自我调整、自我完善能力薄弱，已经成为国有经济调整、重组和发展的严重障碍。制约国有经济领域市场机制形成的原因是多方面的，例如市场发育不足，要素市场残缺不全，市场体系尚未形成，价格双轨制的存在，价格还需要进一步放开，统一的大市场尚未形成，市场行为缺乏规范等。本文中未分析这些方面的原因。我们主要着眼于分析制约市场机制的深层原因，即微观组织因素，特别是主体产权缺陷因素。我们的分析指明：国有经济领域市场机制的不健全，主要原因是企业产权制度的不完全，企业资产运用中的权、益、责的结构的不完善。

四、国有企业改革与法人财产的构建

为了形成市场机制，充分发挥市场在资源配置中的作用，必须大力推进国有企业的改革，把企业真正变成积极、主动参与竞争的市场主体。为此，要从构建企业法人财产制度着手。

（一）产权的法人化

针对传统国有企业的根本缺陷，即企业缺乏运用资产的主体权利、利益、责任，在当前必须对企业传统国有国营的财产权结构进行调整和重组，赋予企业以法人财产权，与此同时，把实行直接占有的国家所有权转化为终极所有权。这一国有财产权的改革，我们称之为

"产权法人化"。其具体内容是：

第一，根据法律赋予企业以法人身份，使企业像自然人一样，能进行独立自主的生产与经营活动，能独立和其他企业和业务当事人缔结各种契约，享有民事权利并承担民事责任。

第二，把国家投入企业中的资产，即资本金，通过法定的授权，在"法人财产"形式下赋予企业，企业依法享有支配权、收益权和处置权。这实质上是实行财产委托经营制，其内容是财产所有者放弃直接支配权，不仅不直接干预企业的日常经营活动，而且不能把其投入企业的财产份额抽回。

第三，企业依靠法人财产实行自主经营，从财产营运中受益即拥有"产益"，例如企业的盈利除作为所有者财产收入而外，要按照规章一方面留作企业积累以实现自我发展，另一方面通过收入与效益挂钩原则，使广大职工也能分享"产益"。

第四，企业以法人财产实行自负盈亏。固定在企业中的法人财产在企业注销以前一直归企业独立分配，用于自行发展，而且用于承担风险，在破产时用以偿债。

第五，确立所有者权、益、责的新形式。法人财产制度下的所有者在出资人身份下，将财产直接支配权赋予企业，国家不再进行直接的生产与经营，但这是财产支配方式和财产权实现方式的变化，它并未废弃主体所有权。国家仍然：（1）拥有法律上的最高所有权，即终极所有权。（2）拥有现代经济中所有权的核心——财产收益权，即分取股息和红利。（3）拥有选择经营者的权利，以及拥有参与制定和控制企业经营的大政方针，例如重大投资决策、增资、发行新股票或债券、制定分红政策等的权利。（4）与直接支配权让渡给企业相适应，所有者的"产责"，表现为以出资人的出资份额相应的有限责任，这也意味着国家为企业承担无限责任的国有资金大锅饭体制的结束。

第六，确立有效保障所有权和经营权的企业组织和决策操作机制。所有权与经营权两分的法人财产制度，建立在所有者对经营者的既委托授权又要实行控制与监督的基础之上。委托授权才能形成和保障经营权，控制、监督才能保障所有权，避免企业经营者搞短期行为，"虚盈实亏"，防止国有财产流失。因此，要找到一种恰当的企业组织形式，这就是公司制。现代股份公司建立起由股东大会、董事会、经理构成的组织形式和企业决策、操作机制。股东大会是所有者最高权力机构，董事会是所有权委托代理机构，总经理是企业活动的具体组织与经营机构，通过以上三者之间的权能的恰当划分和三者各司其职、又互相制衡的运作机制，在有效地保障所有权的基础上实现了拥有多数出资者的复合财产的委托经营，从而完成了经营权的独立化和法人化。另外，建立健全监事会，形成对股东大会、董事会、经理的活动的依法监督，这也是保证公司复杂的组织行为按照规章健康运作的必要条件。

第七，企业法人产权的完整化。本文中业已指出，为了强化市场机制，实行市场经济体制的国家均有一个使它们的共有制企业（国有、合作企业等）通过产权完整化，强化企业的市场主体地位和增强竞争能力的任务。为了适应社会主义市场经济的需要，我国国有制企业的法人财产权构建有必要着眼于产权完整化和经营权的强化，为此不仅要彻底落实《企业法》和《条例》，而且要进一步扩大和强化企业经营权，例如使企业有充分的投资权，厂房生产设备的处置权，较充分的收益、利得权等。把应该还给企业的权和益，继续揽在上级行政机构手中而不愿放下去，是不可能建立起一个真正的法人财产制度和不可能把国有企业变成真正的市场主体。

总之，产权法人化，通过使所有权成为"终极"所有权，而使经营权硬化和转型为"法人财产权"，我国国有企业将由此构建起一个企业是经营财产的直接主体，国家是经营财产的终极主体的双重主体的国有财产权构架。

（二）产权的明晰化

一个有效运作的法人财产制度，以产权的明晰化为前提。产权明晰化包括：（1）主体明晰化。这要求弄清企业的所有者、经营者以及债权人等主体。（2）界定主体产权，使各种当事人的产权、产益和产责一清二楚，做到企业资产营运中分工明确，各行其权、各享其益、各履其责，这样的经济运作就能有条不紊和充满活力。

明确划分与界定所有权与经营权，是构建法人财产体制的重要出发点和条件。为此首先要在概念上把价值形态的企业资产与具体形态的企业资产加以区分；其次要在划分两种资产的前提下来界定主体产权。在实现法人财产体制下，所有者的产权主要表现为价值形态的财产权，即投入资本权，后者可区分为资本价值终极所有权和资本的利得权，以及资本运作过程的控制与监督权。另一方面，资本价值的具体形式，例如机器设备等固定资产、产成品、在制品、原材料、现金、应收账款等流动资产，以及商誉等精神资产，它们的日常运作支配权则属于企业法人，属于法人财产权的范畴，所有者无权对它进行支配。

可见，法人财产权的产权设置，是对国家既直接支配企业财产价值形态，又直接支配企业财产具体物质形态的传统产权结构的又一次重要调整，原先归属于所有者的企业财产具体形态的支配权，分离出来成为经营者的权利。因此，在实行现代企业制度时，首先要求人们改变那种把所有者权利视为既要管财产价值又要管财产实物的传统观念，这种在不少人脑海中根深蒂固的传统观念越来越成为当前构建法人财产权的改革障碍。

对各种实物财产的所有权、经营权的量的界定，是产权明晰化的重要内容。为此，就要根据企业采取的公司组织形式，而对出资者、经营者拥有哪些资产支配权、经营权、利得权（受益权）、处置权做出明白细致的规定。例如：（1）企业中的股权结构，国家是否实行控股，中资股与外资股的比例等；（2）优先股与普通股的权限和两者在国家和其他出资者间的分配比例；（3）出资者参与董事会和对企业重大活动进行参与和控制的方式与机制；（4）出资者对经营者实行选择的方式与机制。上述各方面均是属于所有者权利的，这些都需要根据各类公司企业生产的性质与状况来加以规定。另外，诸如企业经理的日常生产与经营决策权，例如购销、定价、投资、债券经营与转让，非基本的企业产权的转让等方面的法定权能与实际权能，则是属于法人财产权，也需要根据各类公司企业的性质的具体状况来加以规定。此外，公司经营中的债权、经营权、所有权三者之间的关系也需要加以明确界定和正确处理。例如在法人财产构建中要防止目前较为普遍出现的那种在企业转制、原有法人单位注销中，而使"债权虚置"从而使国有财产流失的现象。

总之，明确而具体地界定所有权、经营权以及其他主体财产权利，是当前组建现代公司制度的基础条件。应该按照法律和法规，使营运中财产的所有权、经营权以及债权等做到周界清楚，畛域明确。这样才能做到：（1）确保国家所有权；（2）强化企业经营权；（3）维护债务人的财产权。如果缺乏科学的产权界定，不仅终极所有权和法人财产权两权分离的财产构架难以操作和运作，而且也会滋生所有权与经营权相互打架的"侵权"现象，其结果不是限制了企业经营权，就是会削弱国家所有权，或者损害债务人的财产权利。

（三）产权制度法制化

现代社会的财产权是由法律来加以维护和保障的，只有借助于强制性的法律及其实现机制才能既规范主体行为，又规范非产权主体的当事人的行为，形成一种稳定的财产占有秩序。为了顺利地进行企业法人财产体制的构建，首先要加快立法步伐，目前《公司法》业已公布，在当前还要加快各种经济法、民商法、社会法的制定，要尽快地形成一个能有效地规范财产所有者、经营者，以及各种交换当事人如债权人与债务人、出租人、承租人等行为的完备的法律体系。

在处理企业的财产所有与经营关系上要严格执法。对于实行公司制的企业，一方面，要依法实行国有资产的公司企业授权经营，公告国有资产为企业法人财产，其支配权从此归属于公司企业，而政府各种管理机构不能再向企业实行财产的平调和财产收益的任意征取，如果有这种情况发生，将构成违法行为，企业有权提出诉讼，司法机关应该严格依法审理和进行追究。另一方面，应该建立与健全维护所有者的权利，例如国有财产的收益权——国有股的分取股息、红利等——的法律机制，以及维护出资人对企业财产运作的重大决策权，以及有关能确保国有财产的保值、增值，制止其非法流失的法律机制。在当前，要对公司化、股份化过程中出现的侵蚀国有资产的种种现象，非法将国有资产转为集体财产和承包、租赁人财产，低估国有资产，以及股份制改造中借助于股份发行数量，股权结构比例等具体操作，而损害国家权益的企业侵权行为进行法律制裁。此外，在证券市场建立不久，而证券交易不断扩大十分"火热"的情况下，加快立法，采用严峻的法律手段来规范股市交易秩序，依法惩处操纵股市、违章收购和违章对其他法人企业实行控股的非法行为，这也是形成公开、公平、公正的市场秩序，维护投资者产权和企业法人财产权的必要条件。总之，法人财产权能否真正构建起来，关键在于法律的完备化和硬化，在于产权机制和经济机制的法制化，因而加快经济立法与司法，大力推进经济行为法制化，就成为推进国有企业产权制度改革的先决条件。

（四）产权流动化

产权的流动化是法人财产制度固有的内涵，也是国有企业产权制度改革的另一重要目标。传统的计划经济体制下全民所有制企业的财产主体是国家，政府对企业实行资产计划配置和统一调拨，不允许企业间进行固定资产的自主转让。由于"条条""块块"的行政分割，使国有资产长期定位于企业之中而不再流动，这是一种生产要素和资源一次性配置的僵化体制，它造成国有资产配置不合理和低效使用，并造成国有资产大量沉淀、闲置，形成大量呆滞资金。建立法人财产制度的一项主要目标，就是要从根本上改变企业国有资产不流动的状况。

法人财产制度首先使企业法人拥有财产权，包括财产的处置、转让权，企业可以通过行使财产转让权，出售闲置机器设备或转让部分专利权、商标权。企业也可以收购和兼并其他工厂、企业，购买发明权。另外，在法人财产制度下，开拓了企业合并即联合化的道路。总之，法人财产制度使企业得以实现顺利的财产具体形态的优化组合和资产的高效营运。其次，法人财产真正使企业自主经营、自负盈亏，使企业拥有追求资产高效营运的内在动力；法人财产使企业真正成为产权主体，由此形成了财产权流动化的微观基础，在市场发育和产权市场形成的条件下，就产生了产权在企业间不断转让的机制。后者是现代公司企业拥有的资产自我调整能力和现代公司企业表现出对市场的很高的适应性的前提条件。这也是自负盈亏的现代公司能够在激烈的竞争中求生存、求发展的主要条件。

综上所述，我国建立企业法人财产制度的改革就要与实现产权的流动化相结合。特别是我国传统企业具有组织结构"大而全""小而全"的特征，这种企业结构成为当前企业实行股份制改造的障碍。因而，要顺利地推进企业法人财产制度的改造，并要求用产权流动化来加以推动，在当前需要采取下列措施：建立产权交易所和交易中心；要扩大产权转让范围，不仅仅要推动亏损企业的出售和兼并，有效益的企业也可以转让；要积极探索和采取多样产权转让形式，包括企业分体转让，例如把一个工厂分成车间转让或集合转让，例如将亏损企业同有效益企业互相搭配，一并转让；要加快制定有关产权转让的法律和法规；搞好产权作价和产权转让收入的处理，保证其用于再生产、形成新的国有资产等。总之，大力推动产权流动化，是顺利地推进我国企业股份制改造和促进企业联合化的主要条件，必须首先将这一改革抓好。

（五）产权多元化

产权多元化，即是财产主体的多元化。传统国有制企业财产结构的特征是单一的国有制。公司制的主要特征是主体多元化。除了独资公司而外，公司法人均是实行有多数出资者的组合的财产结构。产权主体的多元化是公司制企业良好运行的主要条件。正是由于拥有多数出资者，才能实现对所有者代理人的董事，以及对经营者实行公正而严格的选择，也才能实现所有者对经营者的有效的监督。对于我国国有制企业来说，为了真正实现把政企分开，企业经营独立，同时又有所有者的有效控制与监督，在公司化改组中应该通过实行多数法人持股，或是实行包括更多社会成员出资的公众持股，以形成多元股权结构。产权多元结构包括多个国有法人持股，国有、集体、个人、外资多种成分的混合的股权，由此改变传统国有企业单一的国有财产结构。除此而外，当前还要积极创造条件和采取措施，促使法人股的上市和使国有股进入市场流通，这样才能形成一个能有效地维护和完善企业多元化股权结构的机制。

主体的多元化，也意味着企业的合并、联合化，它是国有企业实现资本联合，优化企业结构，扩大企业生产规模，以发展和增大企业生产能力，增强市场竞争所必要的。

可见，构建企业法人财产必须与实现产权主体多元化结合起来，使企业不仅拥有一个自行支配的法人财产，而且拥有一个资本金充足，更壮大的法人财产。与此同时，还是一个组织结构和机制健全，能按规章独立运作的财产。

综上所述，产权的法人化、明晰化、法制化、流动化、多元化，可以说是当前国有企业进行产权制度改革的主要内容。

法人财产制度的建立，是国有制适应市场经济的需要而进行的一次精巧的和意义重大的调整和产权制度创新。这一改革把传统国家所有权的某些内容分离出来赋予了经营者，扩大和强化了经营权，同时又保持了国家所有权的核心和基本内容，在强化经营权的同时有效地维护了所有权。特别是法人财产权的建立，使企业成为一个拥有资产独立支配权和享有产益、承担产责的财产构架和经营实体，企业由此有了积极主动地进行自主经营、参与市场竞争的行为能力和内在动力，国有企业由此真正从组织结构上成了市场主体，我国社会主义改革中长期探索求解的最困难的课题——国有制与市场经济相兼容的问题——将以此为核心而逐步地获得解决。《中共中央关于建立社会主义市场经济体制若干问题的决定》的重大意义，在于它提出了国有企业建立法人财产权的任务，为人们指出了实现国有制与市场机制相兼容的道路。

以建立企业法人财产制度为核心的现代企业制度的构建，是当前我国正在进行的一场经济体制改革的攻坚战。为了打好这一仗，必须解放思想，破除传统的关于国家对企业实行直接支配，大包大揽的国有产权观念。基于这种观念人们就会：（1）把经营权视为是所有权的必要内容，从而认为国家对企业生产与经营的干预天经地义；（2）把对物质财产的支配权视为是所有权的必要内容，上级行政管理机构因此一方面不愿放弃对企业"人、财、物、产、供、销"等具体活动的管理，另一方面又忽视对财产价值形式的经营和资本的增殖的管理；（3）习惯于对企业财产实行平调，对企业财产"上收"，不承认和不尊重法人经营财产的独立存在和独立运行；（4）孤立地营运企业自身资产，不习惯于财产"兼并""合并"和联合化的小生产者观念；（5）不习惯和畏惧股权多元化的国家大一统产权观念；等等。这种认识上的模糊不清，使《企业法》与《条例》规定的各项生产经营权难以落实，企业经营机制老是转换不了；使来自政府行为的截留经营权，用各种形式继续平调企业财产，侵蚀企业法人收入的现象难以解决，法人财产权难以真正落实。正是因此，加强对现代企业法人财产制度的理论研究，从根本上弄清什么是所有权、经营权，并由此搞清什么是出资人所有权，什么是法人财产权，并且结合国有经济的实际，总结历史经验教训，大胆探索和设计出适合社会主义公有制的法人财产制度，是摆在我们面前的一项重大任务。

企业改革与体制摩擦①

实行改革开放以来，我国经济运行中呈现出发展—膨胀—调整，然后又是再一次的发展—膨胀—调整的经济周期，对这种经济运行，人们称之为"一放就活""一涨就管""一管就死"，它表明在改革中增强了活力的经济尚未进入良性循环。我国继1991年、1992年至1993年6月两年半的经济复苏和高涨后，1993年7月以来又开始一轮经济调整，在加强宏观调控下，经济运行中又出现了新矛盾和新问题。这种改革以来表现出来的经济发展加快、活力加强和非良性循环相并存的现象，使人们感到迷惑不解。人们不禁要问，上述经济运行周期是怎样产生的？本文将从企业的角度来分析形成上述经济周期的原因。

一、加强宏观调控与国有企业运行的障碍

小平同志南方谈话和党的十四大确立社会主义市场经济为改革的目标模式以来，我国进入了社会主义发展的新时期：大改革、大开

----

① 写于1994年8月。

放，促进了大发展。新时期发展的特征是经济高增长和紧运行。高增长下投资需求的拉力强劲，物资、能源、交通、资金、外汇的供给都将从紧，在就业与工资收入增加下，消费品市场销售偏旺。速度的加快，要素供应不足，产、供、销之间，生产、经营和信贷各个经济环节之间，出现不相协调的问题，经济生活绷得过紧，而通货膨胀则是其集中表现。市场经济的顺利运行，必须依靠企业的自我调整功能和政府的宏观调控功能。如果国有企业能够形成一个健全的、能有效地进行自我调整的机制，与此同时，如果能有效发挥政府的宏观调控功能，人们就有可能既使国民经济保持较高增长率，又使紧运行的"度"控制于合理限度内，实现一种高增长低通货膨胀的发展；反之，如果企业自我调整的机制软弱，结构调整缓慢，加上政府调节机制不健全，缺乏手段，调节力量弱，经济的高增长，必然造成需求膨胀，出现要素普遍的供应不足和个别产品的特殊匮乏，引起物价上涨。在经济过热、物资短缺和通货膨胀出现的情况下，政府必然会加强宏观调控，在当前条件下只能实行以行政手段为主的紧缩，主要是收紧银根。紧缩是一柄双刃剑，一方面它经过一定时滞会逐步收到抑制物价涨势之效，另一方面它对于自我调整机制缺乏的国民经济，又会带来资金紧张，出现流动资金的普遍短缺，加重企业互相拖欠的现象，使三角债演化为债务链。在此基础上，企业销售渠道堵塞，加上减产引起的需求缩减，导致市场疲软，产品积压，再加以利息成本上升，这一切加剧企业亏损，引起企业减产，甚至停产，从而出现生产滑坡。这就是一种实行宏观经济紧缩下的运行障碍，它是紧缩政策固有的负效应。人们可以通过改善宏观调控方法，实行较少负效应的宏观调控，但是却不可能实现无负效应的宏观调控。

宏观调控的效果是通过企业的因应行为而显示出来的。我国国有企业改革未到位，缺乏自我调整功能。在1988年的治理整顿中，实施急刹车式的全面紧缩，力度过猛，又由于紧缩主要是运用行政手段，加以实行紧缩压倒一切，造成改革停步，国有企业在紧缩中表现出行为僵滞，缺乏应变能力。因此，在宏观调控取得正面效应，即刹住物价上涨势头的同时，也出现较鲜明的负面效应，引起市场疲软，效益下降，生产滑坡，1990、1991两年经济陷于低谷。在1993年的宏观调控中，总结了历史经验，首先，实行经济、行政、法律手段并用。与此同时，深化改革，扩大开放，挖掘经济体系内在的增长潜力和引进与利用国外的经济力量，因而1993年7月以来，特别是1994年1~7月，取得适当放慢增长速度，抑阻经济过热的阶段性效果。但是，加强宏观调控，在国民经济的不同领域带来不同的影响，出现了以下情况：一些能适应市场状况而自行调整的企业、部门、领域，借助市场调节和企业及时的自我调整，实行了产品创新、企业组织的调整，使生产和经营保持了对市场的适应性，企业渡过难关，甚至扩大市场，获得发展。1993年7月以来，三资、乡镇，以及个体私营等部门，不少企业通过自身的艰苦努力而保持着良好的业绩和旺盛的发展势头。而对那些机制不健全，市场调节不灵，也不能有效地进行自我调整的国有企业来说，在宏观环境恶化条件下，企业难以适应变化，出现了比较严重的运行障碍，又一次出现资金紧缺，在一片"资金紧"的抱怨中，企业间相互拖欠增加，产品销售困难，成本增大，效益下降，亏损增加和局部减产停产，等等。1993年9~10月以来，国有经济逐步出现了运行困难。1994年春，运行障碍进一步明显化。国有企业生产增长一季度为2%，4月增长为5%，5月增长为5.7%。亏损面增大，四川年初为43%，3月为57%，4月为59%，停产半停产增多。由于及时调整宏观力度，适当松动信贷闸门及采取其他扭亏增盈措施，5月后，国有企业增长才逐步加快。

二、信贷扩张机制与企业的资金饥渴

近十多年来我国经济运行中信贷资金"一控就缺"的现象，有其深层原因，这就是在双重体制共存下的信贷扩张机制。

由于改革不到位，特别是国有企业负盈不负亏，缺乏自我约束，企业表现出投资饥饿和消费亢进，普遍的生产扩张，带来产业结构重构和失衡；由于市场调节力度弱以及企业缺乏自我调整功能，存量结构不能优化；在利益的驱动下，经常处在结构失衡中的庞大的国有企业体系，只有依靠强的，甚至是过度的投资需求和生产外延性的扩大，才能维持其运转，支撑经济效益。上述情况体现了传统的速度效益型的经济发展模式及其矛盾。依靠生产外延性的扩大，依靠投资需求和消费需求的高增长，意味着货币和信贷扩张，它在20世纪80年代表现为现金平均为20%左右的年增长及信贷20%以上的年增长。1992年以来，首先，在我国出现了支撑以13%的年率高增长的强投资拉动，后者是以银行的信贷扩张为前提的；其次，经济中高热点——股市、房地产、开发区等——也是以十分松动的银行信贷为条件的；其三，1992年以来我国城市职工收入15%以上的年增长，也是以银行对企业提供十分充分的流动资金供应为条件。1992年现金增长37%。可见高增长和信贷扩张机制在1992年以来的经济中有鲜明的表现。

信贷扩张机制，是经营模式转换改革不到位，机制不健全情况下的产物，是一种"热胀运行症"。就企业来说，它表现为"资金饥渴症"，即要求不断地扩大生产和不断地扩大信贷规模。由于产业结构失衡，产品缺乏销路的企业越来越多，这个不能有效地进行自我调整——包括自我淘汰——的企业体系，必然需要更大的需求拉动和更多的信贷供应，来维持其运行，像奔跑后的鹿呼唤着水一样，不断扩张的企业普遍呼唤信贷资金。这种"热胀型"经济一旦实行紧缩，就会表现出如"缺氧"一样的负效应。可见，从我国的经济"热胀型"运行这一背景出发，人们对于实行金融宏观调控导致十分敏感的资金紧缺效应，就不会感到奇怪了。

事实上，1993年金融紧缩，较之1988年，其力度是较小的，而且是先紧后松。1993年7~9月银行着眼收回拆借资金，信贷控制奇紧，10~12月增加2500亿信贷，1993年全年信贷4846亿元，增幅37.1%，仅次于1992年。但对于以需求不断的信用扩张来支撑其运行的国有经济来说，银根收紧的负效应，在经过一段"时滞"后终将表现出来，如1993年末以来的国有企业运行障碍和经济活动衰退。可见国有企业遇到困难，不仅仅与宏观调控下资金供应制约有关，更主要的是与国有企业的运行机制的缺陷有关，与市场机制的调节力量薄弱和国有企业的自我调整功能缺乏有关。可以说，资金供应的制约只是外因，而经济运行机制上的缺陷则是内因，是根本性的原因。

三、应变能力薄弱，增大了企业运行困难

我国经济生活中存在信贷扩张机制，其微观原因是国有企业存在机制缺陷。改革不到位的我国国有企业缺乏对市场做出灵活、合理反应的行为能力，在宏观环境宽松时，它表现出投资饥渴，消费亢进；而在市场情况不利时，它表现出反应迟钝，调整迟缓、无力；在实行紧缩，宏观环境不良的条件下，国有企业更表现出缺乏应变能力。其具体表现是：（1）产品结构调整缓慢，不能适应总需求增长放慢条件

下市场的变化，生产老一套造成产品积压，企业占用流动资金增大。在资金不足下企业间互相拖欠，其结果是流动资金更加不足，导致减产和停产。（2）劳动组织调整困难。国有企业缺乏适应市场自动调整劳动组织的机制，虽然产品没有销路，企业也难以裁减职工，在实行减产停工的条件下，人员富余问题更加突出。（3）工资刚性。即使效益下降，企业也难以减少劳动报酬，降低工资，甚至还要为维护安定而发放奖金。（4）企业组织难以调整。由于产权不流动，企业拍卖、兼并事实上难以开展，破产更难以进行，长期形成的庞大而不合理的企业组织结构难以改变。成本高、效益低的矛盾十分突出和难以承受。（5）技术结构调整力不从心。企业产权制度的缺陷造成自有财力的不足，加以债务包袱沉重，筹资渠道狭窄和资金成本高昂，使企业难以进行像样的技改，上档次，增大技术含量，创造拳头产品的各种规划难以落实。上述五个方面，表明国有企业由于机制的缺陷，难以适应市场状况的变化而及时地进行自我调整，重新在市场上找到自己的位置。人们可以看到1993年实行紧缩，市场需求结构发生变化，三资企业、乡镇企业等加快了产品结构调整和企业内部的调整，而不少国有企业却表现出结构调整慢，质量提高少，成本下不来，应变能力薄弱，这是许多国有企业陷于困难的根本原因。

还需要指出，传统国有企业体制的缺陷，又强化了它的机制性的缺陷：（1）人员包袱重。企业普遍人浮于事，富余人员约占职工总数的30%，退休人员占职工的20%。（2）企业办社会，非生产组织庞大，营业外支出高，成为成本降不下来的重要原因。（3）组织结构不合理，"大而全""小而全"造成生产能力闲置，加大了生产成本。（4）管理机构臃肿，职能重叠，互相掣肘，办事效率低。（5）"以包代管""以改代管"等做法，造成管理松弛，使合理的劳动组织和分工的生产力难以形成。（6）领导体制的不适应。市场经济要求实行精简、高效、集中统一的现代化管理和经理责任制，现行的干部制度、管理制度（包括领导制度）是与这种要求不相适应的。特别是领导决策机制还不完善，生产指挥中还常常出现互相掣肘的"内耗"，从而造成指挥乏力，一些企业运行的失序和活动低效，是和领导行为的缺陷密切相关的。

总之，改革未到位，两种体制并存条件下的企业行为机制的缺陷，使企业活动和市场状况相脱节，出现了不是市场引导企业，即价格变动引导企业行为的相应变动，而是市场与企业割裂，价格牵动不了企业，或者企业反应迟钝，甚至出现方向扭曲的逆反运动，例如价格在下跌，生产仍在扩大，等等。这种企业机制与市场的不合拍和相互矛盾，造成企业在市场中不能顺水推舟，顺风使舵，逆风降帆，夺路绕滩。可见，改革越深化，经济越市场化，越要求企业行为顺应市场，但改革滞后造成企业行为的呆滞和缺乏应变能力，这种企业机制和市场的矛盾越来越成为经济运行中的主要矛盾。15年来，国民经济发展过程中，国有企业较之非国有成分，在速度上、效益上，都呈现下降趋势，而在宏观环境不利的经济调整期，遇到的困难更大，并出现了某种运行"危机"。这些情况，都要从国有企业机制和市场机制的矛盾和冲突中，才能得到说明。

四、经济的不良循环和改革进程中摩擦成本的增加

从本质上看，国有企业运行中出现的困难，是新旧体制相摩擦的一种形式。在经营模式转换期，由于两种体制并存，造成国有经济运行中的摩擦和由此带来经济运行的摩擦成本，而且，在改革过程中，

这种成本还表现出逐步增大的趋势。

就国有企业的运行来看，两种体制相摩擦呈现出如下态势：

（一）围绕自主权的摩擦

企业自主经营权正在扩大，但企业仍然处在传统政府行政管理框架之中，实际上实行的是一种受限制的、有限度的自主经营。例如《企业法》《全民所有制工业企业转换经营机制条例》所规定的14项企业自主经营权，许多项权利迄今仍未得到落实。在竞争日益激烈的新形势下，企业自主经营与传统的政府管理行为的摩擦十分剧烈。一方面企业行为受到多方限制，生产潜力不能充分发挥，效率和效益上不去，成本下不来；另一方面，企业为求生存、求发展，不惜采取各种各样"花钱办事"的扭曲行为，大大增加了交易成本，严重地影响企业的竞争能力。

（二）围绕企业法人财产权的摩擦

改革以来，企业自行支配的财力开始形成，普遍有了自有资金，但传统的统收统支体制未根本变革，绝大部分税利上缴财政，企业缺乏独立营运必需的资本金，出现了经济运行中的以下矛盾：

第一，国有企业流动资金长期不足。目前企业自有流动资金只有20%，80%要靠银行贷款，为此企业要承担很高的利息成本。第二，企业缺乏用来支撑扩大再生产的资本金。1993年后实行拨改贷，为了扩充固定资产，企业必须长期承担还本付息的高昂费用。特别是在实行税后还贷后，债务负担使企业难以承受，企业不仅难以提高效益，甚至还由此造成亏损，使承包利润上缴任务难以完成，广大职工的收入也蒙受影响。在市场竞争压力下的国有企业，为了求生存、求发展，不得不采取各种方法来自行扩充企业财力：（1）在承包中通过讲价还价，千方百计争取有利于企业的承包条件，来扩大自有资金；（2）用虚盈实亏，不提折旧，削弱国有资产价值来扩大自有资金；（3）用各种各样的"小金库"形式占有国有资金；（4）为了增大自身财力，一些企业甚至还采取欠税、偷税、漏税等行为；（5）拖欠债务，占用其他企业流动资金，实质上是占用银行流动资金，以弥补自有流动资金不足；（6）搞钓鱼工程，通过不断挤压财政资金，来进行技术改造；（7）用各种方式侵蚀国有资产，例如实行国有产权低价出让等。

可见，日益融入市场经济的国有企业对自行支配的财力的迫切需求，和现行国有产权体制的矛盾，造成国家与企业之间在国有资产使用上的摩擦激化，使企业产生把积累分光吃光的冲动，以及用各种方式占用国有资金，削弱财政和银行资产的扭曲行为。在此情况下，国家要采取各种手段来维护国有资产和国家财务。在财政遭受削弱和财政收入不足条件下，国家不断开征新税（如能源基金、利润调节基金）来保证履行国家财力和财政的职能。这样，又难免形成"竭泽而渔"，使企业实行"上有政策，下有对策"，采用各种合法与非法形式来扩充自有资金。可见，在企业财产支配权上两种体制摩擦表现得日益鲜明，导致经济运行中需要付出越来越高昂的成本。

（三）围绕企业自主分配权的摩擦

改革以来，企业的自主分配机制已开始形成但还不完全，还受到旧行政管理方式的束缚，例如政府还要使用自上而下的行政控制来约束企业的分配行为。此外，企业的自我约束和政府有效的间接调控方法尚未形成。工资分配中新旧体制的矛盾，造成奖金比重越来越高，名目繁多的津贴和实物发放，出现自发的"V"扩张，它侵蚀积累，损害固定资产的更新和扩大再生产，甚至危及简单再生产。针对这一状况，政府采取各种行政方式来加以控制，削弱企业自主分配能力。可见，在企业分配领域，新旧体制的矛盾和摩擦越发尖锐，造成经济运行中又一高昂的附加成本。

以上我们只是从企业实行其自主经营权、法人财产权、自主分配权几个方面，分析了企业内部改革未到位，外部改革未配套条件下产生的企业行为扭曲和经济运行中的摩擦等问题。在改革的一段时期中，这种摩擦还表现出不断尖锐化的趋势。两种体制的并存，一方面造成企业机制转换不了，活力难以增加，在市场竞争激烈化和实行紧缩的宏观环境下，经济负效应越来越大，出现企业难以运转、亏损面增大的不良循环态势，另一方面，企业不得不产生的扭曲行为损害了国有资产、国家收入、国家利益，危及国有经济这一社会主义市场体制的支柱和基础。由于企业亏损使财政收入上不去，造成行政管理体系工作和其他社会文化事业发展的困难，而庞大的财政支出下不来和赤字增大，又增强了通胀压力。可见，使国有企业改革过程中出现的两种体制的摩擦得到缓解，使摩擦成本得以降低，已经是关系社会主义国民经济总体顺利运行的一个十分迫切的课题。

五、不失时机推进改革，防止两种体制的"胶着"

对我国改革的进程和发展态势进行评述，对于研究如何进一步深化改革将是有益的。

我国改革起步于1979年，1979~1983年在农村实行了家庭联产承包制的改革，由于赋予农户以经营自主权，使广大农民普遍受益，从而极大地调动了亿万农民的积极性，使农业生产迅速得到恢复和发展。

1979年以来，城市国有企业的改革在四川成渝等城市进行试点，1984年在全国范围内开始进行以搞活国有企业为主要内容的城市改革。这一阶段国有企业改革主要是以扩权让利、增强活力为目标的政策性调整，同时提出要配套进行计划体制、价格体制、财政体制、银行体制等各个方面的改革。这一改革的实质——不管人们称它为"有计划商品经济"，还是"计划经济为主，市场调节为辅"等——是引进市场。由于经济体制改革的基本理论尚在探索期，实行"摸着石头过河"，因而，城市改革总体说来是在艰苦的探索中逐步前进，并且出现了：（1）改革的走走停停，甚至出现局部逆退，而在经济运行中也出现"一放就活，一活就乱，一乱就收"的不良循环。（2）改革路子不很清楚，就企业改革来说，长时期停留于"扩权让利"的政策调整思路——承包制也是扩权让利，而不是以企业制度创新为目标。计划、财税、银行等全面改革，在很长时期内更是目标不明，路数不清，整个改革只是在传统体制框架下实行某些松动和政策调整。（3）改革未能配套展开，实行全面的企业改革，表现为"孤军深入"而难以向前发展。由于上述原因，一方面，1984年起步的以企业改革为核心的城市改革，不断推开和走向深化，我国国有经济领域市场开始发生作用，新体制和新机制开始出现，但是这个新体制却又不是完善的，它十分软弱，而且是处在旧体制的严重束缚之中，从而在生产、交换、信贷、投资等活动中，都存在着双重体制并存引起的摩擦。随着改革的深化，双重体制的摩擦力、相克力不仅继续增强，而且出现了一种新旧体制互相抗衡的胶着状态。

改革中遇到的困难和阻力，在于：（1）理论指导方面。由于引进市场的改革是前无古人的事，人们不可能一下子形成完备的改革理论，一定程度上"摸着石头过河"的改革不可避免产生目标不甚明确，方法、措施的某些不当，改革有利时机难以把握住，甚至还会造成某些失误，使人们为改革付出学费。（2）思想阻力。由于存在对任何改革先讨论姓"社"姓"资"的传统思维方式，特别是关于计划经济=社会主义，市场经济=资本主义的陈腐观念和偏见，使十一届三中全会以来中央制定的有关改革的方针难以顺利地贯彻执行，造成进一步的深层次的改革措施难以采取和得到推行，从而成为改革难以深化的思想障碍。（3）改革不配套。传统的计划经济是一个包括全部国有企业的大体系，是企业制度、流通制度、财税制度、计划制度、投资制度、银行制度等组成的庞大体系，是一个把国有企业与中央、地方行政管理部门紧密相连，实行统负盈亏、政企不分的体系，是一个千姿百态，盘根错节，互相克制的体系。这个体系是用来维持一个产品计划生产和计划分配的制度的。

为了建立社会主义市场体制，必须进行全面的改革，需要实行重点突破，由重点领域的先行改革带动其他领域的改革，使各个领域改革互相配套，互相促进，从而形成一种以重点促全面，以面促点的有序的全面改革，这样才能使改革步步深化和全面推进。我国城市改革是以国有企业为中心环节的，但是配套的改革开展得不好和进展滞后，出现了企业改革与各种相关体制改革之间的长期碰撞。表现在以下几个方面：

1984年全面推进企业改革以来，国有企业的自主经营权有所扩大，自主生产，自找市场，"找米下锅"，一下子打乱了计划分配。

20世纪80年代初苏州、无锡、常州乡镇企业的崛起，打破了计划生产和物资计划调拨制度。但在一段时期内计划体制改革长期滞后，从而出现一方面传统计划体制难以有效运行，而另一方面企业仍处在计划桎梏下，难以真正做到自主经营。

企业实行自留利润、自行发展，要求把原来归国家集中的利润的一部分作为自有资金，特别是承包制使企业生产的剩余，有了在"一对一"谈判中留在企业的"空间"，使财政收入出现向地方和企业倾斜。但传统的财政大包干、大锅饭功能未相应改革。例如，财政要对一大批亏损国有企业进行补贴；要维护庞大的国家投资，进行基础设施、基础工业的建设以解除瓶颈制约；要维护庞大的行政体系的支出和包揽文化、教育、医疗、卫生事业的支出；等等。改革后国家与企业间分配关系的改变，就不能不对传统财政体制产生"冲击"，造成财力特别是中央财力不足，而在改革滞后的财政体制（包括财政包干）下，为维持传统财政功能，政府又不得不加强对企业税利的征收，从而使企业缺乏自行支配的财力。

企业改革也冲击着传统银行制度。传统专业银行以其政策性功能，维护一个资金不足、难以正常运转的企业体系；而改革后加强了利润驱动，迅速扩大的企业营运，又迫切要求银行供应资金；迅速增大的基本建设也使货币发行、信贷处于经常扩张的状态。因而银行不得不长期实行传统信贷限额制，即资金行政分配制，从而对扩权、放活中的企业产生抑阻作用，使其总是处在"缺氧"状态。

传统计划体制实行集中管理，要求有一个"大政府"，而企业改革，自主经营，独立运行，要求摆脱政府的行政干预和对企业的摊派、征收，这就要求实行"小政府"。由于政府管理体制改革滞后，小政府的要求和大政府的现实二者间的矛盾日益尖锐。一方面使广大的行政管理体系的传统功能，越来越难以维系；另一方面，政府管理体系改革的滞后，又使企业处在政府传统行政管理的束缚之中，使企业难以进一步实行经营独立化，真正完成机制转换。此外，随着企业改革的深入，企业改革和价格体系、社会保障体制等的改革之间，也出现了上述"撞击"和"克制"的摩擦现象和负效应。

总之，我国城市改革中，产生了从企业改革引发的向全部旧体制扩散的冲击波。这种冲击是改革的必然，因势利导，借助这一冲击，就可以有效地牵引和推动庞大的、十分艰难的传统经济体制的改革。但由于其他方面的配套改革未能做好，出现改革滞后，这样不是在始发冲击中使改革环环相扣地向外扩展和走向深入，而是出现"冲击"与"反冲击"，即两种体制互相克制、互相碰撞的摩擦现象。这种摩擦表现出旧体制十分坚固和难以突破，新体制未能顺利地构建和进展维艰。

值得注意的是双重体制胶着和长期碰撞下负效应强化的现象。例如，国有企业自两种体制并存和摩擦之下带来企业效益下降、亏损增大、财政补贴增多等摩擦成本。另外，企业负盈不负亏造成的投资饥饿、消费亢进等内生膨胀趋势，以及由此引发的经济过热、通货膨胀，在本质上也都体现了两种体制的摩擦。为消除和缓解这一摩擦，人们还要付出紧缩负效应这一摩擦成本。至于因企业体制改革不到位，在种种缝隙中发生的国有资产流失，也是一种摩擦成本。回顾改革以来，特别是当前经济生活中出现的新矛盾、新问题，人们可以发现，如果改革进展缓慢，体制摩擦力越发强化，而摩擦成本也会增大。当前，国有企业的亏损增强，国有资产流失严重，政府为维持国有企业的营运难度更大、代价更多等现象都表现出企业改革不到位，带来的负效应的增大。

小 结

1979~1991年，我国改革总的形势很好，但在一段时期内也出现两种体制的某种"胶着"。1992年小平同志的南方谈话和党的十四大关于建立社会主义市场体制目标的提出，标志着改革进入整体推进的新时期。这是打破改革中两种体制"胶着"状态，对旧体制进行全面改革和加快新体制构建时期。为了更顺利地深化改革，有必要对以下几点进一步在理论上加以明确。

第一，中国1978年迄今的改革，是在小平同志有中国特色社会主义理论引导下进行的，是世界社会主义体系中唯一的、取得巨大成功的改革。但是，改革也是在克服各种矛盾中发展的，而不可能一帆风顺。特别是改革也要面对风险。一种风险是改革指导的失误引起的改革走歪方向；另一种风险是改革打不破阻力，长期陷于"胶着"和"不进则退"状态。

第二，改革的阻力，最根本的是新的经济运行与原有利益格局的矛盾和冲突。改革越深入，它必然牵动更大范围的利益格局的调整，因而遇到的各种阻力越大。除了来自利益格局的阻力外，在加强宏观调控的经济调整期，不稳定因素增多，又使改革受到制约。可见，在改革进程中客观上存在一种维持现有双重体制的惰性力量，后者会使改革步履维艰，难以深化。因此，人们应该研究一种使阻力尽可能减弱的改革方式并创造条件，不失时机地推进这种社会可承受的改革。具体地说，要使群众在改革中获得实惠而尽可能减少其蒙受的损失。

第三，国有企业的改革，是当前改革的重点和难点。这一改革要经历起步、发展、体制相持、改革演化等一系列阶段。企业是旧计划体制的主要载体，是构建新体制的突破口，是新旧两种体制矛盾集中表现的场所。在整个企业改革过程之中，都存在着两种体制的矛盾和摩擦，人们应争取尽可能地减少企业改革的摩擦成本，以便顺利地推进企业改革。

第四，在企业改革中如何避免两种体制"相持"和打破"胶着"，使改革得以步步向前推进，是一个关系改革能否顺利发展，甚至关系改革成败的重大问题。为此，企业改革要有明确目标，要有步骤，由浅层次到深层次有序地向前推进，避免走走停停，出现那种改革推不进，难以深化的状况。此外，企业改革也要避免走弯路，搞歪了事后又来纠正，交付很高学费。

第五，要实行企业改革为中心和其他改革相配套，使各个环节的改革互相协调、促进，减少互相掣肘，从而从总体上减少改革过程中的摩擦成本。由于我国的条条分割、条块分割的行政管理体制，决策权力分散，利益多元，难以统一意志，统一步伐，难以推进各种配套的改革，为此，要对改革实行强有力的领导，切实树立中央的权威，对我国改革进行统一规划，统一步伐，使改革真正做到整体推进。

第六，要实行重点突破，带动相关环节，形成整体推动。重点突破，就要选好突破口，国有企业改革无疑是整个体制改革的突破口，但是突破口还应根据不同时期的情况和条件变化加以具体化。

第七，要处理好改革的渐进与"激进"的关系。要坚持处理好改革、发展与稳定的关系，既要坚持保持稳定，但又要力求深化改革。要看到改革过程中存在着阻力加大，从而出现新旧体制互相克制的"胶着""摩擦"的趋势；长期"稳而不进"就会带来摩擦成本的增大，甚至还有可能出现改革的逆退。因此，要为深化和加速改革创造条件，特别要审时度势，掌握好改革力度，在环境许可的限度内增大改革力度，不失时机地把改革推向前进。

第八，改革要依靠群众。改革要实行自上而下的指导，当前要进行符合市场经济规律的规范化改革，而不能"乱改"。但是，构建社会主义市场体制仍然需要在实践中不断进行探索，而不可能是按照某种尚未经过实践充分验证的"规章""循规蹈矩"地发展。改革总是发起于基层，群众是搞改革的主体，依靠群众，充分调动群众在改革中的积极性、创造性和首创精神，才能使改革不断获得新的势头。

稳步实行国有企业的公司化改造①

1994年整体推进的改革取得很大成效，国有企业的改革正在深化，但企业也面临着许多新问题，在治理通货膨胀中企业的困难还在增大，由于面对各种制约因素的阻力，企业改革处于欲前而难进的胶着状态。这种状况的出现，是改革迈向深层次阶段难以避免的。当前，改革处于关键时期，企业改革是全面改革的中心环节，加快企业改革的步伐迫不及待，改革的目标不可动摇，在理论上加深对企业改革的目标——建立现代企业制度的认识，更是十分必要。

一、公司企业是市场经济的微观主体的基本形式

任何一种社会经济形态，都有其特定的微观主体组织结构。其构成要素是：（1）企业组织形式；（2）财产组织制度；（3）内部管理制度等。由于财产组织制度涉及主体的权、责、利，关系企业的运行机制，因而它是微观主体组织结构的制度基础。微观主体组织结构形

---

① 写于1994年10月。

成于一定的所有制之上,但是它直接地决定于社会经济活动组织与运行方式,并适应于社会经济活动的组织与运行方式的变化而变化。微观主体组织的调整、发展和完善,不仅使生产要素更合理组织,提高活动效率,而且改进了国民经济运行。

市场经济建立在一个个商品生产者的独立经营的基础之上,它需要有一种形成和发挥市场机制作用的微观主体。这就是:生产者与经营者独立营运,即实行自主经营、自负盈亏、自我发展、自我约束。主体对市场反应的高度灵敏性和行为的合理性是市场主体的本质特征。具有上述特点的微观主体,是营运资本以获取盈利的企业。在市场经济中企业产生于主体间自愿缔结的契约,但是它是一种受到政府法律的认可和约束的"规范化的契约"。根据发起人的具体条件,而具有独资企业、合伙企业、公司企业、合作企业等形式。市场经济是具有高度竞争性和充满风险的经济,这种强有力的和严酷的市场机制要求塑造出能与之相适应的主体,因而推动着主体的组织结构的完善和制度的创新。人们可以看到,在资本主义国家近两百年来的经济发展中,适应于新情况和新的需要,各类企业当事人的权、责、利,各种内部关系、外部关系都在进行调整,使企业在组织上更加完善,分工更加合理,在主体能力上更加强化,对市场变化的适应性更加增强,运行更加灵活。公司企业的产生,就体现了这种企业组织的调整和创新。

在商品经济还处在不发达阶段,市场发育尚未成熟,市场主要是地方性市场的条件下,企业主要依靠个人资金,进行家庭、作坊式小生产,与此相适应的是个人独资企业,或者合伙企业,这种企业的财产结构的特征是:(1)主体是自然人;(2)所有权与经营权合一,独资企业由所有者经营,合伙人则拥有共同管理权;(3)承担无限责任。在社会化大生产加快发展的情况下，独资、合伙企业主体资本含量的有限性和生产社会化的矛盾日益鲜明，这样就促使公司企业的产生。这就是独资的小业主或合伙人，进一步扩大主体范围，广泛吸收投资者，形成一种新的企业组织与运作形式——公司，包括有限责任、无限责任、两合、股份有限公司等形式。随着市场经济的进一步发展成熟，有限责任公司，特别是股份有限公司在经济生活中占据支配地位，它们是典型的现代企业组织形式。

公司是一种"资合组织"。其特征是：（1）主体的多元化，公司实行多个出资人，从而克服独资、合伙企业个人资金含量小的局限性，和由此获得使用大规模的社会资金的能力；（2）所有权与经营权相分离的法人财产权构架。第一，公司既然有多数出资人，如果出资人有权任意撤回其资本或者因出资人的死亡、迁移等原因而抽资，那么企业就随时随地处在不稳定状态，因此，人们必须实行企业法人整体财产权以限制出资人的所有权。第二，在存在多数甚至大量所有者情况下，所有者直接经营将不可行。第三，为了发挥现代管理的功能，必须在法人治理机构下，实行经营权交付给企业，公司的营运由经营者行使。基于以上三个要求实行两权分离，即分开出资人所有权与法人财产权。法人所有权实质上是实际支配权或经营权，公司把实际支配权从出资人的所有权中分化出来，在"公司财产权"形式下独立化，使之成为法定的归公司支配的"法人财产"。第四，企业的行使法人财产权要通过法人治理机构的运作机制。法人治理机构是一个包括股东代表大会、董事会、监事会、总经理的组织系统，它的运行起着所有者（股东）、所有者代表（董事）、直接经营者（经理）之间的意向的表示与协调，发挥着所有权人与经营权人的相互制衡，起着既维护出资人的终极所有权，又保证企业法人财产权（实际支配权）的作用。法人治理机构及其正常运作，是两权分离的法人财产制度的组织保证。

总之，法人财产制度是现代公司企业制度的核心构架，股份有限公司中赖有这一制度的建立，增加了主体数量，扩大了公司资本含量，保障了主体利益，又保证了企业经济独立、决策敏捷、运作灵活，从而使公司这一庞大的"资合"组织，避免了内部利益冲突、互相掣肘和运转不灵。因为，公司把众多所有者聚集与黏合在一起实现资金联合化，把所有者和经营者分开，所有者、所有者代表、管理者之间实行合理分工，各有其责、权、益，各司其职，从而使企业在经济结构上适应现代市场经营的需要。这正是公司企业，特别是股份有限公司获得大发展，成为当代市场经济中企业的典型形式的原因之所在。

企业组织形式的调整是不断发生的。20世纪以来，公司企业在其组织结构上和运行方式上又有新的发展，它包括职工持股和资本的社会化。不仅公司企业有发展，独资企业也适应市场经济的需要而进行调整，例如20世纪末发达资本主义国家一些独资企业采取独资公司的形式。可见，企业、现代企业、现代公司企业各有其不同的内涵。而我们讲的现代企业制度，是指公司企业。

以上阐述，旨在说明现代公司企业及其组织构造不是资产者的私人利益偏好的产物，也不是根据西方产权经济学说而生造出来的，而是由于主体的自发演化，是为了克服企业组织与市场经济的矛盾和不适应而实现的一次制度的创新。这一组织演化和制度创新，使微观主体的企业营运更加适应于现代市场经济的需要。当然，这种制度的演变和创新，也受到资本主义基本制度的制约和带有"制度烙印"，但其中毕竟也体现了市场经济的一般规律。因而，我们应该充分研究和发掘企业公司化演进中所体现的组织结构完善与制度创新的规律，并积极加以利用，而不能把它视为"姓资"和与社会主义市场经济格格不入的东西。

二、构建法人财产权，建立现代公司企业是国有企业改革的方向

（一）传统的国有企业是计划经济的产物

传统企业的主要特征是：（1）政企不分，企业成为行政管理机构的附庸；（2）国家所有权与企业经营权不分，企业缺乏法人财产制度。这种国有企业制度使企业不可能拥有适应市场而独立运行的市场主体行为。可见，要构建社会主义市场经济的微观主体，必须针对国有企业的根本弊端，在要害上开刀，这就要做到以下两条：彻底实行政企分开，使企业成为适应市场、自主决策、独立运作、自负盈亏的"真正的企业"；深入进行产权制度改革，建立能维护国家所有，又能保证企业独立经营的产权制度。

（二）社会主义制度下主体产权是一个客观实在

产权不是一个生造的词，也不是赶时髦而从外国牵强附会移植进来的，主体产权从来是一种现实经济中的客观存在，是经济主体在运用资产中的权力、利益并由此承担一定责任。在交换高度发展，经济活动空前复杂的市场经济中，主体产权不仅越加发展，而且越加重要，并且越加法制化，成为经济运行的财产基础。在社会主义市场经济中，政府、各类企业、个人都以经济主体——出资者、经营者、买主、债权人等——身份参与经济活动与市场交换，这些多种多样的市场主体，享有对其营运的资产的权、益和分担不同责任，因而，主体

产权仍然是一个客观存在。就个人来说，作为消费者，他对其支配的消费品拥有所有权；个人也是投资者，对他持有的股票、债券等金融资产拥有所有权。国有企业也因其采取不同的形式——独资，有限责任公司，股份有限公司——而拥有不同的产权结构。应该看到市场体制下，有效落实和清楚界定产权，是主体得以成为一个真正经营主体，企业成为真正的企业和表现出合理行为的必要条件。

市场经济中的国有企业，是一个独立的商品生产者与经营者，它实行自主经营、自负盈亏、自行发展、自我约束，它必须有能够保证独立经营的产权结构。《决定》提出，国有企业是出资人拥有所有权，企业拥有法人财产权的经济实体和市场主体，这就把握住了市场经济中的企业的深层结构，即其产权制度，揭示了市场经济中企业特别是大企业的本质特征。

（三）产权制度的缺陷是传统国有企业的根本弊端

国有企业当前存在着三个1/3或者4：4：2的情况使人担忧。企业的困难，既有宏观环境的原因，又有内部原因。具体来说，国有企业存在许多重大问题：（1）自主权未落实；（2）包袱重；（3）债务重；（4）组织不合理——大而全、小而全；（5）管理上的缺点。其根本弊端是机制不灵活。但是基于外因与内因的关系，内因是决定性的，内因中表层因素——生产管理、劳动组织、成本核算等——与深层因素，深层因素是决定性的，基于此，国有企业机制不灵活就成为企业最根本的弊端，而转换机制就成为企业改革的主要目标。我们还需要强调指出的是：正如理论表明，企业机制决定于企业制度，首先要改革和完善产权制度。企业改革已进行十多年，人们不断呼唤搞活企业，也不断采取措施如扩权让利，经营承包，近年来大力进行落实

"企业法""转换机制"，但国有企业总体上仍未活起来，原因何在？关键在于未抓住解决好企业深层次结构——产权制度的改革，而这又是由于人们未能从市场经济中的企业制度的高度，来认识传统国有企业，来发现和把握其根本缺陷。当前加强宏观调控下，宏观环境的不良，很大一部分国有企业陷于困难境地，增长放慢，而非国有部分却保持高速增长，这再一次暴露了国有企业的缺乏适应性和应变能力的机制上的缺陷。国有企业有多种"弊病"，我们不应找错主要原因，看不见产权制度的缺陷，绕过产权搞企业改革，只能是治丝益棼。

（四）《中共中央关于建立社会主义市场经济体制若干问题的决定》指出要通过构建法人财产制度，建立现代公司企业，来实现机制转换，这是进行国有企业改革的一个新思路和新做法

这一思路和做法抓住了要害，是搞活国有企业的一剂科学的药方。基于这一思路，我国国有企业，除了大量的小企业（小商业企业、小工业企业）可以实行包、租、卖，走民营化道路而外，多数国有企业，特别是大中型企业，要走公司化改革的道路。公司化是多样形式的，不是都搞股份有限责任公司，一部分企业要搞独资公司，但多数国有企业要组建成有限公司，而一些重点的企业则应组建为股份有限公司。

公司化改组，关键是搞好法人财产制度的构建。第一，确立企业的法人地位；第二，实行国家拥有所有权，企业拥有实际支配权，把两权彻底分开的财产权框架；第三，实行产权多元化，把单一的国有产权转变为多元化的——多种所有制的和各种公有单位（企业机构、基金会）支配的——主体产权；第四，实行产权流动化，使企业产权以商品形式进入市场流通。建立上述企业财产制度，要进行清资核产，解决好企业债务，落实资本金等一系列基础工作，然后进行股份制的改造。这是一项十分复杂的系统工程，它涉及企业内外复杂关系的调整，是一场全面的改革和制度创新。当然，这项工作不可能一蹴而就，必然会遇到许多矛盾，必须要克服模式转换期的各种困难。

（五）构建法人财产制度的难点与主要制约因素

就当前建立现代化企业制度的实践来看，主要的问题和困难是两权难以真正分开，企业法人财产权难以形成，其主要原因有：

第一，政府改革滞后，行政部门对企业的干预即政企不分问题难以根治。法人财产权的要旨在于把出资人即国家形成的企业财产的实际支配权，从政府手中解脱出来转交给企业，为此，要求政府主管部门切实对企业放权，作为所有者代表的政府（具体地说是有关上级管理机构）不再干预企业的日常生产与经营活动。政府不再干预企业，前提是搞好政府职能转换，有关主管部门原有的一些管理权要取消，"还权"于企业，要公开宣告全部企业财产，即出资人投入形成的资本金、企业积累以及企业负债形成的资产归企业独立支配。政府其他管理职能要转移出来，例如转交给行业协会，以及其他中介组织去行使。在实行政府原有管理权萎缩的同时，要强化其宏观调控的职能，但主要是通过间接的方法，而不是使用原来的行政管理方法。政府职能的转换要同精简机构结合进行。总之，加快政府改革，包括必要的搬神拆庙，解除"权中梗"，才能真正实现把政企分开，彻底解决政府插手企业微观活动、法人地位落实不了、法人财产权行使不了的现状。

第二，所有者主体缺位难以解决好，企业内部的主体互相制衡的机制未能建立。所有权和经营权既可以分离，但又必须相统一。法人财产权是企业独立支配权，也可简称经营权。企业所以能获得由出资人赋予的独立支配权，在于公司有一个极其精致的，能行使所有者（股东）、所有者代表（董事）和经营者（总经理）三者的权能互相制衡的机制，借助这一机制，出资人对经营者大胆放权，听任总经理组织经营活动，又保持所有者的监控（对经营的方针大政），使经营充分独立而又不"失控"，在权力向经营者倾斜中又使所有权获得有效保障。

国有企业实行公司化和财产的法人化（支配权从所有权中分化出来和赋予企业），无疑不是财产的集体化（即实行企业所有），更不是实行私有化即将企业财产打散，在股权形式下全部出售给本厂职工和社会成员。因而，向企业交权，实行经营独立必须以维护所有者权益为前提。而这种国有资产权益的维护，又不能采取传统的国有国营，即国有资产的政府行政权力管理方式，只能采取经济的方法。具体地说，出资人要选好经营者，特别是要借助所有者以董事身份，直接参与法人治理机构，实行表意，投票表决，从而实现所有权人与经营权人意向的相协调，和实现所有者对经营者主持的活动的控制与监督。可见，财产支配权的分化与独立化，关键在于形成一种所有者能切实在企业内发挥其权能的机制，这种机制可以简称为"所有主体在位"。就我国多数股份公司的实际运作来看，由于企业资本结构还不合理，多元产权结构尚未形成，"三会一总制"尚未健全，董事长不是由股东会选出，董事会还未能正常运行，董事长和总经理的关系尚未理清。在一片权力归企业中，出现经理——经营者的权力不受所有者的约束，而董事会也难以代表出资人——难以代表主要出资人进行表意和实行控制。因而，在实行股份制下，实际上又出现新的所有者"主体缺位"，它表明法人治理机构和机制的不健全。许多企业在公司化中出现各种各样的国有资产"流失"现象，与这种所有者"主体缺位"密切相关。在出现经营者权力不受约束，经营权与所有权间完全"脱钩"的情况下，为了维护所有权，国家又不得不通过现有行政管理体制，利用传统行政方法，对经营者行为进行约束。这也就是政府职能难以转换，对企业的干预难以杜绝，政企难以真正分开的一项深层原因。

可见，我国国有企业产权制度改革的矛盾是企业法人财产权的建立，迫切需要加快政府管理改革，实现政府管理方式与职能的转换，而政府职能能否加快转换，又迫切需要企业的法人财产制度的健全和法人治理机构的健全。这种矛盾，乍看使人困惑，但是它却是企业由计划体制转上市场体制初期难以避免的。上述矛盾，并非是"走不出的怪圈"，它要求我们在公司化改组中，着眼于规范化、制度化，搞好产权的法人化、多元化、流动化，特别要解决好所有者"主体缺位"，搞好所有者、经营权相互制衡的法人治理机构的构建和运行。归结起来，我们应该以搞好规范化的企业产权制度改革为先导，同时大力进行各种配套改革和政府管理的改革。

总之，国有企业的改革，产权制度的改革是不可回避的，要集中力量，搞好企业法人财产制度的构建，以及企业内部管理制度和企业组织的改革。通过制度创新，彻底转换机制，这是搞活搞好国有企业的必由之路。

市场经济与价格机制的资源配置功能①

市场经济是由价格机制作为基本调节器的经济。在那里，价格信息起经济导向作用，一个个独立的企业根据市场价格信息，独立自主地进行生产、营销决策。经济的运行表现为价格变动→供求变动、供求变化→价格变动的不绝的双向运动，而在均衡价格形成时，也就实现了产品供求的均衡。市场经济就是借助于市场竞争听任这种价格→供求、供求→价格机制发挥作用，在均衡价格形成中来配置资源的经济组织和运行方式。

一、市场竞争与均衡价格的形成

我们有必要进一步分析上述价格导向的经济自动调整与自动均衡的机制。

---

① 写于1995年，本篇为节选。

（一）部门内的竞争均衡价格的形成

我们先分析一个单一产品生产即部门内的生产均衡，假定在某一时间和某一特定市场上，某一牌号的香烟价格每包为10元，在这一价格下需求量为1000万包，而供给量只有800万包，这种供求不平衡的状况所形成的价格是短暂的和极不稳定的。由于需求大于供给，必然导致价格上涨，假定价格上涨为每包烟12元，这时由于价格上涨，一方面引起需求减少，另一方面由于价格利大会促使企业生产扩大供给增加，正是这种价格的导向自动地调整了供求而实现均衡，那么12元就是需求和供给相均衡时的价格，即均衡价格。均衡价格可以是该种产品大多数企业在正常条件下（或中等生产条件）下，能获得正常利润的价格。

（二）部门间的竞争与均衡价格的形成

市场经济中的竞争，不仅是同一商品的生产者之间的竞争，而且是各行各业的众多不同部门的不同商品生产者之间的竞争，商品的均衡价格是在这种不同部门之间的，众多生产者之间的竞争中最终形成的。不同部门生产不同的产品，它们之间互相竞争是为了取得更大的利益，如果A种产品供不应求，价格利大，它的生产者获得的利润率超过了平均利润（即正常利益），这时从事B、C等产品的生产者的资金等就会向这一部门转移，生产的扩大，供给增加，价格下降，利润率下降到平均利润率；反之，如果A种产品供过于求，价格低利润小甚至亏损，从事A种产品的生产者就会将资金转移到其他能获得更大利润的部门，由于生产的缩减，供给减少，价格上升，利润率上升到平均利润率。这种资金在不同部门，不同产品之间的流入流出和不同产品价格的变动，最终会均衡于一定点，从而形成均衡价格，均衡价格使不同产品的生产者均获得平均利润率，使资源的配置达到最优状态。

二、市场经济的均衡的特点

（一）价格机制作用下自发性的均衡

市场经济中的经济均衡，是借助于市场机制作用而实现的。在那里，借助于价格信息的导向作用，借助于微观主体的高度的积极性和对市场的灵活反应能力，形成了价格机制对主体活动的启动、激励、淘汰、约束、调整功能，有效地实现市场调节微观活动和资源配置。对市场机制的自发性经济均衡作用，亚当·斯密早已予以高度评价，称之为"看不见的手"。但是在计划体制实行的情况下，人们也曾经尽其能事地贬低自发性的市场作用，即使是那些看到市场作用的经济学家，最初也是提出一种"自觉地利用市场"的方法。

在社会主义经济学说中，兰格曾经提出模拟市场的理论，这就是：假定人们能弄清各类商品的需求弹性，由此确定各类商品A、B、C…Z的方程式，那么，借助于求解一系列联立方程式，人们就可以寻找出各类商品的生产均衡点，即对各类商品的生产者来说的效益最佳的生产量与价格。因而似乎社会主义计划机关，借助于计算和"试错法"，找出生产的均衡点，就可以用计划来安排各个产业、行业、企业的一切生产，实现一个"有计划的经济均衡"。但是社会主义计划经济的理论与实践，以及改进计划机制的实践表明，计划机关不仅不可能实现一个最佳的经济均衡，恰恰相反，计划只能不断地带来失衡。

市场经济的实践及其理论研究表明，市场的自发性作用和资源配置优化并不是互不相容的，恰恰相反，借助于利益机制，借助于主体自主决策，借助于企业（个人）自发性适应市场的机制，以及有效的宏观调控，人们倒是可以做到使各种各样品类纷繁的生产的供求相适应、效益最大、成本最低的经济均衡。问题在于，要基于市场经济的本性去把握经济均衡的性质。这是借助市场价格机制而实现的均衡，它不是由计划为主要杠杆，而以千百万生产者根据价格信息进行自主决策和自我调整为基础；是在不均衡中经济市场价格机制的调整（政府的宏观调控主要也体现于价格机制之中），而形成新的均衡势态；它不是静态的，而是动态的均衡，是在经常的比例偏离中实现的比例性，是包括有发展盲目性、非比例性，即表现为景气循环形式的在运动中实现的经济均衡。

三、市场以有限的市场信息为基础的经济均衡

在市场经济中，生产者根据与它的生产经营有关的有限的市场参数进行自主决策。生产水泥的厂商，只根据水泥市价、电力煤炭成本、工资成本，以及水泥代用品等少数因素，或者根据建筑业的景气走向，和由此得出的利润预期就可以做出生产水泥的决策。事实上，影响水泥涨价的，不只是建筑的兴旺，还有许多因素如水泥出口市场，世界建筑业的情况，等等，但是市场经济中生产者的自主决策无须了解这一系列相关因素，厂商只是根据他了解的事实，有限的市场参数，结合企业的微观因素，通过成本、利润率的核算，就可以做出生产决策。这种依靠市场参数而进行自主决策，使企业能及时对市场作出反应，使微观活动具有高度灵活性，这也是市场得以有效发挥引导，调节经济的作用的根本原因。反之，计划经济的政府集中决策，需要有大量参数的收集，从而使决策缓慢，反应迟钝。特别是由政府实行微观决策，政府需要了解整个国民经济总体活动情况，更要了解

生产水泥的这一生产企业的情况，政府决策前需要求解极其复杂的联立方程式，这种需要收集几乎无限参数，和求解极大量联立方程式的困难，使政府要做出正确的微观决策是十分困难的，要对一切微观活动进行决策几乎是不可能实现的。

四、作为结果的经济均衡

市场经济中的经济均衡，不是存在于微观决策之初和经济活动的起点，而是存在于价格变动启动的企业自我调整之后，是作为企业在市场中游泳后和自我校正之后的终点的均衡。在市场经济中，企业的初始活动是根据有限的市场参数而由甲企业做出的，甲根据现有市场参数A、B、C、D而做出决策，形成新的市场参数E，这一变动了的市场参数（A、B、C、D、E），又引起乙企业的决策和形成新的市场参数F…，由此各个生产者的决策，及其带来的市场变化，又起着信息作用，它诱导和启动一系列生产者活动的调整，而终于形成A、B、C、D、E、F……这一决策，来代表企业间的相对均衡状态和均衡价格。

可见，市场经济的运行中，依靠（1）反映供求的市场价格变动→（2）企业的独立决策和自我调整→（3）均衡价格的形成，以上三者构成市场经济均衡的内在机制。具体地说：根据正确地反映市场状况的价格变动，一个个厂商进行生产决策和调整，通过一系列不断的日常的小调整，最终实现某种体现资源合理使用的相对的经济均衡。均衡形成于企业自我调整之后，它表明调整之前，确切地说完成最终调整之前的经济活动的非均衡性的存在，这也表明，厂商（个人）的不断的活动的自我调整，对于市场经济来说，是最为重要的。厂商（个人）行为的调整，带来和实现结构（产品、企业、产业）的调整和总

量的变动，最终实现结构的均衡和总量的均衡。因而，保证主体适应
市场的自主决策和自我调整，就成为市场经济顺利运行和资源优化配
置的根本条件。

五、短期的均衡

市场经济中的企业以盈利极大化为目标，激烈的竞争和营运的困
难，使企业往往更多地着眼于和追求短期利益，而缺乏充分的长远打
算。例如企业不是从社会的进步、公众的最大福利来选择和创造富有
社会效益的产品，推进技术进步，优化生态环境，把企业的盈利目标
和社会福利相结合，而多半是做出单纯以短期盈利极大化为目标的决
策。在这种行为动机下，即使竞争较为充分和"完全"，市场机制也
只能实现以现有技术水准为基础的，具有有限度的"合理性"的产业
结构和资源配置，而不能导致以长远技术进步出发的，最有利于效率
的提高的，最优的资源配置。正是因此，市场能导向和实现某种短期
均衡，但不可能有效导向和实现长期均衡，人们可以看到市场经济可
以创造一个以中小企业为基础的经济繁荣，但是它却难以引导资本投
入那些投资大，建设周期长，风险大的基础产业，新兴科技领域，从
而使经济出现产业结构低畸化，带来技术进步缓慢和产业升级的缓慢
等不良后果。

六、实现经济均衡的完全竞争机制

市场机制的发挥合理的资源配置作用，市场合理配置资源的条
件，其前提是：准确反映市场供求状况的价格变动机制，和企业适应

价格灵活地进行自我调整机制，前者是最及时、最充分的供求—价格变动；后者是最及时、最充分的价格—企业生产调整，市场不是在任何情况下都能实现这种价格调整与生产调整的及时性、充分性的，要能实现这种有效的调整，必须是一种完全竞争市场。

完全竞争指的是：（1）产品具有同质性。典型的同质性产品是小麦，无论它生产于何处，它都是同一类别，具有同质性的产品，生产者之间也由此进行充分完全的竞争，手工艺品有的是出于名工匠之手的精雕，有的是一般人的雕刻，产品不具有同质性，这种产品的市场竞争，不具有充分完全的性质，依靠消费者的偏好，例如收藏者对艺术精品的渴求，而以垄断高价售出。（2）大量厂商的存在和相互之间实行公平竞争。大量厂商的存在，人们不能形成垄断性价格的协议，它意味着个别厂商的行为不能左右价格的形成，从而价格变动充分地和不受干扰地反映供求状况。（3）市场充分发育，生产要素的全面流动。在资金、技术等生产要素的获取，厂商之间都处于一种平等的地位，没有厚此薄彼，不存在个别厂商在占有与利用生产条件上的垄断地位。（4）流通硬件的完善，即交通设施的完备化和现代化。（5）信息的充分无阻的提供。无论是生产者还是消费者都能掌握有关，投资、市场等的充分的信息。

以上五个方面，（1）使厂商提供的产品在市场销售中处于在平等的地位，面对着同等的销售条件，经受消费者的平等选择，真正形成品优，销路好，价格高；而品劣则销路差，价格低。（2）使厂商真正能平等获得各种生产要素，进行及时的自我调整，从而形成一种生产者互相争取产品适销和成本降低的竞争势态，从而使产品生产均衡于最低平均成本。（3）由于各种产品生产领域厂商可以自由进入，资本可以在各个不同行业、产业间流进流出，这样的不同产品，不同行业，不同产业间的竞争，最终形成一般地均衡价格和一般均衡价格基础上的行业间的生产均衡，这就类似帕累托的"最优"。

争取实现上述完全的竞争，那么，人们就能依靠市场力量实现资源配置的最优化，即以最少的费用取得最大的产出，实现最大的效用。

有关社会主义市场经济若干理论问题[①]

一、市场经济及其机制

（一）什么是市场经济

广义地说，市场经济就是商品经济，因为商品就是为了市场交换的产品，任何商品经济中，市场起主要作用，是由市场来联系或协调产、供、销，调节经济活动，因此，列宁在许多论述中使用"市场经济"来代替商品经济[②]。狭义地说，真正的市场经济，就是社会化大生产条件下的商品经济，是市场充分发育，有完备的市场体系，市场机制的调节功能得到充分发挥，成为基本调节器的商品经济，是"一切跟着市场团团转"，由市场来引导调节的发达的商品经济。因此，市场是协调经济活动的基本力量。

商品经济即是生产品表现为商品的经济，也即是商品是为了交换的产品，商品经济是人们进行生产，不是为了使用价值，而是为了获

---

① 写于1995年。

② 《列宁全集》第10卷，人民出版社，1958年，第407页。

得交换价值的经济，是生产者的产品表现为市场交换对象的经济。

个体农民养的鸡、猪作为商品进入市场交换，这就是小商品经济。

商品经济离不开市场，任何商品经济，从小商品经济到当代发达的商品经济，都有其市场；但是市场的状况、结构、市场发育程度、市场作用大小是有不同的。大体说市场结构有简单复杂的区别，在经济生活中市场调节作用有强弱的区别。在商品经济的萌芽期，个体农民与手工业者的小商品经济的阶段，市场范围有限，市场结构较为单纯，市场的作用是较弱的，农民离不开市场也离得开市场，而在发达商品经济阶段，市场范围不断扩大，市场结构更加复杂，市场作用更强。

（二）现代商品经济中市场作用愈发突出

市场化程度深入：一切物质、精神产品成为市场交换对象。精神产品，科技（艺术），产权，信息，金融产品，一切生产要素均在国内国际市场范围流通。

市场调节作用更强：价格对生产、交换、消费调节作用大大增强。金融市场、商品市场的价格变动，影响着企业活动与经济全局，股市下跌企业利润与国民经济预期下跌，甚至诱发企业、银行破产。因而企业盯住市场，老百姓盯着股市，因为市场有对经济全局引导、驱动、调节作用。

市场日益成为经济活动的中心、心脏，"牵一发而动全身，变一价而动全局"这种经济关系和经济运行，表明市场成为最重要的范畴。

马克思基于货币作用突出，称资本主义为货币经济，今天，我们有理由称现代商品经济为市场经济。

归根到底，狭义的商品经济和市场经济概念是两个不同层次，商品经济概念是一般，市场经济是其具体化，因而，市场经济这一概念，就更能反映现代商品经济的特征。

（三）市场经济的两个基本要素

1. 实行分散决策

企业有独立的决策权，是有自身经济利益的微观组织，而企业拥有独立决策权，是市场经济的重要特征。市场经济条件下，企业根据市场价格而做出生产什么，生产多少的决定，做出投资方向、投资数量的抉择。市场经济也就是由千千万万个企业进行分散决策的经济——是分权制经济模式。市场经济就是无数个的企业适应市场独立自主决策下的经济活动的总和，它和传统计划经济实行集中决策，由中央计划决定企业活动，形成鲜明的对比。

2. 市场机制起调节作用

具体地说，价格机制起调节作用：价高，企业停产；价低，企业减产。价格机制调节着生产和需求，调节产品结构、行业结构、产业结构，因而调节机制或价格机制是决定结构活动，协调经济的基本力量和基本杠杆。

由于企业是拥有自主权，有自身利益的经济实体，企业活动的直接目标是商业性的，是利润，而且是追求利润极大化。由于市场价格与企业的经济利益相关，对企业来说价格是影响行为的信息，企业出于对自身利益的关心，必然要对市场价格做出灵敏的反应，从而形成价格——供求变动，投资变动的机制，即市场经济的基本机制。

可见，市场经济，也就是价格信息经济，市场上的价格信息，起着指导决定企业决策的作用，这是由市场力量——价格——配置资源的经济。

（四）市场经济是一种经济的运行方式，而不是指社会经济制度

可以这样说：市场经济是由市场机制来启动和调节的，是以市场机制为基本调节器的经济；市场经济是由政府或其他社会中心制订的计划来启动和调节的，按照计划来进行的就是计划经济。前者是企业分散决策的经济，后者是政府集中决策的经济。前者是价格→企业活动与国民经济活动，后者是计划→企业活动与国民经济活动。前者是以市场参数（价格、利息）引导企业活动，后者是以计划直接决定企业活动。

因而，市场经济是企业主导型，在国民经济运行中，企业起主导作用，其机制是，市场价格机制起决定配置资源的作用。企业是居于经济的中心地位（"为本"），政府作用立足于企业，服务于企业，主要职能是维护主体的合法权利，充当市场竞争规则的裁判；制定调节宏观经济的政策，引导调节微观企业活动。它不同于传统计划经济，后者是政府主导型经济，它的机制是：用行政命令，以指令性计划配置资源，政府居于中心地位，政府（国家）既是财产所有者，又是企业直接的管理者，它作决策，而且直接干预微观活动；企业从属于政府，服务于政府，后者的典型是社会主义传统计划经济模式，当然，资本主义国家一定时期（战时）也采取过这种集中决策模式。

基于上述，我们讲的计划经济与市场经济，是一种国民经济运行方式：不能将经济运行方式与基本制度混为一谈。原来我们都讲计划经济是社会主义制度的特征，一些西方经济学家，也将"市场经济"等同于资本主义制度，但这种观念是不正确的。

（五）市场经济不是凝固不变的，而是经历了一个由萌芽，到发展、成熟，高度成熟的历史演进

就广义来讲的最早的市场经济，是小商品经济，是以私有制为基础。它是市场经济的萌芽形式，其特点是：市场刚刚产生，还不发达，形式简单，其调节作用还较为微弱。

以资本主义私有制为基础的资本主义经济是典型的、发达的市场经济。资本主义的国民经济是由"看不见的手"来调节的，这见于19世纪自由资本主义时期，政府对经济不进行管理调控，而只是维持经济秩序，充当"守夜人"，市场成为唯一调节器，这是纯市场经济，马克思、恩格斯论述的资本主义生产的"无政府状态"，"自发的"运行，反映了这一阶段的特征。

当代高度发达的市场经济，其特征是市场体系的进一步完备，市场作用进一步增强，市场外延的发展——国际市场经济的出现，其表现是：国际市场的成熟发展，生产要素，首先是资本，在国际范围的自由流动，市场灵活地在国际范围配置资源。例如有调控（包括引进计划）的现代市场经济。当代资本主义商品经济，以其生产社会化的高度发展，要求生产的比例性和运行的"有秩序性"，而市场机制难以有效实现"有秩序性"。因为资本主义基本矛盾难以根本解决；市场机制借不实现而实现的本性；两者的合力，导致周期性的经济危机，因而1929~1933年大危机后，政府宏观调控机制被引入资本主义市场经济中。这样资本主义市场经济，不仅使企业内部微观活动有组织和有计划，而在实行政府调控的当代现代化商品经济，采取"计划"措施，建立了计划机构，编制各种范围的计划，指导性计划实质是"预测"。对局部领域如农业等，一定条件下甚至采取指令性计划。资本主义国家的各种程度不同的计划调节，多半是范围有限的，使用

经济杠杆的，计划性较弱，可见，如果人们不带偏见地考察当代资本主义的实际，应该认识到现代市场经济中已经不是纯市场调节的经济，而已经引入和拥有某种程度、范围的计划机制，而且在战时，资本主义国家，特别是德、意，也会采取中央计划方式，从而出现政府控制的命令经济。

二、引进了市场的社会主义经济

传统的社会主义计划经济，是排斥市场和市场经济的。在十月革命后的苏联社会主义，此后二战后的各国社会主义，则是采用了一种以公有制为基础的，产品型的，无所不包的，以行政命令为手段的计划经济，1949年南斯拉夫实行了市场社会主义的改革，迄至20世纪80年代中国、苏联，各国的改革都是以引进市场调节为特征，社会主义国家的改革思想早期是不搞纯的计划经济，而是实行引入了市场的计划经济，或是实行有计划的市场经济，我国十年改革成功地引进市场机制，改革计划体制，效果很好，发展完善了社会主义。

以上历史考察表明：

市场经济是一个由内涵广泛，可包涵个体所有制、资本主义所有制、社会主义公有制的概念。计划经济不等于资本主义，资本主义也有计划；市场经济不等于资本主义，社会主义也有市场，计划和市场都是经济手段。具体地说，都是经济组织、启动、调节的手段，"计划多一点还是市场多一点，不是社会主义与资本主义的本质区别"。

马克思用以区分五种社会经济形态的标志，是生产资料的所有制。社会主义与资本主义的本质差别只能在所有制与基本分配制度中去找，即是否公有制，是否实行共同富裕。而经济运行方式的概念内

涵不同于所有制，不能把经济运行方式作为区分经济"制度"的标
志，比如德国法西斯1935年上台后，战争时期，实行有相当计划性的
国家统治的经济，经济学说上称为中央集中决策经济，但它并不是
"社会主义"，而南斯拉夫多年取消中央计划实行分散决策的市场经
济，不等于它实行的是资本主义。我国农村实行粮价放开后，取消定
购物价，实行市场价不等于是资本主义。

因而，对社会主义条件下搞市场经济，人们不必有姓"资"姓
"社"的疑虑和担心，但实际上市场经济与计划经济本身体现"资"
与"社"的区别，何况我们提"社会主义市场经济"，就是明确规定
姓"社"，即坚持以公有制为基础，这就更与西方国家市场经济划清
了界限。这个界限还是要划的。

三、实行市场经济的利与弊

社会主义市场经济的概念，是对传统计划经济体制的理论与实践
进行深入研究，是对两种体制的优点、缺点进行了对比的基础上提出
的，是一种深思熟虑的抉择。

传统的计划体制是特定的历史条件的产物，当然也有其思想根
源。这一特定历史条件就是，一个原先经济落后的国家，在帝国主义
的包围下，不得不采取集中决策的体制，依靠政府的主导，依靠国家
所有制，集中资金、人力、物力来加速社会主义工业化建设，以奠定
社会主义的物质基础。1956年我国进行以苏联援助的156项工程为核心
的社会主义工业化，客观要求采取集中计划的经济体制，这一体制也
是起了积极的作用的，而且也给我国进行计划管理积累了不少有益的
经验。我们不能不对之做出客观评价，而不能"全盘"加以否定。但

是这种高度集中的、排斥商品、市场的计划经济体制毕竟有其弊端，而且，它毕竟也是打下了产品社会主义思想的烙印。随着社会主义经济的发展，条件的变化，这种政府主导型的高度集中体制，带有僵化性，管死经济，压制企业、基层人民群众的积极性，效率差，资源配置脱离需求，甚至出现长期结构失衡，越来越不适应和束缚生产力的发展，引入市场经济的改革就越来越成为时代的要求。所以要转上市场经济体制，在于这一体制的下述特征及其与传统计划体制相对比具有的优点：

第一，市场经济是分散决策的经济，有利于调动基层的积极性。市场经济实行微观主体分解决策，要求真正把权放下去，实行企业自主经营，自行决策，自行发展，自负盈亏，企业是独立经营的经济主体，是有自身资产的经济实体，有自身利益，也追求自身利益（体现国—企—个利益）的经营主体。此被称为"企业本位论"。

它与"国家本位"的计划经济体制不同。"企业本位"肯定基层单位的作用，肯定与重视联合劳动者的作用，重视千百万群众的作用。计划经济，不是说它不能体现群众作用，但是那一套高度集中决策，必然压制群众积极性。至于官僚主义的，批条子的计划经济，更是挫伤了群众积极性。

传统计划经济，西方经济学称之为"命令经济""统制经济"。计划无所不包，而且宣称计划就是法律，非计划活动=冲击计划经济，再加之计划经济形成的"大政府"对微观活动的经营，以及报批这一套冗杂烦琐的手续和官僚主义，其结果是把经济管死，严重压制基层人民群众的积极性和创造性，而创造性正是一个经济活力的泉源。

传统计划经济体制除了把国有企业的人财物产供销权力统统收归政府，形成僵化的经济秩序而外，还把农村的生产与交换纳入了无所不包的计划之中。人民公社制度把几亿农民管得死死的：以粮为纲，种什么，如何栽种，播什么种，上多少肥，哪天栽插，全区统一听号令；不许搞多种经营，不许任意养殖，养几只鸡，几头猪，均有严格规定。

广大农民群众什么也不能干。什么农业生产，副业生产，商品销售，别说长途贩运，短途贩运也不行，集市贸易多了不行，价格卖高了也不行，这些都是"资本主义自发势力"。这样僵化的体制，根本没有活力。

社会化大生产，不能没有经济协调，不能完全没有计划活动，但是不能把计划发展到如此无所不包，如此僵化。社会化大生产不能没有政府管理，但是不能不分对象，不能直管微观，把企业管死，千百万生产单位一下子"万马齐喑"，亿万人民群众不再能表现其自主性、能动性、创造性，可以说，这样的体制，其严重缺陷是十分明显的，即使20世纪50年代为了上大项目，搞156项大建设产生了积极作用，但缺陷是明显的，严重的。80年代，已经有上万个国有大中型企业，需要主要从事内涵扩大再生产，需要依靠发掘潜力。那种计划体制已不再行得通。而现实的情况却是这种传统计划经济的大包大揽的老一套办法，改起来十分困难。由于计划经济形成的庞大的政府机构有什么都要管的习惯，放权搞活实现不了，办一件事要盖数十上百个图章。而市场经济，企业是主要的经济主体，要保证企业自主经营，自行决策，实行市场经济体制。政府管宏观，对企业管纳税，对国有企业管定承包任务，再加一条管人事任务。此外进行法律监督，实行"小政府，大服务"，只要不违法，政府不能干预微观活动，不搞"管、卡、压"，经济活动主要由市场调节。80年代初农村联产承包制度实行，农民销售实行放开，我国沿海、城郊农村，出现村村办企业，户户搞商业，人人搞经营的热潮。实践表明，市场经济体制，企业作为主体，独立营运的体制和经济组织运行方式能调动企业和生产者的积极性，因而可以说市场经济是群众经济，是能"放手发动群众大办商品经济的经济"。

第二，市场经济是自负盈亏，自行发展的经济。社会主义经济的实践一再使人们认识到这一个真理，企业要活起来，必须实行自主经营，自负盈亏，自行发展，自我约束。企业的活，表现为能围着市场转，而且"转快转好"对市场有灵敏反应和合理的反应——不搞短期行为和违法乱纪。而是采取合理的生产调整、技术措施、合理的投资，既考虑到企业的当前效益又考虑到长远效益；这种合理的行为的形成，需要内在的自我约束机制。这一自我约束来源于自负盈亏。自负盈亏意味着依靠自己自行发展，包括企业破产，市场经济中的企业，既有权、利又有责，这个就是自担风险，它为自己的经营、交换、资金使用、投资付息、债务偿还承担法律责任，直至"破产"偿债。

应该用新眼光来看待竞争，破产是市场竞争机制与规律作用的结果，不姓"社"姓"资"，是一种经济调节，运行方式。通过这一机制，促使企业改进经营管理，提高技术，加强自我约束。

可见，市场经济中的企业，必须割断国家财政的脐带，不再依靠国家财政扶持，这就是说，企业不仅要摆脱行政机构附属物地位，而且要自立自主，依靠自己的经济实力和竞争能力立足于经济大舞台，而不是吃国家大锅饭。

传统计划经济中的企业附属于政府，依靠政府，一只眼盯着政府，躺在国家身上，其结果是企业活不起来，国家也发展不好。财政越来越困难，更难以发展。市场经济中的企业，是自主自立，自负盈亏，依靠自己，在市场竞争中优胜劣汰，自行发展，国家不再把企业

"包"起来，也不能对企业效益（收入）"全收"，这样，企业一只眼睛盯着市场，背水一战，最大限度挖掘自身潜力，搞好经营管理，在市场上求生存，求发展，企业焕发活力，能自行发展，对国家上缴也多，促进整体经济的发展。

企业自负盈亏，自行发展，这才是市场经济中的微观组织的特征，它区别于企业统负盈亏，依靠国家来发展的计划经济体制的特征。这一特征，也是企业活力之所在。市场经济是自我调整的经济。市场经济，以市场调节为主，是能够有效地、灵活地实行自我调节的经济。市场经济不同于传统计划经济靠外力，靠自上而下，定期调整，因而传统经济是效力差、不灵活的经济。

市场调节，价格机制的调节作用，是经济利益的调节，它适应于现阶段社会主义公有制的性质，以利益的吸引排斥作用，引导企业自动进行调整。现阶段社会主义经济调整，包括产品调整，以及企业内部的管理的改进，还将依靠利益，发挥物质利益的作用，依靠益与损的作用，使企业具有自觉性，能动性；靠下计划，指令性强制，思想动员，都不行。因而市场调节价格一放开，东西就来了，好的产品就来了。

可见，市场调节，能调动企业和职工的自主性。另外，市场调节，借助价格机制，这是一个最直接反映消费需求的经济机制，称为"信息经济"中的"价格信息"。这个价格信息通过企业能敏锐反映市场信息，有敏锐市场触角的市场性经济主体能及时做出调整，实现产品结构调整，使产需一致；能有效进行产业结构调整，实现资源配置优化。

归结起来，分散决策的市场经济，是自行决策，自行发展，自我调整的经济，其优点是能调动基层单位和广大群众的积极性，使经济生气勃勃，具有微观活力，从而使国民经济充满活力。市场作用的利，在于放活，有活力；传统经济之弊在于"管死"，压制群众积极性。

当然，事物是一分为二的，市场经济绝非万能，市场有缺陷。（1）市场调节不灵的领域——关系国民经济长期发展的基础产业，高科技、国防等投资大、周期长的领域。（2）市场经济下的生产盲目性——无政府。（3）价格大波动——市场利益——收入分配畸形化，等等。

但是两害相权取其轻，两利相权取其重。较之传统计划经济体制的僵化，企业管得死缺乏活力，经济发展不快，技术进步缓慢，我们无疑应该采取更活，增长更快的市场经济体制。

计划经济体制和市场经济体制均有其优点，也有其缺陷，我们要破除对传统计划经济体制的盲目性认识，也要破除对市场经济"万能论"的盲目性认识，而要进行两种体制的对比和正确选择。

计划体制优点是能保证重点，保证长远，分配较公正，增长稳定；缺陷是缺活力，效率低，增长慢。

市场体制优点是企业有活力、效率高，增长快；缺陷是增长不稳定（包括恶性通胀），分配欠公正；重点项目难发展。

我们要解决的是发展的重点与面的矛盾，稳定与速度的矛盾，效率与公正的矛盾；归根到底，是公允与生产的矛盾。

所谓体制的上述矛盾是相对的，是市场体制与计划体制相比较而言的，不是说市场体制不能做到二者适当统一，例如社会主义市场体制下实现效率与分配公平的适当统一，是可以达到的。

关键在于抉择的标准，就个人来说，可以基于其价值观——例如公平偏好，稳定偏好，思想意识等而选择计划体制，但是作为人民群众，即社会的抉择、历史的抉择则只能根据生产力发展的需要。按照生产力的发展，不纯的社会主义，即有中国特色社会主义是当代中国唯一的历史抉择。

四、提出社会主义市场经济概念和实行社会主义市场经济的必要性

（一）对社会主义经济认识的不断深化

对社会主义经济的理论认识是，在曲折中发展，最初的社会主义思潮，在方法论上是：因循书本，因循思维模式，因循传统做法。因而奉行社会主义是计划经济的提法，计划经济等于传统指令性计划。这一理论认识流行于20世纪50年代以来的政治经济学教科书中，提出搞社会主义市场经济，是基于梳理我国多年实行社会主义产品经济的经验教训：十年的发展商品经济实践中取得的新经验，面对的新问题、新困难，对之进行深入分析、反思并提到社会主义新经济体制的理论高度，从而得出的命题。

我国20世纪50年代以来建立的传统经济体制的特征是高度集中，政府实行大包大揽，作为基本生产单位的企业成为政府机构的附庸，处于无权地位，这种传统计划经济体制，是产品社会主义理论的产物，尽管这一体制在社会主义国家初创时期，特别是苏联30年代的社会主义经济初建的艰难时期——有其积极作用，但是否认社会主义经济的商品属性的产品社会主义理论毕竟是超越了和违反了当代社会主义的现实。因而，（1）按照这一理论而构建起的传统计划经济体制下的企业，是国家行政附庸，缺乏追求经济利益的动力，照计划生产，照章办事，人员机构不断膨胀，吃大锅饭管理，技术进步慢效率低，

"企业管死，把人变懒"。（2）产业结构难以优化，特别是主观指导的畸轻畸重，更造成结构失调，主要是重工业快速发展，而轻工业、农业落后，消费品匮乏，供应紧张，大量配给制和排队，人们消费受到抑制，生活水平提高慢。（3）行政管理体制的条块"分割"，企业处在封闭状态，不能实行联合，没有竞争压力，大中小型企业各行其是，生产要素不能流动，企业组织结构不能优化。（4）闭关自守。外贸作为平衡计划物质的工具，而不是参与国际分工，在经济国际化中发挥优化资源配置和提高国家综合生产力的作用。

以上种种决定了计划经济制度下，其增长成本高（代价大），效率差；主要的是计划体制下，人们难以发现这些缺陷，而一旦转向引进市场，问题就暴露出来。

经济越是国际化，这种体制的弊端越加明显，在经济生活中表现为：（1）国家不如集体，集体不如个体，或"老公不如老外，老外不如老乡"；（2）国有企业的发展是外延型的，靠财政，特别是信贷的投入；（3）国有企业投资分散化，中小型企业大发展；（4）需求膨胀价格上升，掩盖了国有企业效率差、竞争力弱问题，以及结构失衡——长线越长，短线越短问题；（5）特别是一些指令性多的国有大中型企业，管理上不去，设备老化更新不了，价格僵硬、偏低（例如煤炭定价50多元1吨，而成本100元，高于市场卖价数百），职工缺乏积极性，企业无活力，效差上不去，"短线越短"，它就越加显得僵化不灵，越来越束缚生产力的发展，使社会主义优越性难以得到发挥，甚至造成了人们从未想到的那种经济衰败的状况。战后40年（民主德国不如联邦德国，苏联东欧不如西方，香港20世纪30年代就相当于现在的上海，战后超过上海），社会主义和资本主义间经济反差增大，社会主义对资本主义相比较的优势并未取得。对传统计划体制不能全部否定，但是不能不对它予以冷静的估计和看到它的弊端。"换脑筋"就是要改变用传统计划经济的观念来对待传统计划体制，看不见它根本上已不适合生产力的发展，看不见对它进行"根本性"改革的必要性。社会主义条件下生产力的发展和社会主义的自我完善是不可阻挡的，早已孕育成熟的改革必然要发生，而改革的中心课题是按照社会主义商品经济的理论，引进市场机制，建立起发挥市场调节作用的新经济体制。

（二）理论认识的发展

事实上小平同志一直提社会主义市场经济，但这一理论艰难推进，既是在于需要些实践经验的总结，也在于僵滞性传统观念，关键是计划经济等于社会主义，市场经济等于资本主义难以打破，因而，人们即使认识到改革的根本问题在于引进市场，认识到应该增强市场经济的作用，但是总还是要采用并列式（是计划经济又是市场经济）、排座式（计划经济首位）或是主辅式（计划经济为主，市场为辅）、使用式（中学为体，西方为用，计划经济是社会主义经济本质特征，市场调节是"手段"），即使强调市场，也是扭扭捏捏地谈论市场的作用。

1984年10月20日，十二届三中全会通过了《中共中央关于经济体制改革的决定》。该决定明确了"社会主义社会在生产资料公有制的基础上实行计划经济" "是在公有制基础上的有计划的商品经济" "社会主义的商品经济"三个提法。计划经济是有计划的商品经济，"不是完全由市场调节的市场经济"，第一次使用社会主义商品经济概念，突破了传统计划经济的理论观念。

1987年10月25日至11月1日召开的党的十三大强调"利用市场调

节"，提出市场两个"全面覆盖""逐步缩小指令性范围"，提出总体上的"国家调节市场，市场引导企业"的机制，提出了新体制的模式框架：企业、市场、间接调控，对我国社会主义在经济理论认识上有了新的发展。

1989年，十三届五中全会回到"计划经济与市场调节相结合"，理论上有倒退，体现了认识发展的曲折。实践总是走在理论的前面的，我国20世纪80年代引进市场的改革，在其深入发展中，以其固有的逻辑，导致经济生活中市场经济的出现。

（三）农村市场经济的出现

20世纪80年代初的农村改革，使农民家庭成为独立的商品生产者。发展集市贸易，逐步放开农副产品的价格，允许农民从事营销活动，这些及时而勇敢的改革，打破了我国传统计划经济体制——即指令性生产、人民公社制度下的和以统购统销为特征的政府管制的流通体制，在农村领域实际上出现了一定范围的市场经济。这是经济运行上由市场机制起作用和由市场机制——价格机制来引导和调整的经济，不再是由政府下达的行政命令，靠指令来推动经济运行。

1978年国家管的农产品达113种，此后逐步放开，现在除棉花、烟草、蚕茧等，粮食计划收购只占农民出售的1/3，少数省市已取消定购，农民出售农产品中计划定购已小于1/4，农村经济已基本上实行了初步的市场经济。

如江苏不断扩大市场调节范围。80年代初期，江苏省吴江市丝织产品大量积压，许多企业亏损。而现在，这个我国主要产丝地区产销两旺，数百家丝织企业户户盈利。这个市的经济发展很大程度上借助市场调节作用。据介绍，吴江自1986年建立面向国内外的东方丝绸市场后，全市20%的原材料和63%的丝织品得到流通，丝织企业销售额以年均47.5%的高速度递增，1991年销售额达10多亿元。

作为一个成功范例，吴江丝绸市场反映了江苏省经济运行机制由调试集中的产品经济转向依靠市场导向的进程。据主管部门提供的情况，江苏省属于指令性计划安排的工业品以产值计算，已降低到10%，一些地区只占4%，其余全靠市场调节。

工农业总产值居全国首位的江苏省，由于资源和产成品"两头在外"，经济运行中较早出现了市场调节的因素。到目前，全省市场调节范围进一步扩大，已由农业扩及金融、技术、房地产和信息服务等，全省1000多家大中型企业正在转换机制，逐步成为市场主体。

据统计，江苏省现已兴建各类市场4800多个，其中综合性市场近3000个，1991年成交总额达178亿元，比1978年增长21倍。到去年底，该省仅物资系统即培育生产资料市场70个，成交总额160亿元。这些市场实行跨地区、开放型经营，入市商品价格放开，市场建设体现"谁投资谁得益"的原则。

为建立以市场为导向的经济运行机制，今年以来，江苏工业企业已在全省范围内展开人事、用工和分配制度改革，商业企业经营、价格、用工、分配"四放开"的改革已收到成效。与此同时，政府对企业的管理已由直接计划和干预转向间接调控。到目前为止，这个省已与近200个国家和地区建立经贸关系，进出口业务日益扩大，全省已兴办外商投资企业3000多家，吸收外资20多亿美元。

中国农村市场经济的改革，获得了一项为人们不曾意料到的副产品，这就是乡镇企业的出现。

在中国市场经济的确是板块式地产生。首先形成的第一板块是农村的市场性的家庭农副产品生产与经营，以及城市的个体经济和城市集体经济的市场性的生产与经营。1979年以来，特别是1983年，中央1号文件允许农民从事农副产品的营销，上述市场经济第一板块就开始出现。

应该看到，市场经济是拥有自我再生和扩张能力的经济，它引发和推动其他更多的单位进入市场性经营的轨道中去。由于市场化业已起步，各种工农产品（包括消费品种、生产资料）已经越来越进入市场交换，打开富有物质利益吸引力的市场性经营之路，农村集体也被吸引入商品经济的轨道，不仅仅农民家庭经营市场化深化，商品经营分类更多，范围更广的专业化分工，农民家庭的商品率更高，而且出现了乡镇集体办企业，首先是工业企业的热潮。乡镇企业的计划自己定，资金自己筹，原材料市场上找，产品从市场上销；根据市场而调整产品结构，"船小好掉头"；真正自负盈亏，风险自担，在竞争中求生存，求发展。可见，乡镇企业是市场经济中的微观组织，它是从既有的市场中引发出来的，是从第一板块业已形成的背景下出现的，乡镇企业独立自主的自产、自销活动，又进一步培育了市场，并为自己的发展进一步开拓道路。可见，联产承包的家庭市场经济及城乡市场，不断激励哺育出新的市场性经营，由此使乡镇企业"异军突起"，而这一迅速发展起来的乡镇企业的生产与流通构成了我国市场经济的第二个大板块，农民和城乡个体性的市场经济一旦形成，就会引发和推动农村集体单位——乡、村以及其他集体组织——从事市场性经营，最终出现农村市场经济。当然，这是极不完全地处在传统体制的限制和束缚下的市场经济。农村由家庭联产承包制基础上实行市场经济的改革，极大调动了亿万农民的积极性，使农村经济一下子恢复了活力，我国20世纪80年代初农业快速增长，解决了多年未能解决的温饱问题。人们说：80年代农村经济的振兴，在于联产承包制的改革，是没有错的，但是更全面地说，80年代农村经济的振兴，在于实行了联产承包的社会主义生产者适应市场的自产自销、自行发展、自我调整的市场体制，即社会主义市场经济的改革。

综上所述，我国引进市场的改革，以其对于一部分国民经济领域的传统高度集中管理体制的突破，微观主体的再造，必然会引起经济活动的运行方式的市场化，导致市场经济的形成。

（四）国有企业领域经济运行市场化的滞后

引入市场的改革，在城市经济中也得到推开，但是较之农村却是艰巨得多。党的十二届三中全会之后，引进市场的改革推到国有企业领域。按照《中共中央关于经济体制改革的决定》和党的十三大报告，城市改革的中心环节是增强企业活力。（1）"放权使企业成为相对独立的商品生产者"（"相对独立"——是老观念痕迹）。（2）培育市场，放开价格。

随着我国对外开放政策的深入贯彻，合资企业、外资独资企业发展起来，特别是在沿海地区。其生产与经营，不由国家加以直接管理，从而得到迅速的发展。这些企业的生产与交换的总和，构成我国市场经济的一个重要组成部分。在执行改革开放路线中，我国沿海地区，市场经济化势不可挡。

广东的农业指令性计划从118个减为38个。纯农业产值中市调部分为80%，粮价放开后，这一比例更大。工业生产，90%日用品由市调计划安排流通，国家定价由90%下降至1990年的15.9%，市场调节占据主导地位。

1984年以来按照社会主义商品经济的要求，实行了企业扩权，四川早在1979年一马当先。当时，四川理论界率先展开了社会主义制度下价值规律作用的讨论，提出了社会主义实行市场经济的命题。

在一些消费品生产领域实行自主经营，放开价格，放开奖金，上不封顶，下不保底，实行自有资金制度，自行发展，引进市场的改革，在国有企业被捆得死死的体制下，带来了指令性计划的松动，再加之1987年企业承包制推开，对地方实行财政包干制，给地方放权，这些"下放"权限弱化了计划，强化市场功能的改革，带来1984~1988年经济的大发展：加工工业大发展，家用电器一下子位居世界前列，轻纺工业大发展，等等。

人们可以看到生产出现了前所未有的增长，市场供应丰富，城市繁荣，生活五光十色，不过，其副产品是价格上升过快，出现两位数通货膨胀。

1984年城市经济体制改革后，（1）对国有企业下放自主权，放了一些，但是远未到位。（2）市场培育刚起步，价格放开一点点，如广东1984年放开农副产品——鱼、蔬菜——市场。1984年世界银行提出价格放开。1986年讨论价格联动放开，生产资料价格也逐步放开。1984年计划外价格全部放开，1987年大幅度缩减统配物资指令性计划，由1980年的256种减少为27种，统配数量也随之减少，计划仍占50%以上，总的是创建市场机制的改革远未到位，1988年提出"放开"。（3）政府管理机构改革未开始，因而模式转换遇到很大障碍转不过去，表现出一种模式转换的"僵持"。换句话说，一方面商品经济的体制要素开始引入，但另一方面，旧的体制框架未根本变革，新旧体制的摩擦、碰撞越来越多，比如在企业中，企业靠自己多创收留利不断增长，就同统收统支的财政体制发生了矛盾；企业要面向市场，产品实行自销，就同统购统销的物资管理体制发生了矛盾；企业要用自筹资金进行扩大再生产，就同现行的计划和投资体制相抵触；

企业要走向国际市场，就受到外贸管理体制的限制。

此外还有市场经济与大政府的矛盾，政府机关直接管理企业。随着企业的增加、行业的扩展，政府部门机构臃肿，办事效率低，官僚主义膨胀等，问题愈显严重。统计表明，1979年全国由预算经费开支的人员为1500万人，1990年增加到4000多万人；1980年全国行政事业开支为404亿元，1990年达1400亿元以上，增长了2.5倍，远远高于同期财政收入和财政支出预算的增长幅度。国家为了维持政府机构逐年增长的巨额开支，必然不断加重企业特别是国有大中型企业的负担。

双重体制的僵滞不仅仅使国有企业缺乏真正的活力，而且由于企业改革不到位，负盈不负亏，还加强了企业短期行为，产生内生的膨胀冲动——消费、投资膨胀，促使经济过热，其结果是1988年的通货膨胀率高达两位数。

1988年治理整顿，压缩调整是必要的，但是双紧有些过了。适当集中是可以的，但是出现收权——企业初获得的不充分的自主权也很大程度又丧失，行政的指令性的机制大大加强，刚刚开始建立，远不充分的市场机制受到压制、作用削弱。这就是：行政手段破贷款；两个笼子：存贷规模，基建规模；专卖——电视机，农药；其他控制措施，等等，出现了改革倒退。由于控制过度的需求不足，市场机制的自我调节功能削弱，企业不能适应压缩的需求而自我调整，从而出现治理整顿时期经济运行障碍，出现市场疲，此后生产滑，效益降，三角债，"四大治理整顿"负效应，这些经济运行的滞胀，使我国国民经济陷入困境，1990年"全面启动"——运用市场力量，1991年复苏，但出现效益大滑持续化，关键是企业不能发挥自行调整的活力。

针对此情况有两种思路，一种思路是上收，计划为主，市场为辅，把一些电子、汽车等产业，直管起来。但是看来行不通，收不上，集中管与企业搞活是背道而驰的，一些人对经济生活出现的问题作了错误认识：以为改革结构失衡，通胀经济过热是放权放出来的，因而希望体制回归。

这当然是错误认识，经济生活中出现两种体制摩擦，价格双轨，是改革向前发展中产生的问题，也可以说是改革中难以避免的负效应。对这些问题，只能靠深化改革，并轨放开价格来解决，而不是退回到单一国家定价。

另一思路：转换企业机制，搞活企业，把企业推向市场，这是唯一出路。我认为这一思路，是对经济生活矛盾的正确总结，国有企业出现疲、滑、三角债，均是企业机制未能转换，企业手脚未能解放、未能表现出活力的结果。1991年，1/3的企业亏损，国有企业1/3暗亏；企业亏损补贴，1991年877亿，1991年银行挂账累计1041亿元。但这说明不是"放权到尽头"，而是"传统计划体制已经走到尽头"。例如企业是办社会的大而全的企业：鞍钢22万人，宝钢4万人，效益一样；一汽8万人，生产工人不到50%；煤矿300万职工，可减50%。现在国有企业10700个，1/3亏，1/3潜亏。企业靠财政、信贷扶持，这种计划经济的企业，不能自行发展，已经走到山穷水尽。而另一方面，有效益的企业，负盈不负亏，赚的少，发得多，国家得到的也不多，企业缺乏自我约束，因为实行的是传统国有企业经营体制，而不是市场经济体制。1991年出现涨库性的生产复苏，1991年工业增加14.2%，"一半到仓库去了"，这也是企业机制未能从传统计划经济的机制转换到适应市场的机制的产物和表现。

同时，业已迈向市场经济的农村也出现了困难，其表现是连年丰收，出现了"卖难"。吉林2年不收，粮吃不完，却又卖不出去，而沿海又买3元1斤泰国米。其原因：（1）市场不发育，流通不畅，粮食购销体制不活；（2）生产不适销：如老百姓不想吃的猪肉太肥；（3）市场性的乡镇企业，第三产业发展还不够。

农村的出路是，实行粮食商品化，经济市场化，走广东的以市场导向生产商品、调整产业结构之路。

可见，中国10年来进行的引进市场机制的改革，以其带来的局部市场经济和增强了市场机制作用，使我国经济增强了活力，带来生产力的大发展。而这一初步解放出来的和正在进一步发展中的生产力，又和因为困难的和较为滞后的改革，造成双重模式的僵持矛盾和冲突。这无疑是经济转型期难以避免的内在矛盾与冲突。而不可抑阻的生产力，又进一步呼唤着改革的深化，要求进一步引进市场机制，进一步的经济市场化，进一步发挥市场调节的作用，而面对现实经济困难，1992年9月中央全会提出，出路在于转换机制，将企业推向市场，强调了发挥强化市场调节的作用，人们看到了市场的重要性。因而，在经济困难中，也推着人们对市场调节作用进行再认识。

五、如何发展社会主义市场经济

加强市场调节的作用，这一提法是不错的，但进一步说，这也可以是一种措施，是带有实用主义色彩的认识，而缺乏理论深度，那么，如果对我国经济进行历史反思，对10年经验予以总结，进行更深入的理论认识，那么，这种市场调节充分作用的新体制，就是社会主义市场经济体制，社会主义市场经济概念也就合乎逻辑地被提出来。十三大提出"有计划商品经济"概念是对传统产品经济理论的一次大突破，是对社会主义经济在认识上的大进步。不过这一提法理论仍然将计划经济作为社会主义经济制度的本质特征；将计划置于首位因而概念还不够精确，理论不够彻底，含义不够清晰；提社会主义商品经济没有错，如前所述市场经济也属于广义的商品经济。

商品经济在世界现阶段，是高度成熟的，市场充分发育，市场机制充分起调节作用的市场经济。对现阶段社会主义来说，也要实行这种商品化、市场化很发达的市场经济，而不是小商品经济，半商品半产品经济。社会主义商品经济与社会主义市场经济，这两个概念可以并提，把后者作为前者的具体化。只提商品经济，在我国历史的、思想的背景下，人们以商品经济排斥市场，人们认识的模糊不清，造成改革不易深入，传统计划体制难以突破，很可能改其皮毛，而不能触及深层。这样，小平同志提出的能"解放"生产力的"充满生机的"社会主义新体制就难以实现。在20世纪90年代的今天，传统计划经济体制的弊端早已暴露充分，对它进行根本性的改革已经是十分紧迫的任务，这就要求我们在当前，再一次冷静总结历史经验，深化对社会主义经济的认识，对我国新经济体制加以更精确的概括。因而，大改革要求思想认识大解放，大提高，这就有"社会主义市场经济"概念的提出，这是我国在改革的伟大实践中及时总结经验，深化理论认识的合乎逻辑的认识，这是对传统的社会主义观念的新的、意义更为重大的突破，这一概念在我国能推出，是小平同志的功劳。

社会主义市场经济的提出，不是做文字游戏，而是要在加深对社会主义新体制目标模式的认识的基础上，深化改革，进一步"破"传统高度集中的计划经济体制，要深化体制改革，加快体制改革，创建一个真正发达的社会主义市场经济模式，创造一个充满生机与活力的经济体制，以解放生产力，加快实现我国"三步走"的战略目标。

改革的一般要求是：彻底实行微观主体改革，转换企业经营机制；全面发育市场，形成完备的社会主义市场体系；认真实行机构调整，转换政府职能，实行间接调控，加快模式转换，使我国经济真正能积极而稳妥地实现由传统计划经济体制，转换为社会主义商品经济体制，如果说上述要求已经在十三大提出，那么，基于社会主义市场经济这一理论概念，人们对于改革的上述目标就可以有更加明确、更加具体的理解。

基于市场经济是实行分散决策型的经济，企业改革就应该实行经济"分散化"，首先使企业成为自主经营、自负盈亏，自行发展的主体，落实企业的自主权，形成由各个企业分散决策的机制，更好地发挥市场在资源配置中的作用，为了这样的微观机制，这就要做到以下几点。

（一）坚持公有制与按劳分配

按照社会主义市场经济与现代市场经济的特性与共性，来创建社会主义的市场经济。

社会主义市场经济有着与资本主义市场经济不同的特性。

小平同志讲社会主义市场经济与资本主义市场经济有相同的地方，也有不同的地方，"社会主义经济"，首先明确它姓"社"，这就是以"公有制"为基础。（1）市场主体是公有制企业，在现阶段社会主义多元所有制下，在经济中占主体地位的，仍然是公有制企业。而且，这种企业的组织形式与经营机制业已改造得适合于市场经济运作的要求。（2）既然是以公有制为基础，生产资料的基本占有者是全社会，因而，社会主义市场经济中收入分配就能避免资本主义市场经济因私人占有而产生的收入的两极分化现象，做到有差别，但不悬殊，通过收入分配机制与收入调节机制的完善逐步实现共同富裕。因此，要坚持社会主义公有制和坚持社会主义按劳分配，走共同富裕之路，自始至终体现社会主义的市场经济的性质。

（二）重塑社会主义的微观主体

社会主义市场经济，有着市场经济的共性，应用这种共性，在构建社会主义市场经济中是十分必要的。市场经济结构、机制、运行的共同性：微观组织——独立决策商品生产者，市场经济要求进一步发挥适应市场的企业具有自主性，对市场信息反应更敏锐，更快。这就要求转换企业机制，改革企业体制：（1）由被动执行上级下达的计划，转变为主动参与市场，自主决策，首先从切实放权入手，落实《企业法》等十三条；（2）改革公有制实现形式：构筑企业法人财产体制，为此要进一步进行深层次的企业改革，以两权分立为指导，在股份制上做文章，通过构建确保国家所有权、确保企业的经营权的产权制度，来形成市场型企业的组织形式，这是真正转换企业机制的重要条件。

对企业的性质，我们有一个认识的过程。对企业的认识，也就是对传统计划经济体制的认识。

第一阶段：企业是执行中央计划的基层单位。这种观念见于20世纪50年代以来的政治经济学教科书中，即社会主义的企业是行政机构的附属物观。这是传统中央计划体制下的企业观。

第二阶段：企业是相对独立的商品生产者，企业要有自主权。这即是相对独立论，是以社会主义是计划经济，又是商品经济的代表性理论为基础，包括企业仍有执行指令性计划的义务。这是对传统计划经济体制下的企业观的重大突破，但不彻底。

10年改革实践中人们对企业认识不断深化：人们看到一旦对国营实行放权，企业就表现出很大活力。但是放权总是不到位，企业仍受旧计划体制的各种束缚，对此企业家一而再再而三地呼吁松绑。而另一方面，个体、乡镇，中外合资企业拥有为国有企业不可企及的活力，乡镇企业的活力，在于它按市场经济规律运作。它们拥有十分强劲的创新机制：产品不断创新，质量不断提高，技术不断进步。乡镇企业竞争力体现在产品质量，而质量在于技术，企业的创新能力在于面对市场，适应市场，时时刻刻灵活地对市场作出反应，这不仅仅是企业家有创新市场观念，更主要在于机制——后者在于体制，在于企业的性质。

市场与企业：二者互相作用。企业是市场经济的要素、微观组织，而在计划经济体制框架下运作的企业，缺乏市场机制，产品不适销，老面孔，缺乏市场，效益下滑，因而，人们进一步认识到国有企业必须要采取与乡镇企业相同的运行机制：面对市场，自主经营，要实行各类企业运行方式同轨制，除了少数实行指令性的企业外，绝大多数均在市场上自主决策，自主经营，自行发展，自负盈亏，就是十三大提出的"国家调节市场，市场引导企业"的新的运行机制，而这种机制，其经济学名就是：社会主义市场经济体制及其运行机制。

争取在20世纪90年代振兴经济之际，我们应进一步总结经验，确立对社会主义经济更明晰的理论认识，包括对企业改革的物质目标的认识，应该是按照市场经济中企业的共性来重塑国有企业，这是国有企业能发挥活力的根本之途。

（三）全面发育市场，强化市场机制

市场经济的共性是存在着市场体系，以及市场调节发挥主要作用，因此构建社会主义市场经济，就要加快市场发育，发展社会主义市场经济体系。

第一，消费商品、生资、金融、劳动力、技术、信息、产权，等等即生产要素全面流动化。

第二，发展各类市场：集贸市场，专业市场如零售、批发、现货、期货市场。

第三，实行"大市场""大流通"。

第四，撤销市场箩筐，发展统一市场。企业不可能靠保护落后来发展，要着眼于竞争力的加强。

第五，发展国际贸易，进入国际大市场，走贸易自由之路。最主要是放开价格：发挥价格调节作用。

（四）采用经济手段，完善计划机制，市场与计划相结合

提出社会主义市场经济，并不否认社会主义经济计划机制的作用，不是只讲市场经济，不讲计划经济，在理论上翻烧饼，社会主义市场经济是一个内涵很全面，很科学的提法。

市场要和计划相结合就如现代商品经济包含有计划，社会主义商品经济运行更要有计划。

第一，市场经济运行的方式固有的特征是自发性，盲目性；其表现是供需、产销的脱节，价格的波动，结构的失衡；但是市场机制又对它进行调节，使之均衡，从而，这是在不均衡中实现均衡的自发机制。在一定条件下，这种盲目性的激化表现为严重失衡，在资本主义条件下表现为周期性危机；在社会主义条件下，市场经济也会有其经济运行的自发性与盲目性，会带来大的失衡，特别是在主观指导失误，经济过热下，会出现大的经济波动，某种"危机"现象的可能性，一些再生产的失衡，与社会主义生产目的有矛盾，因此，对市场经济运行的盲目性，需要有计划机制来加以制衡。

特别是中国现阶段的市场经济，是建立在现阶段低的生产力水平之上：农村是分散性强的数亿小生产作坊；城市是分散性强的小企业，因而，实行市场经济，"一放就乱"的情况是会有的，对这个"乱"要正确对待，一方面不能将"一切自发性、盲目性"（价格波动，一定的重复建设，股票投机），均作为"冲击计划经济"来看，另一方面的确要加强宏观管理，借助计划功能的发挥，对这种盲目活动进行限制和引导，并实现国民经济总体的运行有序，防止恶性通胀、经济市场风潮、销售危机、生产滑坡、大量失业及其带来的社会震荡。

第二，市场缺陷。市场调节是短期利益驱动的调节机制，企业追求短期的利益极大化，对于投资大、投产周期长，利益一时看小的长期的发展如科技进步，反应淡漠，因而社会进步的长期的目标，要由计划机制来保证。此外，短期利益驱动的市场机制也不能实现社会公益的目标，如环保，公害之清除，福利性的事业（如公园、公共卫生、体育、图书馆、文教等）。社会主义制度下，经济长期发展的目标，社会进步的社会宏观环境、福利条件、文化进步的各种目标，需要有计划机制来加以保证。

第三，市场机制调节的是一个个企业分散性的决策和生产。当然，市场调节也可以导致联合化、大生产；但是也往往因资金分散，这类企业难以在短时期内实现更大规模联合的生产，如航天、原子能、核潜艇、导弹，等等。

搞社会联合的大生产，办几件大事，这正是公有制的优越性。这种集中的、办大事业的优越性就是借助于计划经济来实现的，例如对国防、航天、航空、尖端科技等大企业，还是要实行"按照计划来进行的生产"，包括必要的指令性的生产计划和物资调拨和国家定价。

以上三条表明，社会主义公有制为基础的经济，其生产目的是全社会的、全民的利益，全社会的发展、进步，它需要利用新市场经济之利而去其弊，因而，它在实行市场经济中，更要利用计划手段，要强化计划机制，要争取和保持经济发展、运行的有计划性，实现市场经济与计划经济相结合。

可见，提出实行社会主义市场经济，并不是不要否定计划经济，理论上翻烧饼，而是要有效利用与发挥计划经济，因而，就是（1）不搞传统的，高度集中的，用行政手段的"中央计划经济"。（2）不搞无所不包的计划经济，而是实行以利用市场机制为基础的"改造了的"，"变革了的""计划经济"。（3）计划是中长期的，有弹性的，计划内容要变，这就是说：还要做好"计划"这篇文章。现在听说，计委一些职能部门，人们不安心。机构必要精简，职能仍要发挥，只不过要改变方法。因而，不必人心惶惶。市场经济体制中有计划，市场经济体制中包容有计划，也是资本主义市场经济的特点，是现代市场经济的共同点；社会主义市场经济的特征，在于市场机制能更大程度、更大范围与计划相结合；或者说，"计划性"更强，计划机制使用得更充分，计划要管好宏观，引导好微观，保证国民经济协调、稳定、有序发展。

（五）搞好政府的宏观调控

市场经济是政府调控下的市场经济，是可调控的市场经济。政府运用财政政策、货币政策调控宏观经济和引导微观经济，实现国家—市场—企业的运行方式，特别是那些采用指导性计划——协调性或咨询性计划——的国家，更是要发挥国家的经济调控作用。

在公有制基础上，有更大的可能性去协调国家与企业的关系，在有效利用市场作用基础上，可以使计划与市场二者相结合。

因而，市场经济下，政府直接管理企业的功能——对企业实行集中决策——要缩小，而对宏观调控功能却要加强。

另外，政府对于少数企业还要实行必要的集中决策。现代市场经济由一个个企业进行分散决策，自行发展；这种个体基础的生产与经营——企业的资本规模，生产规模，生产能力均有其局限性——不能"办大事"，不适应国防科技、新型科技的研究开发，特别是对于发展中的国家，不适应加快工业化的发展需要，因而，一些发展中国家，甚至发达国家如日本，在利用市场经济体制时，都探索发挥政府的作用，对于一些基础设施、基础部门、新型科技部门，利用国家财政力量，发展国有企业，甚至国有国营，即实行必要的集中决策，取得了好效果。

我国是发展中的社会主义国家，处在工业化、现代化时期，当前还要大力发展基础产业。基础设施、国防、科技，投资大、周期长，还有为实现社会目标的产生，在这些领域要发挥政府集中作用；实行政府投资，这就是对发展重点项目实行政府集中决策、计划的功能，除了管好宏观，包括发展重点，政府还需要集中决策来配置资源。

总之，政府不是可以撒手不管，而是需要切实起好作用，运用好"看得见的手"，以补充"看不见的手"，用好"看得见的手"，才能放开"看不见的手"，这是实行社会主义市场经济，需要坚持的一个重要原则，决定着实行市场经济的成败。发挥政府的宏观调控作用，采用新方法，必须立足于政府职能转换。原有的政府机构及其经济管理方法，不能与市场经济的政府职能相适应，因此，要把转换政府经济管理职能切实提上日程，与转换企业机制相同步，相配合，这是最为困难而又必须做好的工作。

（六）大力构建市场规则，形成市场秩序，使各个主体按公平竞争交易运作

市场放开决策自主，不仅会产生盲目活动，而且会有"违法乱纪"，"无法无天"，如卖伪劣产品，坑害消费者；偷税漏税、走私，危害国家；股票发行机构搞内部交易——卖给亲属，上级优先——等等。因而，市场经济的顺利运作，必须建立市场规范，以形成共同遵守的市场秩序，西方国家为此用了上百年时间。

而这一切规范的形成，要借助政府（议会）的行政立法、司法的职能，要有政府的社会的监督机构，行使经济监督。更要有严密的、全面的一套保证市场正常运作，保证市场秩序、防止市场经济中的各种漏洞的机制、制度。

证券市场监督制度，日本的做法可借鉴。日本证券市场第一个正式监视机构"证券交易等监视委员会"近日成立。这个机构是在日本证券市场丑闻迭出、股市日益不景气的情况下成立的，目的是为了确保证券交易的公正进行，恢复证券市场的信用。

证券交易等监视委员会的主要工作是揭露和打击诸如补偿损失、操纵股价和内部交易等证券市场的不法活动。监视委员会为获取违法行为的证据，可以对当事者（包括证券公司、企业和个人投资者等）行使强制调查权，如查封资料等。另外，对有不正当行为的证券公司等，监视委员会有权建议大藏相下达诸如停止营业之类的行政处分命令。

监视委员会由200人组成，其中许多人有从事监察和审计工作的经验。委员长由名古屋前高级检察厅检察长水原敏博担任。

市场经济：微观、宏观的组织结构、运行机制、行为准则，调节方式，政府职能等的形成，不是一朝一夕之功，而是如小平同志说，要有几十年的时间，问题在于：要大方向明确，政府、企业关系的企业倾斜，计划市场关系的市场倾斜；集中、分散关系，分散倾斜理论弄清楚，弄清市场经济的共性与个性，认真学习吸取国际市场经济的经验，使之结合于或移植于公有制基础之上。

社会主义新体制的大方向，总体特征，总格局，总构造，这是至关重要的，关系社会主义生产力的发展，如何站得更高来总结历史经验，对新体制进行科学设计，关系各个方方面面的具体体制改革的方向，总的思路。社会主义市场经济这一概念的提出，使我们能研究新体制与改革大方向，即如何由高度集中的以指令性计划为特征的计划经济转变为社会主义的市场经济。

当然进一步搞清我国社会主义市场经济，还要经过进一步总结实践的经验，我们会遇到新矛盾、新问题，不可能不交学费，如出现微观放不开，宏观管不住——物价涨，经济热——还要冒风险。问题在于要对新事物有超前的理论研究，使我们心中有数，不要一有问题，就沉不出气，如深圳股市，我们有可能少交学费，而较为顺利地推进模式的转换。

（七）建立市场经济要经历一个过程，不可能一蹴而成

这是一个充满矛盾的过程，是一个经济机制不断完善，体制不断健全的过程，是一个不断积累经验，丰富理论的过程。在改革初始阶段，更是经验积累期，难免还会遇到一些曲折，出现不符合社会主义市场体制的扭曲行为。

1. 市场主体行为缺乏规范

卖伪劣产品，乱涨价，乱收回扣，全民下海，炒股疯，欺骗消费者，假货流行，生产者短期行为，等等。

2. 初始时期的分配未理顺

第一，平均主义与收入差别过大并存。

第二，非按劳分配和非按要素发挥的功能而引起的过大差别。（1）歪门邪道暴富——不是依靠良好经营，而靠给回扣开路，靠请客吃饭，贿赂干部——几年上亿资产，"钻空子发财"。（2）靠垄断的暴利：权力经商，利用部门特权，如办电的卖燃气，金融、税务、工商均有特权。

第三，收入差别不合理。（1）脑体倒挂。（2）物价未放开的部门，收入低，如煤炭行业。

第四，社会主义精神建设遇到新情况。（1）商品经济诱发利己主义思想。（2）对外开放引入西方没落的文化与不健康的腐朽的生产方式，影响党风，社会风气。

第五，高速发展中的通胀，与两种体制共存期的周期通胀与一放就活就乱就胀就控就死。

向市场转换，在搞活同时，带来"乱"与行为扭曲，负效应明显，许多事让人看不顺眼，甚至使一些人心理失去平衡，使人们产生迷惑。

市场经济新体制、经济机制，总是由不成熟，在改革中逐步走向成熟，体制、机制缺陷是不可避免的，但应看到利弊相交织，有弊也有利。（1）竞争有涨跌价，才能调节生产。（2）收入有差别，才能有强激励。（3）利益驱动，有思想负效应，但也激发昼夜积极经营，因而，应该用辩证的观点来进行观察。

一些缺陷、副作用，是缺乏经验，交了学费。例如只要市场，不要管理指导的思想。单纯抓经济，忽视思想文化教育两手抓；只要赚钱，不管社会风气和思想道德情操的建设。正确对待新事物，缺点不是改革带来的，要坚定信心，通过深化改革，用其利而除其弊。加强学习小平同志理论，学习市场经济理论，及时总结经验，这样才能在改革开放中少交学费。

（八）构建市场经济的主要途径和1994年的改革

1994年改革进入注重整体推进与重点突破新阶段：实施企业财税、银行、投资、社保、外贸六大体制改变。

主要领域：微观改革，开始由减税让利的政策调整转到深层次的制度创新；价格改革，开始由放开商品价格转到生产要素价格的市场化；市场体系建设，开始由重点培育商品市场转到重点培育生产要素市场；宏观调控，开始由着重依靠行政手段转到着重依靠经济、法律和必要的行政手段，已经进入理顺基本经济关系（包括国家与企业、中央与地方）的深层次改革阶段。

第一，提出一个社会主义市场经济的基本框架：（1）完整地体现市场经济的"共性"；（2）坚持了社会主义基本制度，以公有制为主体，走共同富裕道路的市场经济，强调社会公正目标，但又对具体制度如何坚持予以切合实际的说明。避免"少数人收入畸高，形成两极分化"。

这就需要：（1）公有制为主体与多种成分共同发展；（2）公有制为主体；（3）坚持公正与效率相结合，效率优先，要有促进效率的差别，而不是鼓励大锅饭。

社会保障更好的，群众能享有更好福利的市场经济。"建立多层次社会保障制度，为城乡居民提供社会保障"，要"提供社会保险、社会救济、社会福利（医卫、托儿、义教）优持安置（烈军属）、社会互助个人储蓄积累保障（保值）"。

第二，提出"市场在国家调控下对资源配置的基础性作用"：克服市场运行失衡大波动，培育稳定性更好的市场经济，政府要更好发挥调控功能。

第三，要建立有现代化+中国优秀文化，即精神文明更高的市场经济。强调抓社会主义精神文明，要确立正确人生观——反对拜金主义、极端个人主义，反腐倡廉，"建立文明健康的生活方式，反对腐朽生活方式"。

上述市场经济体现了一般规律，体现了社会主义特点，中国特色。它不是照抄，而是一项创造性事业，要结合中国实际，创造出人类历史上利最大，弊最小的市场体制。

1. 关于社会主义生产的目的

有人这样提出问题说，社会主义的目的是公有制还是发展生产力呢？对这个问题的一种答复是，只有以公有制为目的，才能不脱离社会主义轨道。另一种答复是，为了重视发展生产力，就要把这看作目的，而把公有制只看作一种手段。这样提问题和答复问题，我看都是不恰当的。如果说的是社会主义的终极目的，那么它既不是公有制，也不是发展生产力，而是全社会人民的物质和文化生活水平普遍提高（直到能够进入共产主义），邓小平以通俗的语言称之为共同富裕。关于共同富裕的目的，他曾多次说过。例如，"社会主义的目的就是要全国人民共同富裕，不是两极分化。"[①]为了共同富裕就必须发展生产力，必须有公有制。如果放弃公有制，即使生产力发展起来，将只是极少数人富裕，形成两极分化；如果不发展生产力，即使有了公有制，将只是共同贫穷。

---

① 《邓小平文选》第3卷，人民出版社，1993年，第110~111页。

公有制当然不是可有可无的，按劳分配制度也不是可有可无的。小平同志说："一个公有制占主体，一个共同富裕，这是我们所必须坚持的社会主义的根本原则。"[①]他又说："在我们的发展过程中不会产生资产阶级，因为我们的分配原则是按劳分配。"[②]

人的解放，需要有公有制，还要发展生产力，发展文化、教育。

有些人抱着"社会主义的目的就是公有制"的传统观念，歪曲了对"共同富裕的社会主义"的认识。首先要富裕，才能有共同富裕，有饼，才能分，先要把饼做大。穷社会主义认为社会主义=公占（出资），公分（财产），瓜菜带公共食堂。小平同志指出贫穷不是社会主义，社会主义要消灭贫穷，因而，应把社会主义与富裕化，富民强国联系起来，与共同富裕联系起来，公占、公分实现共同富裕可概括为：坚持以发展生产力为中心，实行公有化、按劳分配、走向共同富裕。社会主义生产关系变革，必须从属于生产力的发展，要能有利于生产力的发展。

政治与经济的关系，予以位置摆正。人的干劲是重要的，但物质技术基础是重要的，现代化的硬件是重要的，小平同志早在1975年就强调指出，科学技术是生产力。后来又说，应该把它看作第一生产力。政治对生产力的作用固然表现在鼓干劲上，但主要在于激发人们去努力掌握科学技术。1958年搞"大跃进"运动，以为直接依靠群众的政治积极性，鼓干劲，就能有工业和农业生产力的大跃进，结果事与愿违。这其实不是把发展生产力摆在首位，而是把政治放在首位，特别是反对搞"精神原子弹"义和团式的落后思维。

---

① 《邓小平文选》第3卷，人民出版社，1993年，第111页。

② 《邓小平文选》第3卷，人民出版社，1993年，第225页。

马克思主义要立足于实际，要从中国实践出发，要总结实践经验，要研究新问题，得出新结论，要"破旧"——要创新，反对死扣书本的教条主义。实践是检验真理的唯一标准。

2. 小平同志关于社会主义的重大理论突破

（1）确立生产力决定性，破除生产关系决定论。（2）破除初级阶段社会主义论，破除纯社会主义论。（3）破除穷社会主义论，确立富裕的社会主义。（4）确立社会主义经济论，破除计划经济论。小平同志的有中国特色社会主义，是社会主义的全新构想，中国特色社会主义是马克思主义社会主义理论的伟大创新。这一伟大理论创新是立足于当代社会主义实践，它有最坚实的基础，是亿万人民的实践的升华，经过实践的检验，包括痛苦教训，证明这一理论创新的正确。

关于社会主义市场经济的理论阐述，最鲜明地体现小平同志的理论创新的特色社会主义可以搞市场经济，是与经典马克思主义与传统马克思主义论断不相一致的，在把思想形态矛盾作为政治问题的国家，更是理论禁区。小平同志的以生产力为中心任务的社会主义，要求有一个与生产力水平相适合的生产关系，能促进生产力发展的生产关系，即使是公有化低水平的生产关系，或引入非公有因素的生产关系，而且应该不是高级的，而是初级的公有制生产关系，这就是社会主义初级阶段，当然，这里仍然是公有制为主体，仍然是社会主义，不过是立足于我国国情和实践的社会主义。这样的社会主义，将在生产力中不断地发展发挥其优越性。

把生产力放在首位，以有利于生产力发展来确定与之相适应的生产关系，公有化水平，公有制形式，经济结构的特点，这些是和经典社会主义简单化公有化构想不同，和几十年传统社会主义大大相反的新观念，是社会主义思想的新发展。

低公有制水平的社会主义，才是适合中国土壤的实实在在的社会主义。受传统观念的束缚，人们还对现阶段社会主义产生迷惑，个体、私营，三资企业算社会主义吗？

1978年开始，人民公社制改为家庭联产承包责任制，"当时提出农村实行家庭联产承包，有许多人不同意，家庭承包还算社会主义吗？"[①]如果不从实际出发，脱离具体的历史条件，而来追问说，一切生产资料都成为公有的人民公社算社会主义，还是家庭承包算社会主义？这样提问题，的确是很难回答的。

提倡创新。邓小平说："不要固守一成不变的框框。过去我们满脑袋框框，现在就突破了。"[②]这里所说的一成不变的框框，就包括书本上的社会主义的一般公式。突破框框，就是说把马克思主义的社会主义的一般原理，和中国的社会主义初级阶段的实际相结合，打破一般公式的束缚。

（九）社会主义市场经济——有中国特色社会主义的重要内容，是崭新社会主义观念与伟大实践，社会主义经济振兴之途

第一，社会主义可以搞市场经济。市场经济是商品经济发达形式，社会化大生产的组织形式，高度社会化经济——分工协作——运行方式；市场经济不等于所有制；它产生于资本主义，但不是资本主义专利，公有制基础上也可以实行市场经济。

第二，社会主义市场经济有其制度特色，内容不是照抄西方的，不是回归私有制。（1）以公有制为主体。（2）走共同富裕之路。

---

① 《邓小平文集》第3卷，人民出版社，1993年，第367页。

② 《邓小平文集》第3卷，人民出版社，1993年，第261页。

（3）市场经济，市场关系，发展"自由人联合劳动"。

第三，社会主义市场经济，要寻找适应中国实际的具体模式。
（1）有宏观管理。（2）保障11亿人福利。

第四，社会主义市场经济，要高度文明的市场经济。（1）现代市场经济，与文明的矛盾。（2）中国市场经济不提倡利己主义。（3）中国市场经济汲取中国传统优秀文化。

第五，中国社会主义市场经济的构建方法。正确处理改革与发展的关系，不搞引起动乱的"休克疗法"。

六、要发挥政府的作用

要正确处理政府引导与市场自发成长之间的关系。

在相当长的历史时期中，市场处于自然成长的状态中，只是到了近代，一些资本主义国家才对市场发展进行了一定程度的干预。纵观市场发展史，可以看到市场的发展有其自身的客观规律，必须具备许多条件，其中有些是不以人们的意志为转移的，不是听凭主观臆想就可以"造市"的。因此，市场的发育是有其自发性的，认为社会主义市场体系发育完全排除自发性的观点是不科学的。

但是，我国建立社会主义市场经济体制是由计划经济体制向市场经济体制转轨和过渡，不可能等待完全自发实现。同时，面临发达国家的激烈竞争，不允许也没有必要重复漫长的市场体系自然形成的历史过程。

政府的引导主要是为市场的培育和发展创造必要的条件。这些条件包括：转换企业经营机制，培育市场经营主体。特别是国营大中型企业经营机制的转换，市场主体地位的确立，很大程度取决于政府职能的转变和进一步深化改革。政府要为市场体系的发展提供必要的配套条件。如加快交通、通信等市场必需的配套基础设施的建设。国家可通过实业政策及其他措施，引导更多的社会资金与物资向这些产业倾斜和流动。政府要自觉运用市场体系发育规律，对整个市场体系的发展加以科学的规划和布局。通过推进财政、税收等各项改革，健全市场法规，打破行业分割和地区封锁，建设全国统一的大市场。加快金融、社会保障、科技管理、人才管理等体制的改革，促进劳动力、资金等要素市场的形成和发育。改革实践证明，社会主义市场体系的培育离不开政府的引导与支持。

小平同志的南方谈话，对中国，其意义是至关重要的。南方谈话针对中国实际，阐述了我国社会主义一系列重大的问题，进一步阐发了有中国特色社会主义的理论；阐述了进行改革应采取的基本路线和根本方针，进一步统一了认识，为党的十四大的召开奠定了思想认识基础，党的十四大后，全国出现一个大改革，大开放，大发展高潮，表明科学理论的巨大作用。

在当前改革进入整体推进与重点突破新时期，改革广度，深度，力度是空前的，大改革、大开放、大发展，形势很好，但新矛盾、新问题、新困难也不少，我们要以小平同志有中国特色社会主义思想统一思想，认识形势，鼓舞干劲，找出对策。

社会主义精神文明建设①

改革开放以来，随着我国经济的大发展，社会发生翻天覆地的变化，人们的行为、生活方式、人际关系，也发生巨大变化，既有积极的但也有消极的东西。

最极端的属于敌对范围的生活方式中腐朽的东西大量出现，黄色、吸毒、凶杀、抢劫银行的事不仅屡禁不止，而且还在增加。

生活中不健康的东西，如大操大办红白喜事，求神拜神封建迷信不说，一些地方赌博成风，老百姓当街打麻将，起码是不文明现象。手中有钱了，一些人去豪华消费，去赌、嫖，又没有文化馆可去，公园名胜又园中园重复收票，人们只有去打麻将。因而如何促使富裕起来的生活方式优化，如何把健康的、不积极的生活方式引导成为积极向上的生活方式，就是当前值得研究解决的问题。集体主义少讲了，为人民服务不太讲了，而另一方面，一切向钱看的个人利己主义却以各种形式、渠道向人们灌输，或是潜移默化，思想教育的薄弱，造成错误思潮泛滥，它是我国精神领域中产生"炎症"与"异化"的根源。

---

① 写于1996年。

　　我国精神文明状态不佳，国民道德水准上不去，极个别人有许多恶劣的，丧失人格、国格的行为。国外的学者杨振宁教授、李政道等早已提过多次，我国物质文明上去了，而精神文明不仅不相适应，而且还有可能滑下来。改变这种情况，是当务之急，它是建设有中国特色社会主义的重要条件。

　　加强社会主义精神文明建设，特别是抓好作为其核心部分的思想道德建设，是我们应该为之而努力的。在这方面，要做的事很多，是一个系统工程，但关键是要提高认识。

　　引起行为、生活方式、人际关系向不良方向变化的，既有体制环境——对外开放——转换期的经济条件不成熟和制度漏洞因素，又有思想意识上的原因。人的行为是由动机决定的，人的思想道德观念又决定着内在动机。人们看到，我国当前思想意识形态工作，尤其是社会主义道德教育工作的薄弱。

　　对于教育全面提高国民素质和重视德育，还不能说已经取得了共识。一些地方，人们终日奔忙于争重点，上211工程，扩大博士、硕士点，一些学校致力于升学率的提高，领导们难以有充分精力用于深化教育改革、提高教学质量，特别是政治思想素质的提高。

　　特别是我国正处在发展社会主义市场经济的新时期，市场经济既有促使精神文明发展的积极作用，但也存在滋长和催生思想上的个人利己观念的负效应，加之社会主义初级阶段的所有制结构，对外开放条件下西方意识形态十分广泛渗入和不健康生活方式的影响，现代信息和影视技术又为国外腐朽东西的输入提供了方便，特别是体制转轨期制度上的漏洞及其引发的腐化行为，这一切使社会主义精神文明建设面对着一个不良的环境，使教育阵地面临着复杂的形势，人才的培育存在多种不利的影响和干扰。在这种形势下进一步明确教育方针，明确以德智体全面发展，具有社会主义政治思想素质的接班人为培养目标，是十分必要的。在新时期贯彻教育方针，还需要坚持不懈地努力。

充分认识加强
精神文明建设力度的必要性和重要性①

社会主义精神文明建设在近10多年来不是没有抓，而是抓得不够，力度不足。在意识形态生活方式变化中，不是说没有取得进步，而是积极的要素未形成主流。在某些地方，积极的健康的东西还受到制约，难以生长；而另一方面，不符合社会主义国家的性质与要求的思想观念、道德和行为却又大量出现，特别是腐朽的，人们所说的黄透了的生活方式，使人憎恨的、恶劣的、丧失人格国格的行为，极端利己主义的世界观、人生观的迅速蔓延，对年轻的新生代造成严重腐蚀。近年来还出现了正不压邪，"道高一尺，魔高一丈"的不正常情况，而且严重影响到社会风气和政风、党风。实践证明，实行市场经济体制和对外开放，它在精神意识和人的行为这些方面带来的变化是双重的，特别是市场利益驱动的机制，它有其固有的负效应，如果不狠抓社会主义精神文明建设，那么就会有思想、道德观念的败坏，精

---

① 写于1996年6月。

神文明就不会同步发展，我国长期培育起来的可贵的社会主义的思想和先进精神就不可能继续发展，就会有物质的日益富裕和精神的日益贫困，这样的社会，就不是我们所要建设的有中国特色的社会主义。我国我省近年来各地情况不一，程度不同的"两个文明"不同步的情况再次表明，小平同志提出的"两手抓""两手都要硬"和党中央近年来做出的加强精神文明建设力度的决策是十分正确的。

我认为，在当前要切实加强社会主义精神文明建设，首先要加强认识，从理论的高度认识到社会主义在物质上的发达性和精神文明的先进性是缺一不可的，从而高度重视思想道德、文化、教育科技等的建设；要澄清那种"一切向钱看有益无害论"和"腐败难以避免"的"进步代价论"，从而纠正那种"经济要上，其他要让"的想法和做法；特别是要澄清那些把精神文明建设和物质文明建设与改革开放对立起来的糊涂观念，改变"只要能赚钱，其他不必管"的观念。应该说，这些糊涂观念引起了一些地方对那些"黄毒""黑毒"治理不力，或者"睁只眼，闭只眼"，对于走私贩私、制造伪劣产品、坑害消费者的违法乱纪行为不予追究。也就是说，出现了以牺牲精神文明来求得经济发展的错误做法。上述这些问题，已经不只是沿海某些地方的问题，而也是我省一些地方存在的问题。因此，我希望要切实认识加强社会主义精神文明建设的必要性与紧迫性，各级干部要从建设有中国特色社会主义的理论高度来加强这一认识，采取有效措施，切实推进社会主义精神文明建设。

《主体产权论》简介^①

中国正处在推进全国改革的新时期。在党的十五大精神指引下，国有经济正在进行一场企业大改组，结构大调整，机制大转换；非国有企业——包括集体企业、乡镇企业以及个体私营企业也在进行企业组织的创新和产权制度的改革；随着就业方式的改革，按劳分配和按要素分配的实行，住房与福利制度的改革，职工和个人的产权主体地位也已进一步形成，在我国实际上已经进入了一场全面的产权关系的大调整之中。产权改革需要有新的科学的理论指引。由经济科学出版社出版，刘诗白教授担任主笔的专著《主体产权论》，是以马克思主义经济理论为指导，结合社会主义市场经济的需要和中国实际，系统全面地论述产权理论和研究产权制度创新的一部力作。

该书是国家社会科学基金"九五规划"重点项目"社会主义产权理论研究"的成果。该书之所以取名为《主体产权论》，是因为作者认为，市场经济是立足于各种各样的主体产权之上的经济。该书采取由抽象范畴上升到更为具体的范畴的理论阐述方法和对产权结构变迁

---

① 1996年。

的历史分析方法，全书落脚于对我国社会主义产权制度改革的理论，特别是新的社会主义产权制度的构架的分析。该书汲取西方产权研究的成果，从中国的实际出发，进行大胆的理论创新，在有关产权的基本理论阐述中，提出了若干新的命题和新阐述，并试图由此构造一个产权经济学的理论框架。该书注重理论的系统性，可以说是一部新的"产权经济学大纲"。

《主体产权论》分三篇，即第一篇"财产权的一般理论"；第二篇"市场经济与主体产权"；第三篇"社会主义市场经济与产权创新"，共十七章，约32万字。该书的主要特点是：

第一，该书作者阐述了一个重要思想：财产权不是"绝对的"和"为所欲为的"，而是可调节的，即产权是工具。财产权基本制度具有"制度刚性"，它会在一个历史发展阶段表现出稳定性，但就财产权的具体结构来说，它又具有选择性和可调节性，通过主体之间活动的自主协调和选择以及组织创新，通过政府的调节功能，可以实现财产权具体结构的一定的自觉的调整。书中论述了对产权的自觉的调整，即有意识的财产权制度变迁，是为了减少产权运行成本，润滑经济运行，促进效率提高和经济发展，因此在这一历史发展中，财产权就表现为一种促进经济发展的有效工具。产权工具论的提出，是本书的一项理论创新，应该说，这一论题具有重要的现实意义。

第二，"产权的合理安排""财产权边界的界定""财产权的社会约束"三大论题是该书的另一项重要的理论创新。基于财产权工具论和具有可调节性的论点，书中提出，为了使财产权结构能够更加适应于生产力的发展和现实经济条件，实现要素的高效配置和运行，因而人们就应该实现对财产权的合理安排和边界界定以及财产权的社会约束和调节。书中分别用4、5、6三章论述了有关对主体财产权的结构和权能进行安排、调节和约束的机制。对财产权的上述三大论题的独创性的研究，是该书的重要特色，也是作者对财产权研究得出的重要理论认识，这就是财产权理论不是对现有财产权的辩护，而是为了对财产权及其结构的有意识的安排、调整和理性选择。

第三，该书的有关产权的理论分析，是以市场经济为主要背景的。书中以整个第二篇大量篇幅阐述了市场经济中财产权的特征，产权的提高经济运行效率和节约成本的功能；特别是书中对财产权的分析，集中于市场经济中企业主体产权结构，分析了企业所经历的由个人业主制、合伙制到股份公司制演进，特别是对现代股份公司的产权结构以及公司治理结构，作了充分展开的阐述。全书在结构上之所以如此安排，是为了揭示市场经济中的企业产权结构的一般规律，从而为第三篇社会主义市场经济产权创新提供理论前提。

第四，该书最主要论题是社会主义市场经济体制下主体财产权制度的构建。书中提出了"建立拥有主体财产权的社会主义市场经济"的论题，这一命题的提出，是旨在指明社会主义市场体制改革，当前需要以构建社会主义的主体（企业、个人、单位、政府）产权制度，特别是构建起公有主体产权制度为重要任务。书中对国有企业改革与主体产权的构建，公有产权的流动化和非国有企业的产权制度改革，分章进行了阐述。书中结尾的第17章，阐述了引进主体财产权的社会主义经济、社会中的新矛盾和新问题，提出了解决这些财产权矛盾和问题之途，是搞好产权制度的完善和搞好对主体实施财产权行为的社会约束。书中提出的"对强化主体行为的思想，道德约束"的论述，强调了"第三只手"的作用，这一部分阐述，立足于社会、经济人的这一命题的内涵，这种分析是具有独创性的，也是有重要现实意义的。

　　第五，该书深入发掘和阐述马克思有关财产权的卓越思想，摒弃了一些西方经济学家所谓"马克思没有产权理论，只有所有制理论"的说法。该书引述了《资本论》和马克思的其他论著，扼要阐述了马克思对财产权概念及历史上的多种主体财产权形态所进行的精湛的分析。马克思不仅开创了对财产关系和财产权的制度性质的研究，而且开创了对财产关系和财产权的具体结构的研究，马克思形成了有关财产权的系统理论和科学的方法，他的许多英明的思想还有待于我们去发掘，他创立的有关财产权的马克思主义理论和方法仍然是我们今天从事于产权研究的科学指针。

　　该书的研究与写作风格，既坚持了学术上的严谨性，又注意了语言论述的生动与通俗性，一改许多产权经济学特别是西方产权研究论著晦涩难读的缺陷，具有较强的可读性。既是一部严肃的学术专著，又给当前关注中国经济体制改革和产权创新实践的经济工作者提供了一本有用的参考书。

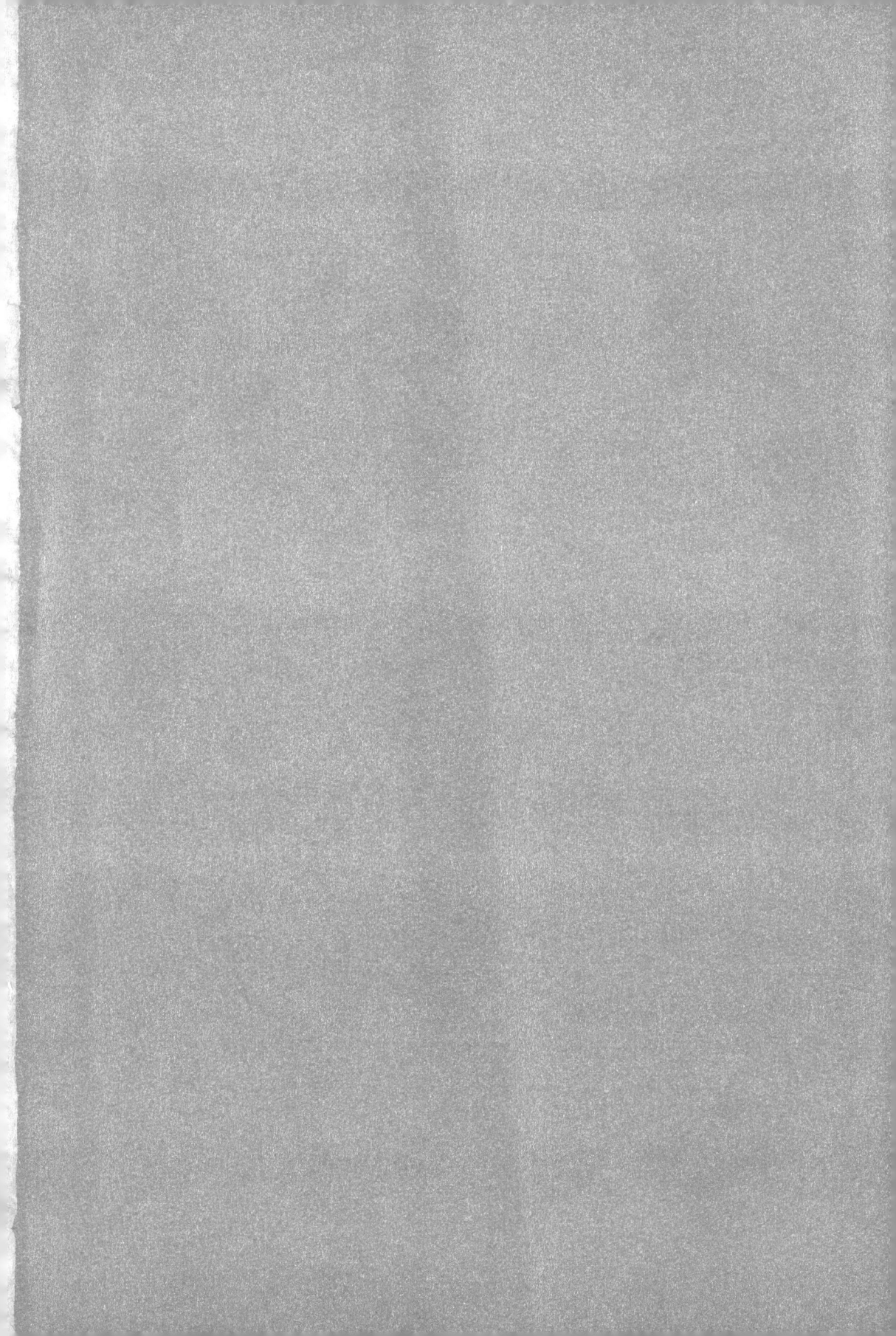